物业设备设施管理

(第3版)

主　编　陈瑞波　李玉梅
副主编　武黎明　董岩岩　胡红英
参　编　张　博

北京理工大学出版社
BEIJING INSTITUTE OF TECHNOLOGY PRESS

内 容 提 要

本书为"十四五"职业教育国家规划教材。全书根据高等院校人才培养目标以及教育教学改革的需要，依据物业设备设施管理相关标准规范编写而成。全书共分为11个模块，主要内容包括物业设备设施管理基础，物业设备设施管理组织设计，给水、排水系统，采暖系统与燃气供应系统，消防系统，空调系统，电梯系统，电气系统，建筑物防雷及安全用电，弱电系统和建筑智能化系统等。

本书可作为高等院校物业管理及房地产类相关专业的教材，也可供房地产类相关专业技术人员工作时参考使用。

版权专有　侵权必究

图书在版编目（CIP）数据

物业设备设施管理／陈瑞波，李玉梅主编.—3版.—北京：北京理工大学出版社，2021.5（2024.7重印）
ISBN 978-7-5682-9337-2

Ⅰ.①物…　Ⅱ.①陈…②李…　Ⅲ.①物业管理—设备管理—高等学校—教材　Ⅳ.①F293.347

中国版本图书馆CIP数据核字（2020）第253972号

责任编辑：钟　博	**文案编辑：**钟　博
责任校对：刘亚男	**责任印制：**边心超

出版发行 /	北京理工大学出版社有限责任公司
社　　址 /	北京市丰台区四合庄路6号
邮　　编 /	100070
电　　话 /	（010）68914026（教材售后服务热线）
	（010）68944437（课件资源服务热线）
网　　址 /	http：//www.bitpress.com.cn
版印次 /	2024年7月第3版第4次印刷
印　　刷 /	北京紫瑞利印刷有限公司
开　　本 /	787 mm×960 mm　1/16
印　　张 /	19.5
字　　数 /	436千字
定　　价 /	49.80元

图书出现印装质量问题，请拨打售后服务热线，负责调换

第3版前言

物业设备设施是指附属于物业内部的各种设施总和，是物业不可缺少的实现物业使用功能的相关设施。党的二十大报告中指出："为民造福是立党为公、执政为民的本质要求。必须坚持在发展中保障和改善民生，鼓励共同奋斗创造美好生活，不断实现人民对美好生活的向往。"对物业设备设施进行管理，可为业主的正常生活和工作提供特定的便利。

物业设备设施管理作为物业管理企业最基本的管理服务工作之一，对于物业管理企业的发展有着关键性影响。随着信息化和自动化技术的不断发展，设备变化日新月异，使物业设备设施具有较强的专业技术性，无论燃气供应系统还是空调系统，都对应着相对独立的专业性较强的知识领域。

本书严格按照高等院校人才培养目标以及教育教学改革的需要进行修订，系统阐述了物业管理设备设施的基本理论和方法，并对原有章节进行了一定的删除和补充。全书以培养面向生产第一线的应用型人才为目的，强调提升学生的实践能力和动手能力，力求理论联系实际，进一步强化了本书的实用性和可操作性，能更好地满足高等院校教学工作的需要。

本书由山东城市建设职业学院陈瑞波、山东青年政治学院现代服务管理学院李玉梅担任主编，重庆工商职业学院武黎明、山西旅游职业学院董岩岩、湖北城市建设职业技术学院胡红英担任副主编，吉林交通职业技术学院张博参与编写。具体编写分工为：陈瑞波编写模块一、模块六、模块七，李玉梅编写模块二、模块八，武黎明编写模块三、模块十一，董岩岩编写模块五、模块十，胡红英编写模块四，张博编写模块九。

在本书修订过程中，编者参阅了国内同行的多部著作，部分高等院校的老师提出了很多宝贵的意见，在此表示衷心的感谢！

虽经反复讨论修改，但限于编者的学识及专业水平和实践经验，修订后的教材仍难免存在疏漏和不妥之处，恳请广大读者指正。

编　者

第2版前言

本书第1版自出版发行以来，经有关院校教学使用，深受广大专业任课老师及学生的欢迎及好评，他们对书中内容提出了很多宝贵的意见和建议，编者对此表示衷心的感谢。为使内容更好地体现当前高等院校"物业设施设备管理"课程的需要，我们组织有关专家、学者结合近年来高等院校教学改革动态，依据相关物业管理规定对本书进行了修订。

本书修订以第1版为基础进行，修订时坚持以理论知识够用为度，遵循"立足实用、打好基础、强化能力"的原则，以培养面向生产第一线的应用型人才为目的，强调提高学生的实践能力和动手能力，力求做到内容精简，由浅入深，注重联系物业设备设施管理实际，在文字上尽量做到通俗易懂。通过本书的学习，学生能初步掌握物业设施与设备的基本知识，能正确理解物业设施设备使用、维护、保养的基本要求，具备综合运用设备系统管理与运行管理和设备维护管理知识解决实际问题的能力，为以后工作打下良好的基础。

本次修订除对各章节内容进行了必要更新外，还对有关章节的顺序进行了调整，并结合广大读者、专家的意见和建议，对书中的错误与不合适之处进行了修订，还对各章节的"学习目标""能力目标"及"本章小结"重新进行了编写。本次修订对各章后的复习思考题也进行了适当补充，有利于学生课后复习，强化应用所学理论知识解决工程实际问题的能力。

本书由张智慧、董岩岩、杨卫国担任主编，由武黎明、胡红英担任副主编。具体编写分工为：张智慧编写第一章、第二章、第十一章，董岩岩编写第四章、第八章、第十章，杨卫国编写第五章、第六章，武黎明编写第七章、第九章，胡红英编写第三章。

在本书修订过程中，编者参阅了国内同行的多部著作，部分高等院校的老师提出了很多宝贵的意见，在此表示衷心的感谢！

虽经反复讨论修改，但限于编者的学识及专业水平和实践经验，本书修订后仍难免存在疏漏和不妥之处，恳请广大读者指正。

编 者

第1版前言

物业设备设施管理是物业经营管理的工作内容之一，其目的是满足业主和物业使用人的需要，通过管理手段提高电梯、空调等物业设备设施的运行工作效率，通过空间管理提高物业的空间使用效率，通过建筑物管理使物业保值增值。

物业设备设施管理作为高等教育物业管理专业的主干课程，其教学目的是使学生初步掌握物业设备设施的基本知识，了解物业设备设施使用、维护、保养的基本要求，使学生具有综合运用所学知识解决实际问题的能力，为以后工作打下基础。

本书是根据相关标准、规范及相关文件，按照项目式体例结构，在参阅大量同类书籍、吸取同类教材优点的基础上编写完成的。与市场同类教材相比，本书具有以下特点：

（1）本书在编写时注重体现高等教育的特点，着重对学生基础理论知识的应用能力和实践能力的培养，对近年来在工程中推广使用的新设备、新材料及新技术有所体现，理论密切联系实际，深入浅出，具有一定的实用性。

（2）本书体例新颖，根据现阶段高等教育的特点，每个项目前设置"能力目标""知识要点"，每个项目后设置"项目小结""思考与练习"，便于学生理解所学内容，寓学习于分析、思考之中，对提升学生分析问题、解决问题的能力有一定的启发性、引导性。

（3）本书内容的可操作性强，重视对学生实践操作的指导，对提高学生解决实际问题的能力及创新意识的培养有重要意义。

本书由河北旅游职业学院的张智慧、张辉担任主编，由山西旅游职业学院的董岩岩担任副主编。具体分工如下：张智慧编写项目1、项目7至项目9；张辉编写项目4至项目6、项目10；董岩岩编写项目2、项目3、项目11。

在本书编写过程中，编者参考了大量著作及资料，在此向相关作者表示最诚挚的谢意。同时本书的出版得到了北京理工大学出版社各位编辑的大力支持，在此表示感谢。

虽经推敲核证，但限于编者的专业水平和实践经验，书中难免存在疏漏或不妥之处，恳请广大读者指正。

编　者

目 录

模块一 物业设备设施管理基础 …………1
  单元一 物业设备设施管理概述 …………1
  单元二 物业设备设施管理基本理论 …………3
  单元三 物业设备设施管理内容 …………7
  单元四 物业设备设施运维外包 …………16
  单元五 物业设备设施管理标准 …………18
  模块小结 …………22
  思考与练习 …………22

模块二 物业设备设施管理组织设计 …………24
  单元一 物业设备设施管理组织构架 …………25
  单元二 物业设备设施管理人员岗位职责 …27
  单元三 物业设备设施管理制度 …………32
  模块小结 …………36
  思考与练习 …………36

模块三 给水、排水系统 …………38
  单元一 室内给水、排水系统 …………38
  单元二 热水供应系统 …………59
  单元三 屋面雨水排水系统 …………69
  单元四 小区给水、排水系统 …………74
  单元五 水景系统 …………81

  单元六 中水系统 …………86
  单元七 物业给水、排水系统管理与维护…89
  模块小结 …………100
  思考与练习 …………101

模块四 采暖系统与燃气供应系统 ……102
  单元一 采暖系统概述 …………103
  单元二 常用采暖设备 …………113
  单元三 采暖系统运行与维护 …………121
  单元四 燃气供应系统基本知识 …………125
  模块小结 …………130
  思考与练习 …………130

模块五 消防系统 …………131
  单元一 消防系统概述 …………132
  单元二 室内消火栓给水系统 …………134
  单元三 自动喷水灭火系统 …………138
  单元四 火灾的防火排烟 …………144
  单元五 消防系统其他设备设施 …………149
  单元六 消防系统管理与维护 …………152
  模块小结 …………159
  思考与练习 …………159

模块六　空调系统 ……………………160
　　单元一　空调系统概述 ………………161
　　单元二　空调系统的空气处理设备 …165
　　单元三　空调系统的空气输配设备 …171
　　单元四　空调系统的制冷设备 ………173
　　单元五　空调系统管理与维护 ………176
　　模块小结 ………………………………184
　　思考与练习 ……………………………184

模块七　电梯系统 ……………………185
　　单元一　电梯的分类与构造 …………185
　　单元二　自动扶梯的布置与构造 ……194
　　单元三　电梯管理 ……………………198
　　模块小结 ………………………………206
　　思考与练习 ……………………………207

模块八　电气系统 ……………………208
　　单元一　供配电系统 …………………209
　　单元二　电气照明系统 ………………220
　　单元三　电气系统管理与维护 ………233
　　模块小结 ………………………………241
　　思考与练习 ……………………………241

模块九　建筑物防雷及安全用电 ……243
　　单元一　建筑物防雷 …………………244
　　单元二　电气设备保护措施 …………253
　　单元三　安全用电管理 ………………254
　　单元四　电气危害与触电急救 ………257
　　模块小结 ………………………………263
　　思考与练习 ……………………………263

模块十　弱电系统 ……………………264
　　单元一　广播与有线电视系统 ………265
　　单元二　安保系统 ……………………269
　　单元三　电话通信与计算机网络系统 …273
　　单元四　弱电系统管理与维护 ………276
　　模块小结 ………………………………282
　　思考与练习 ……………………………282

模块十一　建筑智能化系统 …………284
　　单元一　建筑智能化概述 ……………285
　　单元二　建筑智能化系统简介 ………287
　　单元三　住宅小区智能化系统 ………290
　　单元四　建筑智能化物业管理 ………294
　　模块小结 ………………………………300
　　思考与练习 ……………………………300

参考文献 ………………………………302

模块一　物业设备设施管理基础

知识目标

了解物业设备设施管理的概念；熟悉物业设备设施管理的目标、特点，物业设备设施管理基本理论，物业设备设施管理标准；掌握物业设备设施管理内容，物业设备设施运维外包。

能力目标

能够独立进行物业设备设施基础资料管理、备品配件管理和固定资产管理；能够根据实际情况选择物业设备设施运维外包的形式。

素质目标

具备优良的职业道德修养，能遵守职业道德规范。

案例导入

物业设备设施管理

某物业服务企业接管小区之初，小区业委会曾委托某物业服务评估监理有限公司就小区状况进行评估。《物业项目交接查验评估报告》结论为：小区交付使用至今已近15年，由于日常维护保养不当，项目共用部位破损情况较为普遍，共用设施设备组件均已出现不同程度的老化、失效，经年损耗现象尤为突出及明显……电梯系统、安全防范系统、消防系统、给排水系统、绿化工程等9项均查验不合格。评估报告附有大量反映现状问题的照片，包括现场交接资料缺失，地灯、路灯锈蚀，楼道瓷砖脱落，园区路面破损，消防设备年久失修，各电梯均存在不同程度问题，地下水管漏水等问题。

试分析：1. 住宅小区常见的物业设备设施有哪些？

2. 物业服务企业开展设备设施管理的流程是怎样的？

单元一　物业设备设施管理概述

随着我国物业管理市场化、专业化进程的推进，越来越多的物业服务企业认识到物业设备设施管理的重要性，越来越多的物业所有人及使用人认识到，物业资产的保值、增值和优秀服务品质的获得离不开设备设施的支撑，离不开专业化的设备设施管理。

一、物业设备设施管理的概念

1. 物业设备设施

物业是指已建成的具有特定使用功能，并且投入使用的各类房屋、建筑物及与之相配套的设备、设施和附属场地等。

物业设备设施是建筑物附属设备设施的简称，包括室内设备与物业管辖范围内的室外设备与设施系统。它是构成物业实体的重要组成部分，是物业运作的物质和技术基础。

我国城镇建筑的设备设施一般由给水与排水，供配电与照明，燃气供应、供暖、通风、空气调节、消防、电梯、通信网络及智能化系统等设备设施组成。这些设备设施构成了物业设备的主体，是物业全面管理与服务的有机组成部分。一般来说，建筑物等级越高，技术含量越高，其功能也会更加完善，承担以上功能的设备设施系统也就越复杂。

2. 物业设备设施管理

国际物业设施管理协会对物业设备设施管理的定义是"物业设备设施管理是以保持业务空间高品质的生活和提高投资效益为目的，以最新的技术对人类的生活环境进行规划、整备和维护管理的工作"。它"将物质的工作场所与人和机构的工作任务结合起来，综合了工商管理、建筑、行为科学和工程技术的基本原理"。

物业设备设施管理的任务是保证为客户的经营活动提供能源，如电力、热能、燃气、用水等，并负责对这些设备进行及时、可靠的维护保修，同时不断发现设备设施的问题，进行必要的更新改造、新建、扩建等，使企业具有先进性和竞争能力。

(1) 物业设备设施管理的内容。物业设备设施管理的内容包括物业设施设备运行管理、物业设备更新改造管理、物业设备基础资料管理、备品备件管理、固定资产管理、物业设备设施维护保养管理等。

(2) 物业设备设施管理的要素。从物业设备设施管理的定义可知，物业设备设施管理应从技术、经济和管理经营三个要素及三者之间的关系来考虑。

1) 技术层面。技术层面是对设备设施硬件进行技术处理，是从物的角度进行管理控制活动。其主要组成因素有：设备设施诊断技术和状态监测维修；设备设施保养、大修、改造技术。

2) 经济层面。经济层面是对设备设施运行的经济价值的考虑，是从费用的角度进行管理控制活动。其主要组成因素有：设备设施规划、投资和购置分析；设备设施能源成本分析；设备设施大修、改造、更新的经济分析；设备设施折旧。其要点是设备设施寿命周期经济费用的评价。

3) 管理经营层面。管理经营层面是从管理软件的措施方面控制，是从人的角度进行管理控制活动。其主要组成因素有：设备设施规划购置管理系统；设备设施使用维修系统；设备设信息管理系统。其要点是建立设备设施寿命周期的信息管理系统。

二、物业设备设施管理的目标

科学的物业设备设施管理是对设备设施从购置、安装、使用、维护保养、检查修理、更新改造直至报废的整个过程进行技术管理和经济管理，使设备设施始终可靠、安全、经济地运行，给人们的生活和工作创造舒适、方便、安全、快捷的环境，体现物业的使用价值和经济效益。物业设备设施管理的根本目标是：用好、管好、维护好、检修好、改造好现有设备设施，提高设备设施的利用率和完好率。

设备技术性能的发挥、使用寿命的长短，很大程度上取决于设备的管理质量，一般以设备的有效利用率和设备的完好率来衡量物业设备管理的质量。

对于评定为不完好的设备，应针对问题进行整改，经过维护、修理，使设备恢复到完好状态；对于经过维修仍无法达到完好的设备，应加以技术改造或做报废处理。

三、物业设备设施管理的特点

实现设备设施全过程管理，就是要加强全过程中各环节之间的横向协调，克服设备设施制造单位和使用单位之间的脱节，提高设备设施的可靠性、维修性、经济性，为设备设施管理取得最佳综合效率创造条件。其主要特点如下：

(1)将物业设备设施的寿命周期作为研究对象，其中，寿命周期费用是评价设备设施管理的主要经济指标。

(2)突破传统做法，对物业设备设施进行工程技术、组织和财务经济等方面的综合管理。

(3)强调物业设备设施的可靠性和维修性设计。

(4)引入系统论观点来研究物业设备设施的管理。

(5)重视设计、使用、维修中技术经济信息反馈的管理。

单元二 物业设备设施管理基本理论

一、设备设施的 LCC 理论

1. LCC 理论

寿命周期费用(Life Cycle Cost，LCC)也称为全寿命周期成本，是指设备从规划、设计、制造、安装、运行、维护、维修、改造、更新，直至报废的全过程需要投入的人力、物力、财力的价值量度。

LCC 理论是评价现代设备管理的主要经济指标之一，在物业管理实践中广泛应用于方案的比较和选择、根据设备利润收入测算投资回收期等方面。

2. 设备的寿命

设备的寿命包括自然寿命、技术寿命和经济寿命。

(1)自然寿命。自然寿命通常也称为物理寿命，是指设备在规定的使用条件下，从开始使用到无法修复所经历的时间。正确使用、精心维护和管理设备可以延长自然寿命。

(2)技术寿命。技术寿命一般是指设备在技术上有存在价值的时间，即设备从开始使用到因技术落后而被淘汰的时间。设备技术寿命的长短取决于设备磨损、老化的程度及新技术发展的速度。

(3)经济寿命。经济寿命又称为价值寿命，是指设备从开始使用到再继续使用时在经济上已经不划算为止的全部时间。

对于物业管理企业而言，物业设备设施的寿命主要是管理寿命，即物业管理企业从参与某种设备设施的管理工作开始，至放弃管理这种设备设施为止的这段时间。一般是指设备设施从安装交付使用开始，经过使用、维护、维修、改造阶段，直到最后进行报废处理为止的全过程，它可以是自然寿命，也可以是经济寿命或技术寿命。

3. 寿命周期费用的构成

物业设备设施寿命周期费用的构成主要有前期费用、购买费用、使用费用、维修费用和回收报废成本等。资料显示：前期费用(主要包括采购对象功能定位、配置决策所涉及的费用；方案确定后的招投标费用、设计费用)占5%；购买费用占15%～25%；使用和维修费用约占50%～65%；回收报废成本一般小于5%。在全寿命周期费用中，一般使用和维修费用所占比例最大。

在设备设施的管理实践中，物业企业一般是承接已建好的项目，设备设施的LCC费用大多是其维持费用，主要包括以下几项。

(1)使用维护费：包括技术资料费、操作人员工资及培训费、日常维护材料费、维护工具仪表费、委托维护费和能源消耗费等。

(2)修理改造费：包括技术资料费，维修人员工资及培训费，维修材料、工具、备件、备品费，委托维修费和能源消耗费等。

(3)后勤保障费：包括材料保管费、管理人员工资及培训费、办公费、技术资料费、实验设备费和检测费等。

(4)报废处理费：包括拆除费和运输费等。

物业企业应对其进行细致分析，由粗到细，逐项列出其费用构成，只要是物业企业为保证设备设施正常运行所花费的人、财、物等各项费用都要计入，而折旧费、各种设备设施的建设费和管理费则应分摊到各个设备上。

二、设备设施的可靠性理论

物业设备设施的可靠性是指其无故障连续运转工作的性能，分为固有可靠性和使用可靠性。固有可靠性由设计、生产工艺和制作决定；使用可靠性则与使用、环境以及可维修性有关。物业设备设施丧失规定的功能或技术性能即产生了故障。研究设备设施可靠性的目的是预防、控制和消除设备出现故障。根据可靠性理论，可以合理地确定设备的管理目标和检修周期。

1. 可靠度与不可靠度

可靠度是指物业设备设施在正常使用、保养和维修的条件下，在其经济寿命周期内完成规定功能的概率。不可靠度则是指物业设备设施在上述情况下不能完成规定功能的概率。

可靠度与不可靠度均是时间的函数。随着时间的延续，可靠度逐渐下降，不可靠度逐渐增高，但两者相加之和等于1。

2. 故障率与故障密度

故障率是指物业设备在某时点 t 后的单位时间内发生故障的台数相对于 t 时间内还在工作的台数的百分率。即设备或部件在规定条件下、规定期限内发生故障的次数。

故障密度是指在单位时间内，发生故障的设备台数与总设备台数之比。

故障率和故障密度越低，物业设备设施的运行就越稳定，其功能发挥就越大。

3. 故障分布规律

在正常的情况下，一台设备是否发生故障呈随机性，但是，每一台设备发生的故障却有一定的规律性，而故障分布函数就反映了这种规律。常见的故障分布函数有指数分布、正态分布和威布尔分布。指数分布规律适用于具有恒定故障率的部件及比较复杂的系统，如物业社区的给水排水、采暖、通风与空调、供配电及照明系统等。正态分布规律适用于磨损型部件发生的故障，如灯泡、变压器等。威布尔分布规律适用于轴承、继电器、空气开关、电动机、液压泵和齿轮等。

4. 故障率曲线

故障率曲线，又称"浴槽曲线"，是因为设备在其寿命周期内的故障率可用一个形似浴缸剖面的曲线来表示，如图1-1所示。

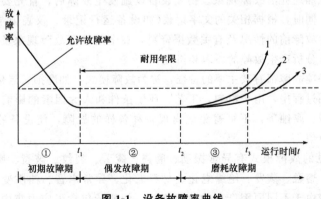

图1-1 设备故障率曲线

设备故障率随时间的变化可以分为初期故障期、偶发故障期和磨耗故障期。

(1)初期故障期(又称磨合期)。在此期间,故障率开始较高,但随时间推移会迅速下降。此期间故障主要是设计、制造缺陷或使用不当所致。因此,管理中应注意易损零部件、设计、施工及材料情况。深入的前期介入有助于该期间的科学管理。

(2)偶发故障期。在此期间,故障呈随机偶发状态,故障率最低且趋于稳定,是设备的正常工作期或最佳状态期。此期间故障主要是使用不当或维修不到位所致。因此,管理中应注意加强教育培训,提高工程人员的故障检测诊断及维修能力,注意保养和维护工作,加强备品配件管理。

(3)磨耗故障期。在此期间,故障率不断上升。主要是设备零部件的磨损、疲劳、老化、腐蚀等所致。因此,管理人员应精心维护保养,尽量延缓设备磨损及老化速度。

三、设备设施的故障理论

故障理论包括故障统计分析和故障管理分析两个方面,前者主要应用可靠性理论从宏观上定性、定量地分析故障;后者则采用具体的测试手段和理化方法,分析设备的劣化、损坏过程,从微观上研究故障机理、形态和发展规律。这里只讨论后者。

1. 故障的概念

设备(系统)或零部件由于某种原因丧失其规定性能的状态,即发生了故障。一般来说,物业设备设施处于不经济运行的状态即为故障。故障理论主要包括故障统计分析和故障管理两个方面。设备设施故障管理的主要任务就是及时发现异常和缺陷,并对其进行跟踪监测和测定,以防故障的发生。

2. 常见故障的模式

设备设施发生故障时,人们接触到的是故障现象,即故障实物(现场)和故障的外部形态。故障现象是故障过程的结果,查明故障原因,便于对故障设备进行维修,杜绝事故的再次发生。因此,必须全面、准确地弄清故障现象。物业设备设施发生故障后,首先要通过文字、图形等详细记录故障现象。同时,根据相关的文字记载(如设备运行记录、仪表记录等)及有关人员的回忆,弄清设备发生故障前的情况及有关数据资料,在全面掌握故障现象及其有关的环境、应力等情况后,进一步分析产生故障的原因和机理。

设备设施的每一项故障都有其主要的特征,称为故障模式,如磨损、老化、腐蚀等。

设备设施在使用过程中,由于材料、工艺、环境条件和人为因素的影响,其零部件会逐渐地磨损、变形、断裂、腐蚀等,不可避免地出现各种各样的故障,使设备的功能和精度降低,甚至整机丧失使用价值。

实际工作中常见的故障模式有异常振动、磨损、疲劳、裂纹、破裂、腐蚀、变形、剥离、渗漏、堵塞、松弛、熔融、蒸发、绝缘老化、材料老化、异常声音、油质变质等。每一种故障模式中,往往包含着由于不同原因产生的故障现象。如疲劳包含了应力集中引起的疲劳、侵蚀引起的疲劳、材料表面缺陷引起的疲劳等;磨损包含了黏着磨损、接触疲劳磨损、磨粒磨损和腐蚀磨损等；腐蚀包含了应力腐蚀、点蚀、晶间腐蚀、缝隙腐蚀、气蚀、硫化等。

单元三　物业设备设施管理内容

一、物业设备设施基础资料管理

物业设备设施基础资料管理是为设备管理提供可靠的条件和保证。对物业设备设施进行管理，主要是物业设备及设备系统要有齐全、详细、准确的技术档案，主要包括设备原始档案、设备技术资料以及政府职能部门颁发的有关政策、法规、条例、规程、标准等强制性文件。

1. 设备原始档案和设备技术资料

设备技术档案必须齐全、详细、准确，主要包括设备原始档案和设备技术资料两类。

(1)设备原始档案。

1)设备清单或装箱单。

2)设备发票。

3)产品质量合格证，进口设备的商品检验合格证。

4)开箱验收报告。报告内容主要有设备名称、型号、规格、数量、外观质量、附带资料、验收人员、验收日期等。开箱验收应有购买使用单位、设计单位、负责安装设备的公司、监理公司和生产厂商等代表参加。

5)产品技术资料。主要包括设备图纸、使用说明书、安装说明书等。

6)安装施工、水压试验、调试、验收报告。竣工验收报告，可进行分阶段验收，每阶段验收要做详细的记录，记录上有验收工程名称、位置、验收日期、验收人员等。水压试验要记录试验的压力、持续时间及在场的工作人员。调试工作有单机调试及系统调试两种。调试时，用户(业主)、设计院、安装公司和监理公司等单位必须有相关人员参加，设备生产厂商应参加单机调试工作。

(2)设备技术资料。

1)设备卡片。每一台设备都必须建立设备卡片，一般可按设备的系统类型、使用部门或使用场所对设备进行编号，在设备卡片上按编号登记设备的档案资料(表1-1)。

表1-1　设备卡片

编号：		记录日期：		年　月　日
设备名称(型号)		主要责任人		
主要功能		供货单位(厂家)		
额定电压		出厂日期		年　月　日
额定电流		使用日期		年　月　日

续表

设备名称(型号)			主要责任人	
主要附属设备				
名　称	规格型号		数　量	备　注

2)设备台账。将设备卡片按编号顺序统一汇总登记，就形成了设备的台账。在设备台账中主要登记设备的大概情况，如设备编号、名称、型号、规格、生产厂商、出厂日期、价格、安装使用日期等。所有设备的概况在台账中要一清二楚，为管好、用好设备提供保证和便利（表1-2）。

表1-2　设备台账

序　号		1	2	3
设备编号				
设备名称				
设备型号				
设备规格				
制造国别				
制造厂名				
配套电动机	台数			
	总容量			
出厂编号				
出厂日期				
进场日期				
安装日期				
使用日期				
安装地点				
设备原值/元				
年折旧率				
总质量/kg				
随机附件数				
备注				

3)设备技术登记簿。每一台主要设备都应设立一本技术登记簿(即设备的档案簿),对设备在使用期间进行登记和记载。其内容一般包括设备概况、设计参数、技术特性、结构简图、备品配件、设备运行及维修记录,设备大、中修记录,设备事故记录,更新改造及移动改装记录和报废记录等。

4)竣工图。施工结束、验收合格后,设计单位、监理单位和施工单位把已经修改完善的全部图纸整理后交给用户,这些图纸就是竣工图。竣工图是记载工程建筑、结构及工艺管线、设备、电气、仪表、给水排水、暖通、环保设施等建设安装工程实际情况的技术文件,是竣工验收及今后进行管理、维修、改扩建等的重要依据,要妥善加以保管。

5)系统资料。按系统或场所将各系统分成若干子系统,每个子系统一般采用示意图、文字和符号来说明,其表达方式要直观、灵活、简明,以便于查阅。

2. 政府职能部门颁发的有关政策、法规、条例、规程、技术标准等强制性文件

(1)政策、法规、条例及规程。

1)环保方面:《中华人民共和国水污染防治法》《中华人民共和国大气污染防治法》《中华人民共和国固体废物污染环境防治法》《中华人民共和国环境噪声污染防治法》《中华人民共和国放射性污染防治法》和《中华人民共和国水法》等。

2)消防方面:《中华人民共和国消防法》《建筑设计防火规范(2018年版)》(GB 50016—2014)、《人民防空工程设计防火规范》(GB 50098—2009)等。

3)节能方面:《中华人民共和国节约能源法》等。

4)建筑方面:《中华人民共和国建筑法》、《住宅装修工程电气及智能化系统设计、施工与验收规范》(CAS 212—2013)、《民用建筑工程室内环境污染控制标准》(GB 50325—2020)等。

5)电梯、变配电、燃气和给水排水设备等都有政府部门的法规及条例进行监督和约束。

(2)技术标准。技术标准有《生活饮用水卫生标准》(GB 5749—2006)、《室内空气质量标准》(GB/T 18883—2002)、《工业锅炉水质》(GB/T 1576—2018)、《锅炉大气污染物排放标准》(DB 12/151—2020)、《声环境质量标准》(GB 3096—2008)等。

国家相关部门颁发的政策、法规、条例、规范和各种技术标准是设备管理中的法律文件,指导和约束着物业设备的管理工作,必须分类存档,妥善保管。

二、物业设备设施运行管理

在物业设备运行管理中,必须取得两方面成果:一方面是设备的运行在技术性能上始终处于最佳状态;另一方面是从设备的购置到运行、维修与更新改造中,寻求以最少的投入得到最大的经济效益,即设备的全过程管理的各项费用最经济。因此,物业设备的运行管理包括物业设备技术运行管理和物业设备经济运行管理两部分内容。

1. 物业设备技术运行管理

物业设备技术运行管理主要就是要建立合理的、切合实际的运行制度、运行操作规定和安全操作规程等运行要求或标准，建立定期检查运行情况和规范服务的制度，保证设备设施安全、正常运行。对物业设备技术运行管理，应落实以下几个方面的工作：

(1)针对设备的特点，制定科学、严密、切实可行的操作规程。在设备管理工作中，应根据设备特点制定切实可行的操作规程，例如供配电系统的管理要制定送电、断电和安全用电的操作规程等，并定期对操作人员进行考核、评定。

(2)对操作人员进行专业培训教育。国家规定需持证上岗的工种必须持证上岗。对特殊工种操作人员进行专业的培训教育是设备管理的一项重要工作，操作人员应积极参加政府职能部门举办的培训班，掌握专业知识和操作技能，并通过理论及实际操作考试取得相应的资格证书，如锅炉操作证、高低压电工操作证、电梯运行操作证等。

(3)加强维护保养工作。设备操作人员在使用和操作设备的同时，要认真做好维护保养工作，做到"正确使用，精心维护"。维护保养工作主要是加强日常及定期的清洁、清扫和润滑等，确保设备始终保持良好状态。

(4)定期检验设备中的仪表和安全附件，确保灵敏可靠。压力表上应有红线范围，设备运行时绝对不能超越红线。安全阀前面严禁装设阀门，为了防止安全阀芯、弹簧等锈蚀而影响其灵敏度，需定期人为开启。压力表、安全阀的定期校验工作应由相关部门负责，校验报告应妥善保管。

(5)科学监测、诊断故障，确保设备设施安全运行。对运行中的设备设施不能只凭经验判断其运行状况和故障，而应在对故障进行技术诊断的基础上，做深入、透彻、准确的分析，从而及时、准确地发现故障的潜在因素，采取有效措施防止故障的发生，确保安全运行。

(6)如果因设备故障发生事故，对事故的处理要严格执行"四不放过"原则：设备若有事故发生事故的原因不查清楚不放过、事故责任人及其相关部门未受到教育不放过、事故后没有采取改善措施不放过、没有紧急事件的预防方案和弥补救护措施不放过。事故发生后应该对事故原因及故障规律进行分析，并制定出有效的改善措施，确保类似事故不再发生。

2. 物业设备经济运行管理

物业设备经济运行管理的主要任务是在设备安全、正常运行的前提下，节约能耗费用、操作费用、维护保养费用及检查维修等方面的费用。其内容包括在物业设备运行管理过程中采用切实有效的节能技术措施和加强设备能耗的管理工作。

运行成本管理主要包括能源消耗的经济核算、操作人员配置和维修费用管理等方面。

(1)能源消耗的经济核算。设备在运行过程中，需要消耗水、电、蒸汽、压缩空气、煤气、燃料油等各类能源。我国目前还处于经济发展阶段，各类能源的供应还存在一定缺口，因此，仍在实行计划控制，超越计划的能源价格实行高价收费，且能源的价格也在不断调整，所以，节约能源不仅节约能耗费用，还具有一定的经济意义和社会意义。能源消耗的经济核算有以下几个方面。

1)制定能源耗用量计划和做好计量工作。设备在运行过程中，需要消耗水、电、蒸汽、压缩空气、煤气、燃料油等各类能源。设备管理部门每年要求预先按月编制各类能源的消耗量及能源费用的计划，做出1—12月每个月的各类能源的耗用计划及能源费用的支出计划。各类能源的使用要有正确可靠的计量仪表。在实际使用中，应坚持每天定时抄表记录并计算出日耗量，每旬检查统计一次实际耗用量，每月统计一次实际耗用量及能源费用，并将每月的实际耗用量及能源费用同年度计划进行比较。如能源非法收入用量出现异常情况，应立即查清原因并报告负责人。

2) 采取切实有效的节能技术措施。在选用设备时，注意设备的技术参数要同工艺要求匹配，优先采用先进的电子控制技术，实施自动调节，使设备在运行过程中一直处于最佳运行状况和最佳运行负荷之中；在节约用水方面，要做到清浊分流、一水多用、废水利用，设备冷却水应采用冷却塔循环利用；在节约用电方面，应优先选用节能型电机，在供配电设施上应有提高功率因素的措施；在照明用电方面，尽量多利用自然采光，应选择合理的照明系统和照明灯具。照明灯具的开关控制应采用时间控制、日光控制或红外音频控制等节能控制方式；同时，防止管道、阀门及管道附件泄漏和损坏，发现问题及时修理和调换。对使用热源和冷源的管道和设备，应加强保温绝热工作，以减少散热损失。

3) 加强节能管理工作。节能工作已开展多年，节能技术及节能措施也逐步完善，并已取得明显效果，但还有一些管理部门或管理人员没有真正重视节能管理。因此，还应继续加强节能管理工作，做好能源耗用量的计划及计量工作，采取切实有效的节能技术措施，加强节能管理工作等。

(2) 操作人员配置。应积极采取合理的人力资源组织形式来安排操作人员，定岗定员，提倡一专多能的复合型人才，但必须持证上岗。

(3) 维修费用管理。一般可由专人负责，做到计划使用和限额使用相结合。对维修费用的核算，要有故障修理记录作为维修费用开支的依据，同时，也可以为今后的维修管理提供参考。

三、物业设备设施维护管理

物业设备维护管理主要包括维护保养和计划检修。

物业设备维护保养的目的是及时地处理设备在运行中由于技术状态的发展变化而引起的大量、常见的问题，随时改善设备的使用状况，保证设备正常运行，延长其使用寿命。同样，物业设备计划检修的目的是及时修复由于正常或不正常的原因而引起的设备损坏。

1. 物业设备的维护保养

设备在使用过程中会发生污染、松动、泄漏、堵塞、磨损、振动、发热、压力异常等各种故障，影响设备正常使用，严重时会酿成设备事故。因此，应经常对使用的设备加以检查、保养和调整，使设备随时处于最佳的技术状态。维护保养的方式主要是清洁、紧固、润滑、调整、防腐、防冻及外观表面检查。对长时期运行的设备，要巡视检查，定期切换，轮流使用，进行强制保养。

维护保养工作主要分为日常维护保养和定期维护保养两种。

(1) 日常维护保养工作要求设备操作人员在班前对设备进行外观检查，在班中按操作规程操作设备，定时巡视记录各运行参数，随时注意运行中有无异声、振动、异味、超载等现象，在班后对设备做好清洁工作。日常维护保养工作是设备维护管理的基础，应坚持实施，并做到制度化，特别是在周末或节假日前，更应注意。

(2)定期维护保养工作是以操作人员为主、检修人员协助进行的。它是有计划地将设备停止运行，进行维护保养。根据设备的用途、结构复杂程度、维护工作量及人员的技术水平等，决定维护的间隔周期和维护停机时间。

设备点检是指对设备有目的、有针对性地检查。一些大型的、重要的设备在出厂时，生产厂商会提供该设备的点检卡或点检规程，其中包括检查内容和方法、检查周期及检查标准等。设备点检时可按生产厂商指定的点检内容和点检方式进行，也可以根据经验补充一些点检点，可以停机检查，也可以随机检查。检查时可以通过摸、听、看、嗅等方式，也可利用仪器仪表进行精确诊断。通过设备点检，可以掌握设备的性能、精度、磨损等情况，并可及时消除隐患，防止突发事故，既可以保证设备正常运行，又可以为计划检修提供可靠的依据。设备点检的方法有日常点检和计划点检两种。

1)日常点检由操作人员随机检查，其内容主要包括设备运行状况及参数，安全保护装置，易磨损的零部件，易污染堵塞、需经常清洗更换的部件，运行中经常要求调整的部位和经常出现不正常现象的部位等。

2)计划点检以专业维修人员为主，操作人员协助进行。点检时可使用先进的仪器设备和手段。点检内容主要有设备的磨损情况及其他异常情况，确定修理的部位、部件及修理时间，更换零部件，安排检修计划等。

2. 物业设备的计划检修

物业设备的计划检修是指对在用设备，根据运行规律及计划点检的结果确定其检修间隔期。以检修间隔期为基础，编制检修计划，对设备进行预防性修理。实行计划检修，可以在设备发生故障之前就对其进行修理，使设备一直处于完好能用状态。根据设备检修的部位、修理工作量的大小及修理费用的高低，计划检修工作一般可分为小修、中修、大修和系统大修四种。

(1)小修主要是清洗、更换和修复少量易损件，并做适当的调整、紧固和润滑工作。小修一般由维修人员负责，操作人员协助。

(2)中修除包括小修内容之外，对设备的主要零部件进行局部修复和更换。中修应由专业人员负责。

(3)大修对设备进行局部或全部的解体，修复或更换磨损或腐蚀的零部件，力求使设备恢复到原有的技术特性。在修理时，也可结合技术进步的条件，对设备进行技术改造。大修应由专业检修人员负责，操作人员只能做一些辅助性的协助工作。

(4)系统大修是一个系统或几个系统甚至整个物业系统的停机大检修。系统大修的范围很广，通常将所有设备和相应的管道、阀门、电气系统及控制系统都安排在系统大修中进行检修。在系统大修过程中，所有的相关专业检修人员及操作人员、技术管理人员都应参加。

| 课堂提问 |

（　　）是对设备进行局部或全部的解体，修复或更换磨损或腐蚀的零部件，力求使设备恢复到原有的技术特性。

A. 小修　　　　　　B. 中修　　　　　　C. 大修　　　　　　D. 系统大修

答案：C

四、物业设备设施更新改造管理

物业设备中的任何设备使用到一定的年限以后，其效率会变低，能耗将加大，每年的维护费用也会相应增加。为了使物业设备性能在使用运行中得到有效的改善和提高，降低年度维护成本，需对有关设备进行更新改造。

1. 设备更新

设备更新是以新型的设备代替原有的老设备。任何设备都有使用期限，如果设备达到了它的技术寿命或经济寿命，则必须进行更新。

2. 设备改造

设备改造是指应用现代科学的先进技术对原有的设备进行技术改进，以提高设备的技术性能及经济特性。

(1) 设备改造的主要方法。

1) 对设备的结构做局部改进。

2) 增加新的零部件和各种装置。

3) 对设备的参数、容量、功率、转速、形状和外形尺寸做调整。

设备改造费用一般比设备更新要少得多，因此，通过技术改造能达到技术要求的，应尽可能对原设备进行技术改造。

(2) 编制设备改造方案。对设备进行技术改造，首先要对原设备进行分析论证，编制改造方案。具体内容如下：

1) 原设备在技术、经济、管理上存在的主要问题，设备发生故障的情况及其原因。

2) 需要改造的部位和改造内容。

3) 在改造中应用的新技术的合理性和可行性。

4) 改造后能达到的技术性能、安全性能、效果预测。

5) 预计改造后的经济效益。

6) 改造的费用预算及资金来源计划。

7) 改造的时间及设备停用带来的影响。

8) 改造后的竣工验收和投入使用的组织工作等。

五、备品配件管理

备品配件管理就是在检修之前将新的零部件准备好。设备在运行过程中，零部件往往会磨损、老化，从而降低了设备的技术性能。要恢复设备的技术性能，必须使用新的零部件更换已磨损、老化的零部件。为了减少维修时间，提高工作效率，应在检修之前准备好新的零部件。管理实践应做到：计划管理、合理储备、节约开支、管理规范。

(1)计划管理。严格按物业设备设施技术文件的要求进行维修，使用前应列出使用计划，经批准后进行采购和领用。

(2)合理储备。物业企业应按设备设施维修计划及技术上要求的各类设备设施数量，对备品、配件、材料进行合理储备，在确保设备设施维修的前提下，尽量减少对企业流动资金的占用，以提高企业经济效益。

(3)节约开支。对能修复利用的备品、配件、材料，应尽量实施修复后再利用，实践中应选择合格的材料供应商及品牌，减少因产品质量问题造成的浪费。

(4)管理规范。物业企业应设立备品、配件、材料管理库，建立备品、配件、材料使用的审批、采购、入库验收、领用、更换及按月核查制度。管理中要做到账、卡、物三相符。对合格成品和收回的废品及可以修复但未经修复品应分别存放。对有特殊管理要求的备品、配件、材料，应进行特殊管理，如防霉、防潮、防锈、防撞击等。

六、固定资产管理

固定资产是指使用时间较长(年限在一年以上)，单位价值在规定标准以上，并在使用过程中保持原有物质形态的资产，包括房屋及建筑物、机器设备、运输设备、工具等。固定资产必须同时具备下列两个条件：一是使用年限在一年以上；二是单位价值在规定的限额以上(1 000元、1 500元、2 000元)。不同时具备这两个条件的列为低值易耗品，按流动资产管理。但是，不属于生产经营主要设备的物品，单位价值在2 000元以上并且使用期限超过两年的，也应作为固定资产管理。固定资产管理的基本要求如下：

(1)保证固定资产完整无缺。
(2)提高固定资产的完好程度和利用效果。
(3)正确核定固定资产需用量。
(4)正确计算固定资产折旧额，有计划地计提固定资产折旧。
(5)进行固定资产投资的预测。

七、工程资料管理

在管理过程中，必须使具有保存价值的工程资料得到有效的管理，方便查找和使用，并使其内容具有可追溯性，能够及时、有效地对工作起到指导作用。

物业工程资料的分类见表1-3。

表 1-3 物业工程资料的分类

分类	内容
竣工验收资料	建设工程规划验收合格证 建筑工程竣工验收书 单位工程竣工验收书 消防工程竣工验收书 消防工程竣工验收移交登记目录 电梯准用证 电梯运行许可证 房地产开发经营项目交付使用证
设备管理资料	土木建筑类，包括建筑平面图和建筑结构图。 暖通方面，包括暖通工程竣工图、暖通设备产品说明书和使用指导书、暖通设备操作规程、暖通设备维保规程。 给水排水方面，包括给水排水工程竣工图、给水排水设备产品说明书和使用指导书、给水排水设备操作规程、给水排水设备维保规程。 强电方面，包括强电工程竣工图、强电设备产品说明书和使用指导书、强电设备操作规程、强电设备维保规程。 弱电方面，包括弱电工程竣工图、弱电设备产品说明书和使用指导书、弱电设备操作规程、弱电设备维保规程。 机电方面(电梯、擦窗机)，包括机电工程竣工图、机电设备产品说明书和作业指导书、机电设备操作规程、机电设备维保规程
二次装修设备改造变更资料	改造设备平面布置图 改造设备系统图

工程资料管理的方法分为文件档案管理和计算机管理两大类。所有文件、资料均需按分类目录建档存放，同时在计算机或光盘上备份存储，以方便调阅。

工程资料归档时，归档的文件资料必须字迹工整，纸张及文件格式符合国家要求，禁止使用圆珠笔、铅笔、纯蓝墨水钢笔等书写材料。归档文件必须使用原件，在特殊情况下可使用复印件，但必须附上说明；归档时必须进行认真验收，办理交接登记手续，同时，必须确保文件资料的完整、系统、准确、真实性；基建工程、改造工程的竣工验收及外购设备开箱验收等必须有档案部门参加，凡文件资料(含有关图纸等)不完整、不准确、不系统的，不能进行验收；归档文件必须进行科学分类、立卷和编号，档案目录应编制总目录、案卷目录、卷内目录。

工程资料归档时间：基建项目、改造工程的资料在竣工后一个月内归档；新购设备(包括引进设备或技术)在开箱时必须会同档案管理员进行技术资料核对登记，于竣工后连同调试记录等文件材料整理立卷、归档；工程、设备的运行、保养、维护资料必须按月或按季度整理，并在次年一季度前将上年全年资料归档。

工程资料在保管时，存放档案必须使用专用柜架，档案室内应严格做到"七防"（防火、防盗、防高温、防潮、防虫、防尘、防有害气体），应重视消防，严禁吸烟和使用明火；每年年底对库存档案进行一次特别清理、核对和保管质量检查工作，做到账物相符，对破损或变质档案，要及时进行修补和复制。

单元四 物业设备设施运维外包

一、物业设备设施运维外包的概念

物业设备设施运维外包是指合理利用其外部最优秀的专业化资源，如专业电梯维保公司、清洁公司、绿化公司等，从而达到降低物业公司成本、提高效率、充分发挥自身核心竞争力、增强物业公司对环境的应变能力的一种管理模式。

二、物业设备设施运维外包的项目

物业设备设施运维外包可以是单项运作、维护或服务的外包，或全套设施运作和维护的外包。设备设施若要获得全面的外包运作和维护服务，则必须设置在有利的地理位置，附近有能够提供这些服务的承包商。容易获得设备设施运维外包服务的项目主要有水处理，回流防止器预防性维护，配电系统预防性维护和试验，加热和不加热压力容器检验和试验，电梯、自动扶梯的维护和修理，能源控制管理系统预防性维护、服务和规划，涡电流试验，火警、灭火器材和喷水消防系统的维护和试验。

三、物业设备设施运维外包的形式

物业设备设施运维外包可以采用以下四种形式。

1. 将特殊专业要求的工作外包出去

物业公司拥有自己的运作和维护人员，用以完成全部日常的和高峰负荷时的运作和维护工作，只将某些有特殊专业要求的工作外包出去。目前，大多数物业公司采用这种方式。

2. 将高峰期工作量大的工作外包出去

在物业公司的运作和维护人员完成日常的工作的同时，聘请承包商的人员来处理高峰时期工作量大的工作，例如紧急情况、小修、大修等工作。

3. 自营与外包相互补充

物业公司只聘请最少的运作和维护人员进行部分日常运行和维护工作，而利用承包商的运作和维护服务作为补充来完成其余的日常工作和高峰时的运作和维护工作。

4. 完全外包

物业公司在组织内不设运作和维护人员，而完全依靠承包商派遣所需的全部运作和维护人员，以保证日常工作和高峰时的运作与维护工作。

四、物业公司选择承包商的方法

物业公司选择承包商有以下三种方法：
(1)向本地区的其他物业公司了解。
(2)与现在使用的较高级设备的制造商联系，制造商可能会提供其产品的维修服务，也可能会推荐能胜任此维修服务的承包商。
(3)从指南、名录等查找承包商协会或承包商的联系方式。
在选取承包商之前，还需要考虑以下因素：
(1)人员的专业技术水平。
(2)可获得的地方支持。
(3)服务的声誉。
(4)价格政策。
(5)业务经验。
(6)财务的稳定性。
(7)拥有的修理设施(包括工具和材料)和对服务申请电话的反应速度。

五、运维外包合同

(一)运维外包合同的类型

运维外包合同的类型通常有年度预防性维护协议、两年以上预防性维护协议、根据服务需要拟定的协议等。

(二)运维外包合同签订的要求

(1)要将设备和系统服务的全部细节写入服务合同。物业公司和承包商必须在工程报告的全部规定和承包费用上达成协议。
(2)在签订服务合同前需要评价承包商是否有足够的保险总额，而且这一保险额度应写入合同之中。
(3)签订的合同应保证在合同有效期间，承包商对因其工作质量不好或材料质量不好所造成的损失负责修复，而不需物业公司增加费用。
(4)如果设备或系统的安装有规定的最后期限，建议在合同内写入违期罚金条款，以保护公司利益。

(三)运维外包合同的内容

1. 各方责任和义务

一旦确定了承包商必须提供的具体服务，对各方的责任和义务就必须有一个确定的了解，如由谁负责提供材料、设备和公用设施，哪些费用包括在合同之内，所包括的劳务范围等。

2. 外包人员资质要求

外包人员资质要求应在合同中规定，现场工作的外包人员资质水平应达到工程所在地区法律法规的要求。

3. 日程安排和报告要求

外包合同必须包括基本的维护运作日程表和按照合同完成维护和运作水准的报告。外包合同应包括一张检验单或与有关监督人员联系的日程表，作为报告要求的一部分。在合同中必须有要求完成并许诺付费的服务项目清单。但是，为了避免对条款和要求的误解，最好同时规定哪些服务项目、哪些零配件和器材不需由承包商提供，以及哪些协助工作不属于物业公司的工作范畴。

4. 合同执行情况的监督

在外包合同中，对合同执行情况的监督必须由内部人员负责。但要规定监督的性质和范围，以免发生任何可能的问题。

单元五 物业设备设施管理标准

根据《中国物业管理协会关于印发〈普通住宅小区物业管理服务等级标准〉(试行)的通知》(中物协〔2004〕1号)，物业服务可分为三个等级，即一级、二级、三级，等级越高，服务的要求越高。不同的等级对物业设备设施的要求也不一样。

普通住宅小区物业
管理服务等级标准

一、一级物业对设备设施的管理要求

1. 房屋管理

(1)对房屋共用部位进行日常管理和维修养护，检修记录和保养记录齐全。

(2)根据房屋实际使用年限，定期检查房屋共用部位的使用状况，需要维修，属于小修范围的，及时组织修复；属于大、中修范围的，及时编制维修计划和住房专项维修资金使用计划，向业主大会或者业主委员会提出报告与建议，根据业主大会的决定，组织维修。

(3)每日巡查1次小区房屋单元门、楼梯通道以及其他共用部位的门窗、玻璃等，做好巡查记录，并及时维修养护。

(4)按照住宅装饰装修管理有关规定和业主公约(业主临时公约)要求，建立完善的住宅装饰装修管理制度。装修前，依规定审核业主(使用人)的装修方案，告知装修人有关装饰装修的禁止行为和注意事项。每日巡查1次装修施工现场，发现影响房屋外观、危及房屋结构安全及拆改共用管线等损害公共利益现象的，及时劝阻并报告业主委员会和有关主管部门。

(5)对违反规划私搭乱建和擅自改变房屋用途的行为及时劝阻，并报告业主委员会和有关主管部门。

(6)小区主出入口设有小区平面示意图,主要路口设有路标。各组团、栋及单元(门)、户和公共配套设施、场地有明显标志。

2. 共用设备设施维修养护

(1)对共用设备设施进行日常管理和维修养护(依法应由专业部门负责的除外)。

(2)建立共用设备设施档案(设备台账),设备设施的运行、检查、维修、保养等记录齐全。

(3)设备设施标志齐全、规范,责任人明确;操作维护人员严格执行设备设施操作规程及保养规范;设备设施运行正常。

(4)对共用设备设施定期组织巡查,做好巡查记录,需要维修,属于小修范围的,及时组织修复;属于大、中修范围或者需要更新改造的,及时编制维修、更新改造计划和住房专项维修资金使用计划,向业主大会或业主委员会提出报告与建议,根据业主大会的决定,组织维修或者更新改造。

(5)载人电梯 24 h 正常运行。

(6)消防设备设施完好,可随时启用;消防通道畅通。

(7)设备房保持整洁、通风,无跑、冒、滴、漏和鼠害现象。

(8)小区道路平整,主要道路及停车场交通标志齐全、规范。

(9)路灯、楼道灯完好率不低于95%。

(10)容易危及人身安全的设备设施有明显警示标志和防范措施;对可能发生的各种突发设备故障有应急方案。

二、二级物业对设备设施的管理要求

1. 房屋管理

(1)对房屋共用部位进行日常管理和维修养护,检修记录和保养记录齐全。

(2)根据房屋实际使用年限,适时检查房屋共用部位的使用状况,需要维修,属于小修范围的,及时组织修复;属于大、中修范围的,及时编制维修计划和住房专项维修资金使用计划,向业主大会或者业主委员会提出报告与建议,根据业主大会的决定,组织维修。

(3)每3日巡查1次小区房屋单元门、楼梯通道,以及其他共用部位的门窗、玻璃等,做好巡查记录,并及时维修养护。

(4)按照住宅装饰装修管理有关规定和业主公约(业主临时公约)要求,建立完善的住宅装饰装修管理制度。装修前,依规定审核业主(使用人)的装修方案,告知装修人有关装饰装修的禁止行为和注意事项。每3日巡查1次装修施工现场,发现影响房屋外观、危及房屋结构安全及拆改共用管线等损害公共利益现象的,及时劝阻并报告业主委员会和有关主管部门。

(5)对违反规划私搭乱建和擅自改变房屋用途的行为及时劝阻,并报告业主委员会和有关主管部门。

(6)小区主出入口设有小区平面示意图,各组团、栋及单元(门)、户有明显标志。

2. 共用设备设施维修养护

(1)对共用设备设施进行日常管理和维修养护(依法应由专业部门负责的除外)。

(2)建立共用设备设施档案(设备台账),设备设施的运行、检查、维修、保养等记录齐全。

(3)设备设施标志齐全、规范,责任人明确;操作维护人员严格执行设备设施操作规程及保养规范;设备设施运行正常。

(4)对共用设备设施定期组织巡查,做好巡查记录,需要维修,属于小修范围的,及时组织修复;属于大、中修范围或者需要更新改造的,及时编制维修、更新改造计划和住房专项维修资金使用计划,向业主大会或业主委员会提出报告与建议,根据业主大会的决定,组织维修或者更新改造。

(5)载人电梯早6点至晚12点正常运行。

(6)消防设备设施完好,可随时启用;消防通道畅通。

(7)设备房保持整洁、通风,无跑、冒、滴、漏和鼠害现象。

(8)小区主要道路及停车场交通标志齐全。

(9)路灯、楼道灯完好率不低于90%。

(10)容易危及人身安全的设备设施有明显警示标志和防范措施;对可能发生的各种突发设备故障有应急方案。

三、三级物业对设备设施的管理要求

1. 房屋管理

(1)对房屋共用部位进行日常管理和维修养护,检修记录和保养记录齐全。

(2)根据房屋实际使用年限,检查房屋共用部位的使用状况,需要维修,属于小修范围的,及时组织修复;属于大、中修范围的,及时编制维修计划和住房专项维修资金使用计划,向业主大会或者业主委员会提出报告与建议,根据业主大会的决定,组织维修。

(3)每周巡查1次小区房屋单元门、楼梯通道以及其他共用部位的门窗、玻璃等,定期维修养护。

(4)按照住宅装饰装修管理有关规定和业主公约(业主临时公约)要求,建立完善的住宅装饰装修管理制度。装修前,依规定审核业主(使用人)的装修方案,告知装修人有关装饰装修的禁止行为和注意事项。至少两次巡查装修施工现场,发现影响房屋外观、危及房屋结构安全及拆改共用管线等损害公共利益现象的,及时劝阻并报告业主委员会和有关主管部门。

(5)对违反规划私搭乱建和擅自改变房屋用途的行为及时劝阻,并报告业主委员会和有关主管部门。

(6)各组团、栋、单元(门)、户有明显标志。

2. 共用设备设施维修养护

(1)对共用设备设施进行日常管理和维修养护(依法应由专业部门负责的除外)。

(2)建立共用设备设施档案(设备台账),设备设施的运行、检修等记录齐全。

(3)操作维护人员严格执行设备设施操作规程及保养规范;设备设施运行正常。

(4)对共用设备设施定期组织巡查,做好巡查记录,需要维修,属于小修范围的,及时组织修复;属于大、中修范围或者需要更新改造的,及时编制维修、更新改造计划和住房专项维修资金使用计划,向业主大会或业主委员会提出报告与建议,根据业主大会的决定,组织维修或者更新改造。

(5)载人电梯早6点至晚12点正常运行。

(6)消防设备设施完好,可随时启用;消防通道畅通。

(7)路灯、楼道灯完好率不低于80%。

(8)容易危及人身安全的设备设施有明显警示标志和防范措施;对可能发生的各种突发设备故障有应急方案。

| 课堂提问 |

下列( )属于三级物业对设备设施的管理要求。

A. 每日巡查1次小区房屋单元门、楼梯通道以及其他共用部位的门窗、玻璃等,做好巡查记录,并及时维修养护

B. 每3日巡查1次小区房屋单元门、楼梯通道以及其他共用部位的门窗、玻璃等,做好巡查记录,并及时维修养护

C. 每周巡查1次小区房屋单元门、楼梯通道以及其他共用部位的门窗、玻璃等,定期维修养护

D. 每月巡查1次小区房屋单元门、楼梯通道以及其他共用部位的门窗、玻璃等,定期维修养护

答案:C

| 实践与训练 |

一、实训内容

1. 了解物业、物业管理、物业设备设施的含义。

2. 掌握物业设备设施的构成。

二、实训步骤

1. 学生分组,结合居住小区或学校实际建筑,实地查找物业管理范畴的物业设备设施。

2. 对实物拍照后列表记录。

3. 每组将调查结果做成PPT演示讲解,教师点评。

模块一　学生实训考核表

姓名		班级		小组	
实训模块		物业设备设施管理基础			
考核内容	分值	自评	小组互评	教师评价	
不迟到早退，出勤情况良好，任劳任怨，勇于实践，态度谦逊，勤学多问	20				
在实训过程中，能理论联系实际，较好地完成实训任务	20				
能较好地完成实物拍照列表记录	20				
在小组合作中，具有良好的沟通、协作能力	20				
小组PPT演示成果完整、翔实，PPT讲解清楚、流畅	20				
评价汇总	100				
考核总分					

注：总评成绩＝自评成绩×30％＋小组评价×20％＋指导教师评价×50％

模块小结

本模块主要介绍了物业设备设施管理的概念、目标、特点、内容，物业设备设施运维外包，物业设备设施管理标准等内容。通过本模块的学习，应对物业设备设施管理有基本的认识，为日后的学习打下基础。

思考与练习

一、填空题

1. 从物业设备设施管理的定义可知，物业设备设施管理应从_____、_____和_____三个要素及三者之间的关系来考虑。
2. 物业设备设施管理的根本目标是_____、_____、维护好、检修好、改造好现有设备设施，提高设备设施的利用率和完好率。
3. 设备的寿命包括_____、_____和_____。
4. 物业设备设施寿命周期费用的构成主要有_____、_____、_____、_____和_____等。
5. 物业设备设施的可靠性是指其_____的性能，分为_____和_____。
6. 故障理论包括_____和_____两个方面。
7. 物业设备经济运行管理的内容包括在物业设备运行管理过程中_____和_____。
8. 物业设备维护管理主要包括_____和_____。
9. _____是指合理利用其外部最优秀的专业化资源，从而达到降低物业公司成本、提高效率、充分发挥自身核心竞争力、增强物业公司对环境的应变能力的一种管理模式。

二、简答题

1. 简述物业设备设施管理的特点。
2. 什么是设备设施的 LCC 理论？
3. 什么是物业设备的计划检修？计划检修工作一般可分为哪几类？
4. 如何做好备品配件管理？
5. 固定资产管理的基本要求是什么？
6. 简述物业设备设施运维外包的形式。
7. 简述三级物业对设备设施的管理要求。

模块二　物业设备设施管理组织设计

知识目标

掌握物业设备设施管理组织构架，物业设备设施管理人员岗位职责，物业设备设施管理制度。

能力目标

能够独立制定物业设备设施管理的组织机构和管理制度。

素质目标

具有计划组织协调能力和团队协作能力。

案例导入

物业服务企业漏检供暖设备的责任

陈某与刘某是某小区同一单元楼上楼下的邻居，一位住6楼，一位住5楼。20××年10月21日上午9时许，物业服务企业开始给这个单元加压供热。当时，陈某发现自己家的供暖阀门（系分户供暖）未开，就找到物业人员将供热阀门打开。下午，陈某及妻子离家外出，15时许，住在楼下的刘某发现楼上往下淌水，就赶紧上楼找陈某，但发现其家中无人，后找到物业服务企业将总阀门关闭。但这时，刘某新装修房屋中的地板块、门框、家具、吊顶及衣物等已受到不同程度的损害。事后经查，是陈某家的暖气接头处松动漏水而淹了楼下。由于责任纠缠不清，刘某将物业服务企业及陈某告上法庭。市法院司法鉴定中心及市物价局价格认证中心对刘某的"损失"鉴定结论为：被水浸物品的价值折合人民币3576元。

分析：物业服务企业应负全部赔偿责任，赔偿刘某财产损失3576元。因为物业服务企业对所管理的房屋供暖设备及设施负有管理、修缮的义务。本案中，物业服务企业在对住户加压供水前，未对陈某家室内暖气设备进行认真检修，致使陈某家的暖气未能如期加压检验，属于漏检，造成陈某家的暖气设施在加压供暖时漏水，给刘某家的财产造成了损害。故判决物业服务企业负全部赔偿责任。

问题：你认为漏水这一事件能否避免？为什么？

单元一 物业设备设施管理组织构架

物业服务企业应根据具体情况建立自己的工程设备管理体系。一般来说,总工程师(或工程部经理)是物业设备设施管理的总负责人。在其领导下,要建立一个结构合理的管理机构,组织一支精干高效的工程管理队伍,才能较好地完成物业设备设施系统的管理工作。该组织机构应考虑物业规模和特点、物业所有者的组织形式、客户的组成、物业的用途和经营方式、物业安装设备的数量、形式及分布情况、物业的管理风格等因素。

物业设备设施管理机构一般是在总工程师的领导下设置工程部,工程部经理负责本部门职责范围内相关设备运行、保养、维护等管理工作。物业设备设施管理机构一般采用以下设置方案。

一、按专业分工的组织构架

按专业分工的组织构架如图 2-1 所示。其特点是:各设备主管处主任负责本处工作,配备人员能够完成全部运行、保养和小型维修工作,分工较细,各单位职责明确,业务职能基本上能独立完成,但配备人员较多,适用于规模较大、专业技术人员较充足、技术力量较强的物业服务企业。

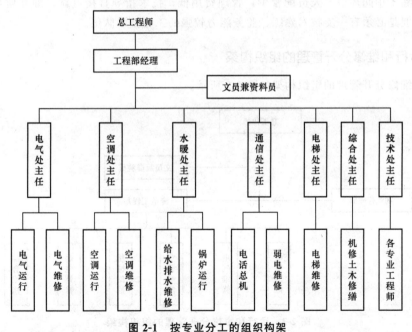

图 2-1 按专业分工的组织构架

二、主管工程师负责的组织构架

主管工程师负责的组织构架如图 2-2 所示。

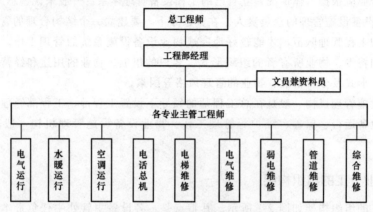

图 2-2　主管工程师负责的组织构架

主管工程师负责的组织构架的特点是：各主管工程师负责本专业相关班组的工作，既分工又合作，消除了中间环节，人员配置少，管理费用低，技术指导直接可靠，维修质量高，便于协调指挥，但是必须有一支技术熟练、业务能力较强的工程技术队伍。

三、运行和维修分开管理的组织构架

运行和维修分开管理的组织构架如图 2-3 所示。

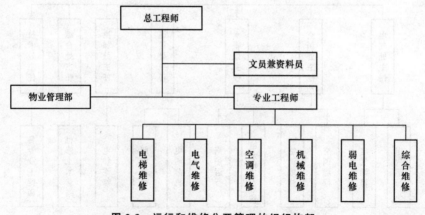

图 2-3　运行和维修分开管理的组织构架

运行和维修分开管理的组织构架的特点是：物业管理部只负责相关设备设施的操作运行，人员配置数量比较少，自身素质要求可以不太高，主要技术力量集中在各工程维修部，人力资源应用合理，维修质量有保障。管理的设备越多，优势就越明显。

四、最简单的组织构架

最简单的组织构架如图 2-4 所示。

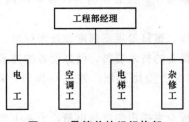

图 2-4 最简单的组织构架

最简单的组织构架的特点是：适用于建筑规模小、设备配置少、技术和管理要求不高的物业服务企业。工程部仅负责日常运行和一般故障处理，人员配置少，管理简单。重大设备的维护、保养和维修由专业的维修公司承包，设备维修保养费用较高。

| 课堂提问 |

下列( )的组织构架适用于规模较大、专业技术人员较充足、技术力量较强的物业服务企业。

A. 按专业分工　　　　　　　　　　B. 主管工程师负责
C. 运行和维修分开管理　　　　　　D. 最简单

答案：A

单元二　物业设备设施管理人员岗位职责

一、工程部经理岗位职责

工程部本身的工作及工程部与物业部、销售部、保安部等的横向联系与配合，对提高物业的整体服务质量至关重要。工程部经理是进行管理、操作、保养、维修，保证设备设施正常运行的总负责人。其主要职责包括以下几个方面。

（1）直接对企业总经理负责，在公司经理的领导下贯彻执行有关设备和能源管理方面的工作方针、政策、规章和制度，制定物业设备设施管理工作的具体目标和政策，并定期编写月、周报告、运行报表等，收集有关资料和数据，为管理决策提供依据。

（2）负责物业设备设施从规划和实施、运行和使用、维护和修理、改造和更新直到报废全过程的技术和经济管理工作，使设备始终处于良好的工作状态。

（3）加强完善设备项目验收、运行、维修的原始记录资料；编制物业设备的保养、大修计划、预防性试验计划（月计划、年计划），并负责有组织、有计划地完成各项工作；控制费用，提高修理的经济效果。

（4）在安全、可靠、合理的前提下，及时供给各种设备所需要的能源（水、电、油、气等），并做好节能工作。

（5）组织拟定设备管理、操作、维修等规章制度和技术标准，并监督执行。

（6）组织、收集、编制各种设备的技术资料，做好设备的技术管理工作。

（7）组织编制各种设备的保养、检修计划，并进行预算，在公司经理批准后，组织人员实施。

（8）组织人力、物力及时完成业主提出的报修申请，为业主提供良好的工作生活条件。

（9）负责设备安全管理，组织物业设备的事故分析和处理；制定安全防火、事故防范措施并督促落实执行。

二、专业技术负责人岗位职责

各专业技术负责人在部门经理领导下，负责所管辖的维修班组的技术和管理工作，负责编制所分管的机电设备的保养与维修计划、操作规程及有关资料，并协助部门经理完成上级主管部门布置的工作。具体职责如下：

1. 给水、排水工程主管

（1）负责组织指导各管理处完善房屋、市政给水排水图纸资料和维修档案的归档。

（2）负责给水排水设施正常使用的技术监督和指导。

（3）制定给水排水设施大、中修计划，报经批准后组织实施。

（4）负责给水排水设施维修保养的技术指导。

（5）负责制定和完善公司内部与给水排水设施安全使用、工程管理、维修管理和技术资料归档等有关的管理制度。

（6）负责由工程部主管的本专业改造工程的组织施工、安全监督、验收和结算。

（7）负责指导供水计量、节约用水的技术管理。

（8）负责本专业相关项目的费用控制、审核和经济分析。

（9）配合人力资源部组织本专业相关技能培训工作。

（10）负责相关专业对外的业务联系，协调与相关主管部门的关系。

（11）在必要时协助做好相近专业的工程管理和费用控制。

2. 消防工程主管

（1）负责组织指导各管理处完善管理区域内消防图纸资料和维修档案的归档。

(2)负责消防系统设备设施正常运行的技术监督和指导。
(3)负责消防设备设施的正确使用的指导和培训。
(4)制定消防系统大、中修计划,报经批准后施行。
(5)负责消防系统维修保养的组织工作和技术监督。
(6)负责指导消防设施经济运行的技术管理。
(7)负责完善公司内部与消防设施安全使用、工程管理、维修管理和技术资料归档有关的管理制度。
(8)负责由工程部主管的本专业改造工程的组织施工、安全监督、验收和结算。
(9)负责本专业相关项目的费用控制、审核和经济分析。
(10)配合人力资源部组织本专业相关技能培训工作。
(11)负责相关专业对外的业务联系,协调与相关主管部门的关系。
(12)在必要时协助做好相近专业的工程管理和费用控制。

3. 空调工程主管

(1)负责组织指导各管理处完善空调图纸资料和维修档案的归档。
(2)负责空调设施正常使用的技术监督和指导。
(3)制定空调设施大、中修计划,经报批准后组织实施。
(4)负责空调设施维修保养的技术指导。
(5)负责空调设施合理使用、经济运行的技术指导。
(6)负责完善公司内部与空调设施安全使用、工程管理、维修管理和技术资料归档有关的管理制度。
(7)负责由工程部主管的本专业改造工程的组织施工、安全监督、验收和结算。
(8)负责本专业相关项目的费用控制、审核和经济分析。
(9)配合人力资源部组织本专业相关技能培训工作。
(10)负责相关专业对外的业务联系,协调与相关主管部门的关系。
(11)在必要时协助做好相近专业的工程管理和费用控制。

4. 电梯工程主管

(1)负责组织指导各管理处完善管理区域内电梯图纸资料和维修档案的归档。
(2)负责电梯正常使用的技术监督和指导。
(3)制定电梯大、中修计划,经报批准后施行。
(4)负责电梯维修保养、年检的组织工作和技术指导监督。
(5)负责指导电梯经济运行的技术管理。
(6)负责制定和完善公司内部与电梯、消防设施安全使用、工程管理、维修管理和技术资料归档有关的管理制度。
(7)负责由工程部主管的本专业改造工程的组织施工、安全监督、验收和结算。
(8)负责本专业相关项目的费用控制、审核和经济分析。

（9）配合人力资源部组织本专业相关技能培训工作。
（10）负责相关专业对外的业务联系，协调与相关主管部门的关系。
（11）在必要时协助做好相近专业的工程管理和费用控制。

5. 电气工程主管
（1）负责组织指导各管理处完善公司所需要的电气图纸资料和维修档案的归档。
（2）负责电气设施正常使用的技术监督和指导。
（3）负责电气设施维修保养的技术指导。
（4）制定电气设施大、中修计划，方案和预算，报经批准后组织实施。
（5）负责指导供电计量。
（6）负责组织制定和完善公司内部与电气设施安全使用、工程管理、维修管理和技术资料归档有关的管理制度。
（7）负责由工程部主管的本专业改造工程的组织施工、安全监督、验收和结算。
（8）负责本专业相关项目的费用控制、审核和经济分析。
（9）配合人力资源部组织本专业相关技能培训工作。
（10）负责相关专业对外的业务联系，协调与相关主管部门的关系。
（11）在必要时协助做好相近专业的工程管理和费用控制。

6. 弱电工程主管
（1）负责组织指导各管理处完善弱电系统图纸资料和维修档案的归档。
（2）负责弱电系统设备设施正常使用的技术监督和指导。
（3）制定弱电系统设备设施大、中修计划，报经批准后组织实施。
（4）负责各个管理区域内弱电系统的技术维护和管理，按质量要求制定管理办法和运行维护规范，监督、检查、指导各个管理区域内运行管理班组对弱电设备、线路的维护保养工作。
（5）负责完善公司内部与弱电系统设备设施安全使用、工程管理、维修管理和技术资料归档有关的管理制度。
（6）负责由工程部主管的本专业改造工程的组织施工、安全监督、验收和结算。
（7）负责本专业相关项目的费用控制、审核和经济分析。
（8）配合人力资源部组织本专业相关技能培训工作。
（9）负责公司内计算机网络、设备和办公软件的技术维护和管理，保障计算机网络系统的正常、安全运行。
（10）负责指导公司内职员对计算机设备的使用，及时指导解决计算机操作运行中出现的问题。
（11）负责公司内计算机网络系统设备配置的统筹安排工作。
（12）负责公司网站和社区宽带网络建设工作。
（13）配合人力资源部组织本专业相关技能培训工作。
（14）负责相关专业对外的业务联系，协调与相关主管部门的联系。

三、领班岗位职责

(1)负责本班所管辖设备的运作和维护养护工作，严格做到设备、机房、工作场所干净，并且不漏电、不漏水、不漏油、不漏气，使用性能良好、润滑良好、密封良好、坚固良好、调整良好。

(2)带领并督促全班员工遵守岗位责任制、操作规程和公司制定的各项规章制度，及时完成上级下达的各项任务。

(3)负责本班的业务学习，不断提高自身素质，负责本班的日常工作安排。

(4)负责制定本班设备的检修计划和备件计划，报送主管审核后组织实施。

四、技术工岗位职责

(1)按时上班，不迟到不早退，并认真执行公司制定的各种设备维护规程。

(2)定期对机电设备进行维护保养；认真完成设备的日常巡检，发现问题及时处理。

(3)认真完成公司安排的设备大检修任务。

(4)正确、详细地填写工作记录、维修记录，建立设备档案。

(5)爱护各种设备、工具和材料，对日用维修消耗品要登记签认，严禁浪费。

(6)加强业务学习，认真钻研设备维护技术，并树立高度的责任心，端正工作态度。

五、材料保管员岗位职责

(1)负责统计材料、工具和其他备件的库存情况，根据库存数量及其他使用部门提出的采购申请填写采购申请表，报送经理审批。

(2)负责材料、工具和其他设备备件的入库验收工作，保证产品品种、规格、数量、质量符合有关要求。

(3)负责材料、工具和其他设备备件的保管工作，保证产品的安全和质量。

(4)负责统计库房材料的工作，按时报送财务部门。

(5)负责完成上级交办的其他任务。

六、资料员岗位职责

(1)负责收集、整理工程部各种技术资料及设备档案。

(2)负责本部门各下属单位的各项工作报表的汇总、存档。

(3)负责能源、材料、人力等各项资源消耗的统计。

单元三 物业设备设施管理制度

一、生产技术规章制度

生产技术规章制度包括物业设备设施的安全操作规程、验收制度、保养维修规程等。

1. 安全操作规程

"安全第一，预防为主"，在安全管理备受重视的今天，物业设备设施的安全操作运行已成为物业管理的重要环节。专业技术人员在工作中应遵守专业技术规程，接受专业培训，掌握安全生产技能，佩戴和使用劳动防护用品，服从管理。

高低压配电、弱电、楼宇自控系统、电梯、计算机中心、水泵房等设备的运行都会造成一定的风险，如不按规程操作，轻则造成设备故障，重则造成机毁人亡。因违规操作造成事故的案例举不胜举，如某公司管理处维修技术员王某、李某对小区低压配电柜进行带电除尘作业，在施工作业中，王某认为使用手动皮风器的除尘效果不好，便改用毛刷进行除尘作业，但未对毛刷的铁皮进行绝缘处理，刷子横向摆动时导致毛刷的铁皮将C相母排与零排短接，造成相对地短路，联络断路器总闸保护跳闸。但瞬间短路产生的电弧还是对王某的手部和面部造成了不同程度的烧伤。

2. 验收制度

设备设施验收工作是设备设施安装或检修停用后转入使用的一个重要过程，做好验收工作对以后的管理和使用有着重要的意义。验收内容包括新建设备设施的验收、维修后设备的验收、委托加工或购置的更新设备的开箱验收等。

对初验发现的问题应商定解决意见并确定复验时间，对经复验仍不合格的应限定解决期限。对设备的缺陷及不影响使用的问题可作为遗留问题签订协议保修或赔款补偿。这类协议必须在设备能用、不致出现重大问题时签订。验收后的基础资料应妥善保存。

3. 保养维修规程

物业设备在使用过程中会发生磨损、松动、振动、泄漏、过热、锈蚀、压力异常、传动皮带老化断裂等故障，从而会影响设备的正常使用。设备故障会产生相应的管理风险，甚至会造成事故，如电路老化易造成短路甚至发生火灾。管理实践中应正确掌握设备状况，根据设备的运行管理经验及技术特点等情况，制定科学合理的预防性维修保养规划，按照预定计划采取设备点检、养护、修理的一系列预防性组织措施和技术措施，防止设备在使用过程中发生不应有的磨损、老化、腐蚀等现象，保证设备设施的安全运行，降低修理成本，充分发挥设备潜力和使用效益。

二、管理工作制度

物业设备设施的管理工作制度包括责任制度、运行管理制度、维修制度及其他制度等。管理制度应"因人而异"。

1. 责任制度

责任制度一般包括各级岗位责任制度、报告制度、交接班制度、重要设备机房(变配电房、发电机房、空调机房、电梯机房、卫星机房、给水泵房、电信交换机房)出入安全管理制度、重要机房(锅炉房、变配电房)环境安全保卫制度等。其中,交接班制度的内容包括:

(1)接班人员必须提前10分钟做好接班的准备工作并穿好工作服,佩戴好工号牌正点交接班。

(2)接班人员要详细阅读交接日记和有关通知单,详细了解上一班设备运行的情况,对不清楚的问题,一定要向交班者问清楚,交班者要主动向接班者交底,交班记录要详细完整。

(3)交班人员要对接班人员负责,要交安全、交记录、交工具、交钥匙、交场所卫生、交设备运行动态,且双方签字确认。

(4)如果在交班时突然发生故障或正在处理事故,应由交班人员为主排除,接班人员积极配合,待处理完毕或告一段落,报告值班工程师,征得同意后交班人员方可离去。其交班者延长工作的时间,视事故报告分析后再作决定。

(5)在规定交班时间内,如接班者因故未到,交班者不得离开岗位,擅自离岗者按旷工处理,发生的一切问题由交班者负责;接班者不按时接班,直接由上级追查原因,视具体情节做出处理;交班者延长的时间除公开表扬外,并发给超时工资(可在绩效工资中体现)。

(6)接班人员酒后或带病坚持上岗者,交班人不得擅自交接工作,要及时报告当班主管统筹安排。

2. 运行管理制度

设备运行管理制度主要包括巡视抄表制度、安全运行制度、经济运行制度、文明运行制度等。特殊设备还需另行制定制度,如电梯安全运行制度、应急发电运行制度等。

3. 维修制度

维修制度包括巡检制度、设备维修制度等。

(1)巡检制度。巡检制度主要包括以下内容:

1)巡检工作是及时发现设备缺陷、掌握设备状况、确保安全运行的重要手段,各巡检人员必须按规定的时间、巡检路线、检查项目等认真巡检,并做好记录。

2)在巡检过程中,如果发现设备存在问题,应立即通知领班,并在可能的情况下自行消除故障。如不能自行处理,应做好临时补救措施,报告领班,并将详细情况记入巡检记录备注栏。

3)巡检人员在巡视完机房、泵房、配电室、竖井等无人值守的设备间后,必须做到随手锁门;在巡检完设备及其控制箱、动力柜、照明柜、高压柜、低压柜等配电设施后,必须将设备门锁好。

4)各运行、维修领班必须每天对所辖系统设备进行检查;各主管必须每周1次巡检本系统所有设备,发现问题,书面报告经理,并应立即组织处理。

(2)设备维修制度。设备维修制度主要包括以下内容：

1)预防性维护保养。

①所有设备必须根据维修保养手册和相关规程进行定期检修及保养，并制定相应年度、季度、月度保养计划和保养项目。

②相关工程人员必须认真执行保养计划及保养检修项目，以便尽可能延长系统设备的正常使用寿命，并减少紧急维修次数和金额。

③各系统维护保养计划和保养检修项目制定由主管负责，并提交工程部经理审阅；保养检修及更换零配件的记录由领班负责，并提交主管审阅。

④进行正常系统维修保养及检修时，如对客户使用产生影响，必须提前3 d通知管理处客户服务部，由客户服务部发出通告，确定检修的起止日期和时间，以便使受影响的客户做好充分准备。

2)大、中修管理制度。

①大修是对设备的全部或大部分进行解体检查，是工作量最大的一种有计划的预防性维修。

②中修是根据设备的结构特点而定的，对技术状态已达不到使用要求的设备，按实际需要进行有针对性的修理，以恢复设备的性能。

③对中修以上的设备进行修复前，必须有书面报告送交工程部经理，说明设备安装日期、使用时间、损坏程度及修复费用等。

④对设备大修必须书面得到公司领导批准，专业性、技术性较强的设备或进口设备，应有专业公司出具的鉴定报告及预估的修复费用报告。

3)紧急维修。

①必须进行紧急维修时，须立即通知经理，安排有关人员立即赴现场检查情况，并按实际情况进行处理。

②如因紧急维修，必须对客户使用产生影响时，须立即通知管理处客户服务部，并由客户服务部向受影响的客户发出紧急通告，同时，需考虑尽量减小影响范围。

③如发生故障的设备在保修期内，应做出适当的应急处理，以尽量减少对客户的影响，并立即通知有关供应商的保修负责人。

④紧急维修结束后，须由领班填写维修记录及更换零配件记录，并以书面形式向主管报告。

4)故障处理制度。

①不需要停止运行进行修理的故障，称为一般故障，由主管调查与分析原因，提出修理意见和责任故障原因，吸取教训，记录在案，并向工程部经理汇报。

②被迫停止运行必须进行修理的故障，称为重大故障，应及时向主管汇报，由主管组织调查分析，提出修理意见报经理批准后实施，并且对故障做到"四不放过"(故障原因分析不清不放过、责任人未处理不放过、责任者未受到教育不放过、没有防范措施不放过)且记录在案，对责任者做出处理意见，同时以书面材料汇报物业经理。

4. 其他制度

其他制度包括承接查验制度、登记与建档制度、节能管理制度、培训教育制度、设备事故管理制度、员工奖惩制度、承租户和保管设备责任制度、设备清点和盘点制度等。物业服务企业必须根据承接查验物业的状况，逐步完善各项管理制度，从而有效地实现专业化、制度化的物业设备设施管理。

三、培养高素质的管理团队

管理和服务是物业设备设施管理的基本内容，二者的良好实现必须以高素质的技术人员为基础。

(1)克服"短板"现象，提升员工技能。管理学中有一个"木桶理论"，木桶盛水的多少不是取决于最长的那块板，而是取决于最短的那块板。管理实践中，可通过"传帮带"、定期培训、理论考核、实操大比武等多种方式让"短板"消失，从而使团队的整体技能水平得以保持和提升。实践中应注意：择优的目的不在于淘汰，而在于整体提升。

(2)技术人员要"一专多能"。住宅小区(大厦)内配套的机电设备很多，有些是24 h运行，因此，机电人员随时要处理机电设备出现的故障。有些设施专业性强、技术要求高，需要不同专业的技术人员来承担。在实践中，机电人员一方面要受数量定编的限制，另一方面需要处理的事情又无定性，所以，经常出现"时忙时闲"的工作量不平衡现象。要克服这一现象，除做好计划管理外，还必须实行"一专多能"的用人制度，在保持核心技术专长的同时，培养多种技能，使管理团队达到精干高效。需要注意的是，在采用"一专多能"的工作方式时，切忌无证上岗，避免造成安全事故和其他损失。

(3)熟悉物业设备，强化规范管理。住宅小区(大厦)设备设施种类多、数量大，人员又相对集中，这就增加了管理的难度。为了更好地做好物业服务，工作人员必须熟知住宅小区(大厦)的物业情况和各项管理规定，在实践中做到"勤查、多思、善断"，对不规范使用设备的行为做到有效制止、纠正，发现设备不正常时，应立即通知有关部门停机检修，迅速查明原因。

| 课堂提问 |

(多选)下列属于设备维修制度的有(　　)。

A. 巡视抄表制度　　　　　　　　B. 安全运行制度

C. 预防性维护保养　　　　　　　D. 大、中修管理制度

E. 故障处理制度

答案：CDE

实践与训练

一、实训内容

1. 通过查阅网上相关资料，走访物业服务企业，了解企业的规模、经营理念。
2. 了解企业机构设置、主要工作岗位、福利待遇及管理模式。
3. 了解企业现阶段的物业设备设施运行管理制度。

二、实训步骤

1. 按小组分工，调查某小区或者校园物业服务公司，与物业公司管理人员座谈。
2. 每组将调查结果做成PPT演示讲解，教师点评。

模块二 学生实训考核表

姓名		班级		小组	
实训模块		物业设备设施管理组织设计			
考核内容	分值	自评		小组互评	教师评价
不迟到早退，出勤情况良好，任劳任怨，勇于实践，态度谦逊，勤学多问	30				
在实训过程中，能理论联系实际，较好地完成实训任务	30				
在小组合作中，具有良好的沟通、协作能力	20				
小组PPT演示成果完整、翔实，PPT讲解清楚、流畅	20				
评价汇总	100				
考核总分					

注：总评成绩＝自评成绩×30％＋小组评价×20％＋指导教师评价×50％

模块小结

本模块主要介绍了物业设备设施管理组织的几种构架，物业设备设施管理人员岗位职责，以及物业设备设施管理管理制度等内容。通过本模块的学习，应能进行物业设备设施管理组织的设计，为日后的工作打下基础。

思考与练习

1. 简述按专业分工的组织构架的特点。
2. 简述主管工程师负责的组织构架的特点。
3. 简述工程部经理的岗位职责。
4. 简述领班岗位职责。
5. 应如何培养高素质的管理团队？

模块三　给水、排水系统

知识目标

熟悉室内给水系统、室内排水系统、热水供应系统、屋面雨水排水系统、小区给水系统、小区排水系统、小区水景工程、小区游泳池、中水系统的分类与组成；掌握物业给水、排水系统的管理与维护。

能力目标

能进行小区给水、排水系统的日常管理与维护。

素质目标

具有科学严谨、实事求是的学风和创新意识、创新精神。

案例导入

小区水污染

某小区采用水池—水泵—水箱联合供水。一天上午，该小区的物业服务公司接到部分业主投诉，称早晨用水时发现水龙头出水浑浊，有沉淀变色现象，要求物业服务公司及时查清污染源，提高供水水质，否则将拒交物业费。

问题：1. 物业服务公司应该如何处理这一事件？

2. 在日常的物业管理中，可采取哪些措施预防此类事件的发生？

单元一　室内给水、排水系统

一、室内给水系统

（一）室内给水系统的分类

建筑室内给水系统是指将城镇（或小区）给水管网或自备水源的水引入室内，经室内配水管网送至生活、生产和消防用水设备，并满足各用水点对水量、水压和水质要求的冷水供应系统。

建筑室内给水系统按用途可分为以下三类。

1. 生活给水系统

生活给水系统为人们提供饮用、洗涤、淋浴和烹饪等方面的生活用水，除给水量、水压应满足要求外，其水质必须符合国家规定的饮用水质标准。

2. 生产给水系统

生产给水系统提供生产设备冷却、原料和产品洗涤，以及各类产品制造过程中所需的生产用水。应根据工艺要求，提供符合水质、水量和水压条件的用水。

3. 消防给水系统

消防给水系统提供各类消防设备灭火用水，主要包括消火栓和自动喷淋系统。消防用水对水质要求不高，但必须按照建筑防火规范保证供给的水量和水压。

上述三类给水系统不一定要独立设置，可根据实际条件和需要，组合成同时供应不同用水量的生活—消防、生产—消防、生活—生产和生活—生产—消防等共用给水系统，或进一步按供水用途的不同和系统功能的差异分为饮用水给水系统、杂用水给水系统、消火栓给水系统、自动喷水灭火系统和循环或重复使用的生产给水系统等。系统的选择，应根据生活、生产、消防等各项用水对水质、水量、水压、水温的要求，结合室外给水系统的实际情况，经过技术、经济分析确定。

（二）室内给水系统的组成

一般情况下，室内给水系统主要由引入管、水表节点、给水管道、给水附件、升压和储水设备及消防设备六部分组成，如图 3-1 所示。

1. 引入管

引入管又称进户管，是将室外给水管的水引入到室内的管段。引入管根据建筑物的性质、用水要求可有几条，但至少应有一条。

2. 水表节点

在引入管和户支管上均应设置计量用水量的仪

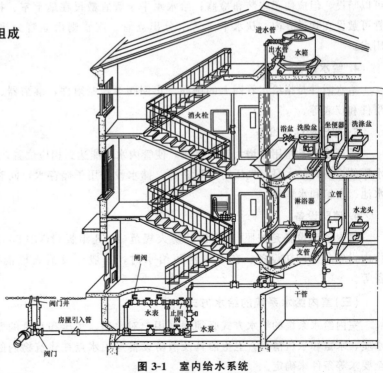

图 3-1 室内给水系统

表——水表。引入管上的水表及其前后设置的阀门和泄水装置统称为水表节点。图 3-2 所示节点一般设置在水表井中。

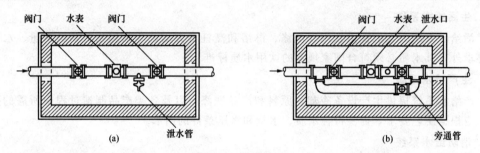

图 3-2 水表节点
(a)有泄水管的水表节点；(b)有旁通管的水表节点

3. 给水管道

给水管道是指室内给水水平或垂直干管、立管、支管等组成的配水管网系统。单向供水，给水干管应尽量靠近用水量最大的设备或不允许间断供水的用水处，以确保供水的可靠性，同时减少管道传输流量，使大口径管道的长度最短。室内给水管道宜明设，如建筑有特殊要求时可以暗设，但应便于安装和检修；给水水平干管宜敷设在地下室、技术层、吊顶或管沟内；立管可敷设在管道井内，从水平干管上分出立管。支管则由立管分出，供给每一层配水装置的用水。

4. 给水附件

给水附件是指给水管网上的闸阀、止回阀等控制附件，淋浴器、配水龙头、冲洗阀等配水附件和仪表等。

5. 升压和储水设备

升压设备是指用于增大管内水压，使管内水流能达到相应位置，并保证有足够的流出水量、水压的设备，如水泵、气压给水设备等。储水设备用于储存水，同时也有储存压力的作用，如水池、水箱和水塔等。

6. 消防设备

室内消防设备是按照《建筑设计防火规范(2018 年版)》(GB 50016—2014)的规定，在建筑物内设置各种消防设备。在设置消防给水时，一般应设消火栓消防设备、自动喷淋消防设备等。

(三)室内给水系统的给水方式

室内给水系统的给水方式必须根据用户对水质、水压和水量的要求，室外管网所能提供的水质、水量和水压情况，卫生器具及消防设备等用水点在建筑物内的分布，以及用户对供水安全要求等条件来确定。

室内给水系统给水方式主要有如下几种。

1. 直接给水

由室外给水管网直接供水，是最简单、最经济的给水方式，如图 3-3 所示。水从引入管、给水干管、给水立管和给水支管由下向上直接供到各用水或配水设备。该方式适用于室外给水管网的水量、水压在一天内均能满足用水要求的建筑。

2. 水箱供水

室外管网直接（或由水泵）向顶层水箱供水，再由水箱向各配水点供水；当外网水压在短时间内不足时，由水箱来调节用水量，如图 3-4 所示。水箱供水系统具有管网简单、投资少、运行费用低、维修方便、供水安全性高等优点。

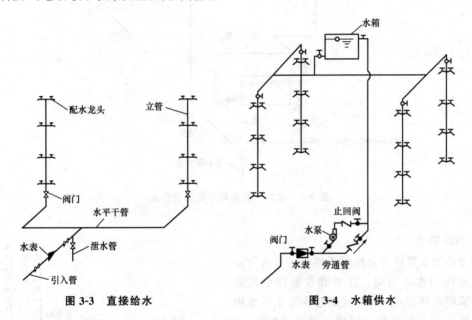

图 3-3 直接给水　　　图 3-4 水箱供水

3. 水池、水泵和水箱联合供水

当市政部门不允许从室外给水管网直接供水时，需增设地面水池，此系统增设了水泵和水箱。室外管网水压经常性或周期性不足时，多采用此种供水方式，如图 3-5 所示。这种供水系统技术合理、供水安全性高，但因增加了加压和储水设备，系统会变得复杂，且投资及运行费用高，水易被二次污染，一般用于多层和高层建筑。

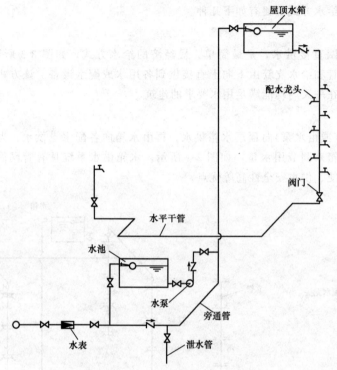

图 3-5 水池、水泵和水箱联合供水

4. 气压供水

当室外给水管网压力经常不能满足室内所需水压或室内用水不均匀，且不宜设置高位水箱时，可采用此种方式。该方式通过在给水系统中设置气压水罐，与水泵协同增压供水，如图 3-6 所示。气压水罐的作用相当于高位水箱，其设置位置的高低可根据需要灵活考虑，目前多用于消防供水系统。

5. 分区给水

当室外给水管网的压力只能满足建筑下层供水要求时，可采用分区给水方式。如图 3-7 所示，室外给水管网水压线以下楼层为低区，由外网直接供水；水压线以上楼层为高区，由高区升压储水设备供水。可将两区的一根或几根立管相连，

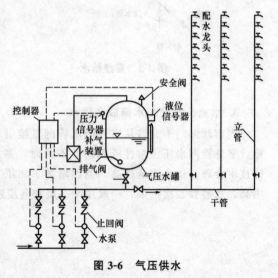

图 3-6 气压供水

在分区设置阀门,以备低区进水管发生故障或外网压力不足时,可以打开阀门由高区水箱向低区供水。这种给水方式对建筑物低层设有洗衣层、浴室、大型餐厅等用水量大的建筑物更有意义。

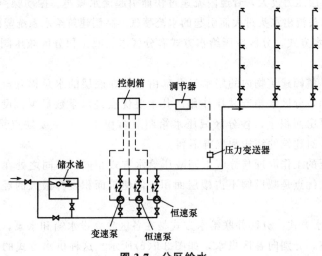

图 3-7　分区给水

6. 变频调速供水

变频调速供水系统的工作原理如图 3-8 所示。当供水系统中扬程发生变化时,压力传感器即向控制器输入水泵出水管压力的信号;当出水管压力大于系统中设计供水量对应的压力时,控制器即发出降低电源频率的信号,水泵转速随即降低,使水泵出水量减少,水泵出水管的压力降低,反之亦然。变频调速供水的最大优点是效率高、能耗低、运行安全可靠、自动化程度高、设备紧凑、占地面积小(省去了水箱、气压水罐)及对管网系统中用水量变化适应能力强,但它要求电源可靠且所需管理水平高、造价高。目前,这种供水方式在居民小区和公共建筑中应用广泛。

7. 高层建筑的室内给水方式

对高层建筑,一般情况下是根据建筑的高度,将供水分成若干供水区段,低层部分可由室外供水管网的压力,直接采用下行上给的方式供水;上层依据不同高度,选用不同扬程的水泵分

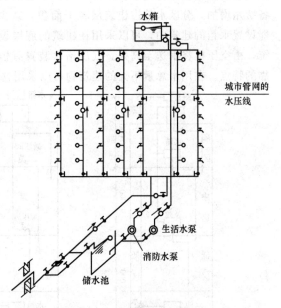

图 3-8　变频调速恒压供水

· 43 ·

区将水送至水箱,再从水箱把水供至合适的楼层。因为高层建筑的层数多,所以,其给水系统必须进行竖向分区。竖向分区的目的在于:避免建筑物下层给水系统管道及设备承受过大的压力而损坏;避免建筑物下层压力过大,管道内流速过快而引起流水噪声、振动噪声、水锤噪声;避免下层给水系统中水龙头流出水头过大而引起的水流喷溅。高层建筑给水系统竖向分区有多种方式。

(1)分区减压给水方式。分区减压给水方式有分区水箱减压和分区减压阀减压两种形式,如图3-9(a)、(b)所示。

分区水箱减压是整幢建筑物内的用水量全部由设置在底层的水泵提升至屋顶总水箱,然后再分送至各分区水箱,分区水箱起减压作用。其主要优点是水泵数量少,设备费用低,管理维护简单,同时,水泵房面积小,各分区减压水箱调节容积小。其主要缺点是水泵运行费用高,屋顶总水箱容积大,对建筑的结构和抗震不利。

分区减压阀减压的工作原理与分区水箱减压给水方式相同,不同之处在于使用减压阀来代替水箱减压。其最大优点是减压阀不占楼层面积,使建筑面积发挥最大的经济效益,其缺点是水泵运行费用较高。

(2)分区并联给水方式。分区并联给水方式是在各区独立设水箱和水泵,且水泵集中设置在建筑物底层或地下室,分别向各区供水,如图3-9(c)所示。这种供水方式的优点主要表现在各区是独立给水系统,互不影响,某区发生事故时不影响其他区的供水,供水安全可靠,而且各区水泵集中设置,管理维护方便。这种系统的缺点在于水泵台数多,水泵出水高压管线长,设备费用增加,分区水箱占建筑层若干面积,减少了建筑使用面积,影响经济效益。另外,在不能设置水箱的建筑中,可以采用在建筑的底层设置有气压给水装置的给水系统,即无塔供水系统,由空压机将水送至高处。气压给水装置有恒压和变压两种。无塔供水具有占地小、供水可靠的特点。在用水总量不大的建筑物可以采用这种方式。

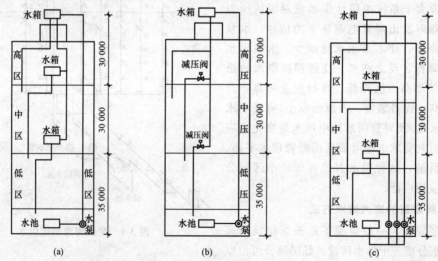

图3-9 高层建筑的室内给水方式

(a)分区水箱减压给水方式;(b)分区减压阀减压给水方式;(c)分区并联给水方式

(3)室内给水系统所需压力。室内给水系统所需压力必须保证能将需要的水量输送到建筑物内最不利配水点(通常是整个给水系统的最高最远点)的配水龙头或用水设备处,并保证有足够的流出水头。室内给水系统所需压力可由下式计算:

$$H = 10H_1 + H_2 + H_3 + H_4 \tag{3-1}$$

式中　H——室内给水系统所需的水压(kPa);

H_1——最不利配水点与引入管起端之间的标高差(m);

H_2——计算管路的水头损失(水在流动过程中损失的能量)(kPa);

H_3——水表的水头损失(水经过水表时损失的能量)(kPa);

H_4——最不利配水点的流出水头(kPa)。

流出水头是指各种配水龙头或用水设备,为获得规定的出水量(额定流量)所必需的最小压力。它是为供水时克服水龙头内的摩擦、冲击、流速(大小、方向)变化等阻力所需的静水压力,一般取 15～20 kPa。

室内给水系统所需的压力应在系统设计时由水力计算确定。对于住宅的生活给水,在未进行精确的计算之前,为了选择给水方式,可按建筑物的层数,粗略估计自室外地面算起所需的最小保证压力值。

一般来说,单层建筑物为 100 kPa;二层建筑物为 120 kPa;三层或三层以上建筑物,每增加一层增加 40 kPa。引入管或室内管道较长或层高超过 3.5 m 时,上述数值应适当增加。

| 课堂提问 |

高层建筑(　　)因静水压力大,所以要分区。

A. 给水　　　　　　B. 排水　　　　　　C. 给水和排水　　　　　　D. 以上均不对

答案:A

(四)室内给水系统常用设备

1. 室内给水管材

给水管材应具有足够的强度,具有安全可靠、无毒、坚固耐用、便于安装加工等特点。常用的给水管材有钢管、铸铁管、塑料管等。管材的选用应根据所输送的介质要求的水压、水质等因素来确定。

(1)钢管。钢管过去是给水排水设备工程中应用最广泛的金属管材,多用于室内给水系统。钢管可分为焊接钢管和无缝钢管两种,给水系统通常采用镀锌焊接钢管。镀锌焊接钢管的优点是强度高,承受流体的压力大,抗震性能好,长度大,接头少,加工安装方便。其缺点是造价高,抗腐蚀性差。由于钢管易锈蚀、结垢和滋生细菌,且寿命短(一般仅为 8～12 年,而一般的塑料管寿命可达 50 年),因此,世界上不少发达国家早已规定在建筑中不准使用钢管。

(2)铸铁管。给水铸铁管是使用生铁铸造而成的,与钢管相比,具有耐腐蚀性强、造价低、耐久性好等优点。其缺点是质脆、质量大、单管长度小等。我国生产的给水铸铁管有低压管(≤0.44 MPa)、中压管(≤0.736 MPa)、高压管(≤0.981 MPa)三种,给水管道一般使用低压给水铸铁管。在管径大于 75 mm 埋地敷设管道中广泛采用给水铸铁管。

（3）塑料管。塑料管管材有硬聚氯乙烯塑料（UPVC）管材、聚乙烯（PE）管材、三型聚丙烯（PPR）管材和 ABS 管材等。塑料管有良好的化学稳定性，耐腐蚀，不受酸、碱、盐、油类等物质的侵蚀；其物理性能也很好，不燃烧、无不良气味、质量轻，运输、加工、安装方便；管内壁光滑，水流阻力小；容易切割，可制成各种颜色。

（4）复合管材。近年来，我国给水管材的开发与应用工作取得了很大进展，如开发出了兼有钢管和塑料管优点的钢塑复合（SP）管材及以铝合金为骨架的铝塑复合（PAP）管材。它们除具有塑料管的优点外，还有耐压强度好、耐热、可曲挠和美观等优点。现已大量应用于给水支管的安装。

新建、改建及扩建城市供水管道（$\phi 400$ 以下）和住宅小区室外给水管道应使用硬聚氯乙烯、聚乙烯塑料管；大口径城市供水管道可选用钢塑复合管；新建、改建住宅室内给水管道、热水管道和采暖管道优先选用铝塑复合管、交联聚乙烯管等新型管材，淘汰镀锌焊接钢管。

2. 室内给水管件

管道配件指在管道系统中起连接、变径、转向和分支等作用的零件，简称管件，如图 3-10 所示。不同管道应采用与之相应的管件。常用的管件有金属管件、塑料管件和铝塑复合管件等。根据用途不同管件可分为以下几类。

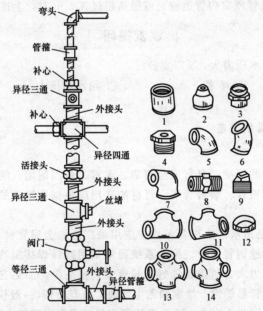

图 3-10 常用的金属螺纹连接管件

1—管箍；2—异径管箍；3—活接头；4—补心；5—90°弯头；
6—45°弯头；7—异径弯头；8—内管箍；9—丝堵；10—等径三通；
11—异径三通；12—根母；13—等径四通；14—异径四通

(1)给水管件的分类。

1)用于管子互相连接的管件有管箍、外接头、活接头、法兰、卡套等。其中管箍(又称管接头、内螺纹、束结)两端均为内螺纹,分同径及异径两种;活接头(又称由任)用于需经常装拆或两端已经固定的管路上;外接头又称双头外螺纹、短接,用于连接很短的两个公称直径相同的内螺纹管件或阀件。

2)改变管子方向的管件有弯头、弯管。常用弯头有45°和90°两种,有等径和异径之分。

3)改变管子管径的管件有变径(异径管)、异径弯头、补心等。其中,补心又称内外螺纹管接头,一端是外螺纹,另一端是内螺纹,外螺纹一端与大管径管子连接,内螺纹一端则与小管径管子连接,用于直线管路变径处的连接。

4)增加管路分支的管件有三通、四通。二者均有等径及异径两种形式。

5)用于管路密封的管件有垫片、生料带、线麻、法兰盲板、管堵、盲板、封头。

6)用于管路固定的管件有卡环、拖钩、吊环、支架、托架、管卡等。

(2)给水管道的连接。管材不同,往往与之对应的连接方式也会不同。现对几种常用的连接技术做简要介绍。

1)螺纹连接。螺纹连接是在管子端部按照规定的螺纹标准加工成外螺纹,然后与带有内螺纹的管件或给水附件连接在一起。其具有结构简单、连接可靠、装拆方便等优点,适用于$DN \leqslant 100$ mm的镀锌钢管和普通钢管,以及铜管的连接。

螺纹连接处要加填充材料,既可以填充空隙又能防腐蚀,维修时也容易拆卸。对于热水供暖系统或冷水管道,常用的填料是聚四氟乙烯胶带或麻丝沾白铅油(铅丹粉拌干性油);对介质温度超过115 ℃的管路接口,则采用黑铅油(石墨粉拌干性油)和石棉绳等。

2)法兰连接。法兰连接是管道通过连接件法兰及紧固件螺栓、螺母的紧固,压紧中间的法兰垫片而使管道连接起来的一种连接方法。其常用于需要经常检修的阀门、水表和水泵等与管道之间的连接。法兰连接的特点是结合强度高、严密性好、拆卸安装方便;但耗用钢材多、工时多、成本高。

3)焊接。焊接是用焊接工具将两段管道连接在一起,是管道安装工程中应用最为广泛的连接方法,适用于非镀锌钢管、铜管和塑料管。当钢管的壁厚小于5 mm时可采用氧-乙炔气焊;当壁厚大于5 mm时采用电弧焊连接。而塑料管则采用热空气焊。焊接具有不需配件、接头紧密、施工速度快等特点,但需要专用施工设备,接口处不便拆卸。

4)承插连接。承插连接是将管子或管件的插口(小头)插入承口(喇叭口),并在其插接的环形间隙内填以接口材料的连接。铸铁管、塑料管、混凝土管一般都采用承插连接。

5)卡套式连接。卡套式连接的连接件由锁紧螺母和螺纹管件组成,连接时先将管道插入管件,而后拧动锁紧螺母,把预先套在管道上的金属管箍压紧,以起到管材与管件密封和连接作用。卡套式连接适用于复合管、塑料管和薄壁铜管的连接。

6)热熔连接。当相同热塑性能的管材与管件互相连接时,采用专用热熔机具将连接部位表面加热,使连接接触面处的本体材料互相熔合,冷却后成为一体的连接方式,适用于PP-R、

PB 和 PE 等管材、管件的连接。

7) 沟(滚)槽式连接。沟槽式连接也叫作卡箍连接,其施工方法是:在管材、管件平口端的接头部位,按照技术标准用滚槽机压出符合深度和宽度要求的凹槽后(如连接的是三通或四通,则需要用专用开孔机在钢管上挖出符合技术要求的孔),在相邻管端套上橡胶密封圈后,再用拼合式卡箍件紧固好从而形成连接。这种连接方式具有操作简单、管道原有特性不受影响、施工安全、系统稳定性好、维修方便等优点。《自动喷水灭火系统设计规范》(GB 50084—2017)规定,系统管道的连接应采用沟槽式连接件或螺纹、法兰连接;$DN \geqslant 100$ mm 的管道,应分段采用法兰或沟槽式连接件连接。

PE 管热熔连接
操作流程

3. 室内给水附件

给水管道附件是安装在管道及设备上的启闭和调节装置的总称。一般分为配水附件和控制附件两类。

(1)配水附件。配水附件就是装在卫生器具及用水点的各式水龙头,也称为配水水嘴,用以调节和分配水流。常见的水龙头有以下几种:

1)球形阀式水龙头。水流经过此种龙头因改变流向,故阻力较大。其最大工作压力为 0.6 MPa,主要安装在洗涤盆、污水盆、盥洗槽上。

2)旋塞式水龙头。这种龙头旋转 90°即完全开启,其优点是水流直线通过,阻力较小,可短时获得较大流量。其缺点是启闭迅速,容易产生水锤,使用压力宜在 0.1 MPa 左右,目前已基本不用。

3)盥洗龙头。盥洗龙头为单放型,装设在洗脸盆上单供冷水或热水用。其形式很多,有莲蓬头式、鸭嘴式、角式、长脖式等。

4)混合龙头。这种龙头可以调节冷水、热水的流量,进行冷水、热水混合,以调节水温,供盥洗、洗涤、沐浴等用。

(2)控制附件。控制附件是指用来开启和关闭水流,控制水流方向,调节水量、水压的各类阀门。常用的阀门有以下几种:

1)截止阀。用于启闭水流,这种阀门关闭严密,但水流阻力大,一般适用于 $DN \leqslant 50$ mm 的管道上。截止阀安装时有方向要求,应使水低进高出,防止装反,一般阀上标有箭头指示方向。

2)闸阀。用于启闭水流,也可以调节水流量。闸阀全开时水流呈直线通过,阻力小,但水中有杂质落入阀座后易产生磨损和漏水。其一般适用于 $DN \geqslant 70$ mm 以上的管道。

3)旋塞阀。用于启闭、分配和改变水流方向,其优点是启闭迅速,其缺点是密封困难。一般装在需要迅速开启或关闭的地方,为了防止因迅速关断水流而引起水击,适用于压力较低和管径较小的管道。

4)蝶阀。蝶阀的阀瓣绕阀座内的轴在 90°范围内转动,可起调节、节流和关闭的作用,操作扭矩小,启闭方便,结构紧凑。其适用于室内外较大的给水干管。

5) 球阀。球阀主要用于切断、分配和变向。球阀操作方便，流体阻力小。

6) 止回阀。止回阀又称单向阀或逆止阀，是一种用以自动启闭阻止管道中水的反向流动的阀门，主要有旋启式止回阀、升降式止回阀两种，另外还有消声止回阀和梭式止回阀等。

①旋启式止回阀，一般直径较大，在水平、垂直管道上均可装置。

②升降式止回阀，装于水平管道上，水头损失较大，只适用于小管径。

7) 液位控制阀。液位控制阀是一种自动控制水箱、水池等储水设备水位的阀门，包括液压水位控制阀和浮球阀。

①液压水位控制阀。当水位下降时，阀内浮筒下降，管道内压力将阀门密封面打开，水从阀门两侧喷出，水位上升，浮筒上升，活塞上移，阀门关闭停止进水，其是浮球阀的升级换代产品。

②浮球阀。当水箱充水到设计最高水位时，浮球浮起，关闭进水口；当水位下降时，浮球下落，开启进水口，于是自动向水箱充水。

8) 安全阀。安全阀是一种为了避免管网、设备中压力超过规定值而使管网、用水器具或密闭水箱受到破坏的安全保障器材。其工作原理是：当系统的压力超过设计规定值时，阀门自动开启放出液体，直至系统压力降到允许值时才会自动关闭。一般有弹簧式和杠杆式两种。

| 课堂提问 |

1. 水箱或水池的进水管上应装设（　　），起自动进水、自动关闭水流的作用。
　　A. 止回阀　　　　B. 安全阀　　　　C. 浮球阀　　　　D. 节流阀
答案：C

2. 闸阀适用于管径（　　）mm 的管道上。
　　A. ≤50　　　　B. ≥70　　　　C. ≥100　　　　D. ≥110
答案：B

3. 当要阻止水流反向流动时，应在管道上装（　　）。
　　A. 闸阀　　　　B. 截止阀　　　　C. 止回阀　　　　D. 以上均正确
答案：C

二、室内排水系统

（一）室内排水系统的分类

建筑室内排水系统的作用就是将建筑内的生活污水、工业废水和屋面雨水、雪水收集起来，有组织地、及时畅通地排至室外排水管网，处理构筑物或水体，并可以防止室外排水管道中的有害气体和害虫进入室内。按系统排除的污水、废水种类的不同，建筑室内排水系统分为以下三类。

1. 生活排水系统

生活排水系统排除住宅、公共建筑及工厂生活间的污（废）水，按照排水污染程度不同又可分为生活污水排水系统（如粪便污水，此类污水多含有有机物及细菌，污染较重）和生活废水排水系统（如洗涤污水，污染较轻，可回收利用）两类。

2. 生产排水系统

生产排水系统排除生产过程中产生的生产污水和生产废水。因工业生产的工艺、性质不同，其所产生的废水所含杂质、污染物的性质也不同。考虑工业废水的处理和利用情况，可以将生产排水系统分为生产污水排水系统和生产废水排水系统。

3. 屋面雨水排水系统

屋面雨水排水系统收集排除降落到多跨工业厂房、大屋面建筑和高层建筑屋面上的雨水、雪水。

（二）室内排水系统的组成

建筑室内排水系统的组成应能满足以下三个基本要求。

(1)系统能迅速畅通地将污（废）水排到室外。

(2)排水管道系统气压稳定，有毒有害气体不能进入室内，保持室内环境卫生。

(3)管线布置合理，简单顺直，工程造价低。

由上述要求可知，建筑室内排水系统的基本组成包括卫生器具或生产设备的受水器、排水管道、清通设备和通气管道等，如图3-11所示。在有些排水系统中，根据需要还设有污（废）水的抽升设备和局部处理的构筑物。

1. 卫生器具或生产设备的受水器

卫生器具或生产设备的受水器是用来承受水或收集污（废）水的容器，如洗脸盆、洗涤盆、浴盆等。它们是建筑排水系统的起点，污水、废水经器具内的存水弯或与器具排水管连接的存水弯排入横支管。存水弯内经常保持一定高度的水封。

2. 排水管道

排水管道包括器具排水管（指连接卫生器具和横支管的一段短管，除坐式大便器外，其间含有一个存水弯）、横支管、立管、埋地干管和排出管。

3. 清通设备

清通设备是为疏通建筑内部排水管道而设置的，主要包括检查口、清扫口和检查井。立管上应设检查口，其间距不宜大于10 m，在建筑物的最高层和底层均必须设置。当采用乙字弯连接上、下层位置错开的排水立管时，应在乙字弯的上部设置检查口。

4. 通气管系统

为使建筑排水管道与大气相通，要尽可能使管内压力接近大气压力，防止管道内压力波动过大，以保护水封不受破坏。同时，也可使管道中废水散发出的有害气体不会滞留在管道内，使管道内常有新空气流通，减缓管道腐蚀，延长管道使用寿命。

5. 抽升设备

在地下室、人防工程、地下铁道等处，污水无法自流到室外，必须设置集水池，通过水泵将污水抽送到室外排出去，以保证室内良好的卫生环境。建筑物内部污水抽升需要设置污水集水池和污水泵房。

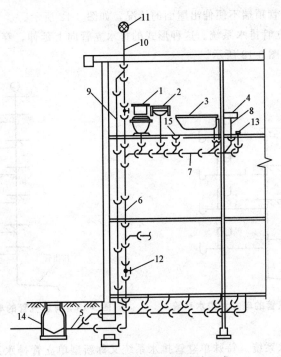

图 3-11 建筑室内排水系统的组成

1—坐便器；2—洗脸盆；3—浴盆；4—洗涤盆；5—排水管；
6—立管；7—横支管；8—支管；9—专用通气立管；10—伸顶通排气管；
11—网罩；12—检查口；13—清扫口；14—检查井；15—地漏

6. 污水局部处理构筑物

当建筑物排出的污水不允许直接排到排水管道时（如呈强酸性、强碱性或含大量杂质的污水），则要设置污水局部处理装置，使污水水质得到初步改善后，再排入室外排水管道，一般有隔油池、降温池、化粪池。

（三）室内排水系统的组合类型

建筑室内排水系统通气的好坏直接影响着排水系统的正常使用，按系统通气方式和立管数目，可将建筑室内排水系统分为单立管排水系统、双立管排水系统、三立管排水系统。

1. 单立管排水系统

单立管排水系统是指只有一根排水立管，没有专门通气立管的系统。单立管排水系统利用排水立管本身及其连接的横支管和附件进行气流交换，这种通气方式称为内通气。根据建筑层数和卫生器具的多少，单立管排水系统又可分为以下三种类型：

（1）无通气管的单立管排水系统。这种形式的立管顶部不与大气连通，适用于立管短、卫生器具少、排水量小、立管顶端不便伸出屋面的情况，如图 3-12 所示。

(2) 有通气管的单立管排水系统。这种形式的排水立管向上延伸，穿出屋顶与大气连通，适用于一般多层建筑，如图 3-13 所示。

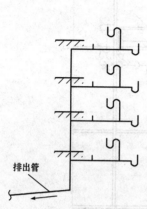

图 3-12　无通气管的单立管排水系统

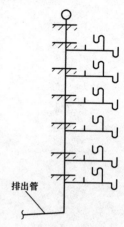

图 3-13　有通气管的单立管排水系统

(3) 特殊单立管排水系统。特殊单立管排水系统又称新型单立管排水系统，这类单立管系统主要有苏维托排水系统、UPVC 螺旋排水系统、UPVC 隔声空壁管系统等。它们共同的特点是：每层排水横支管与排水立管的连接处安装上部特殊配件，在排水立管与横干管或排出管的连接处安装下部特殊配件。特殊单立管排水系统适用于各类多层和高层建筑。

1) 苏维托排水系统。该系统是在各层立管与横管连接处采用气水混合器接头配件，可避免产生过大的抽吸力，使立管中保持气流畅通，气压稳定；在立管底部转弯处设气水分离器(跑气器)，使管内气压稳定，如图 3-14 所示。

2) UPVC 螺旋排水系统。如图 3-15 所示，该系统由特殊配件偏心三通和内壁带有 6 条间距 50 mm 呈三角形凸起螺旋导流线组成，偏心三通设在横管和立管连接处。污水经偏心三通沿切线方向进入立管，旋流下降，立管中的污水在凸起的螺旋导流线的导流下，

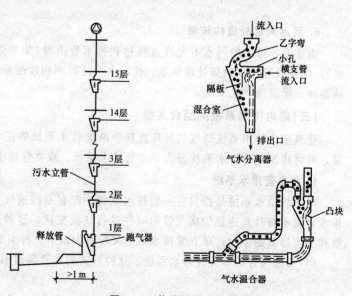

图 3-14　苏维托排水系统

在管内形成较为稳定而密实的水膜旋流，旋转下落，使立管中心保持气流畅通，压力稳定。

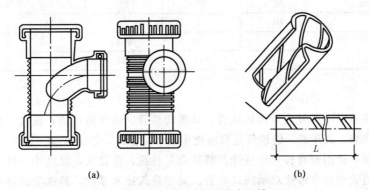

图 3-15　UPVC 螺旋排水系统
(a)偏心三通；(b)有凸起螺旋导流线的 UPVC 管

2. 双立管排水系统

双立管排水系统也叫作两管制，由一根排水立管和一根通气立管组成。双立管排水系统是利用排水立管与另一根立管之间进行气流交换，所以称为外通气。因通气立管不排水，所以，双立管排水系统的通气方式又称干式通气，适用于污废水合流的各类多层和高层建筑。

3. 三立管排水系统

三立管排水系统也叫作三管制，由三根立管组成，分别为生活污水立管、生活废水立管和通气立管。两根排水立管共用一根通气立管。三立管排水系统的通气方式也是干式外通气，适用于生活污水和生活废水需分别排出室外的各类多层、高层建筑。

三立管排水系统还有一种变形系统，去掉专用通气立管，将废水立管与污水立管每隔两层互相连接，利用两立管的排水时间差，互为通气立管，这种外通气方式也叫作湿式外通气。

（四）室内排水管材

按照污水性质、管道的设置地点和条件划分，建筑内部的排水管材主要分为塑料管、铸铁管、钢管和带釉陶土管等。

1. 塑料管

塑料管以合成树脂为主要成分，加入填充剂、稳定剂、增塑剂等填料制成。常用的塑料管有硬聚氯乙烯（UPVC）管、聚丙烯（PP-R）管、聚乙烯（PE）管等。

目前，在建筑内使用的排水塑料管主要是硬聚氯乙烯（UPVC）管，其优点是质量轻，不结垢，不腐蚀，外表光滑，容易切割，便于安装，可制成各种颜色，投资少以及节能。其缺点是强度低，耐温性差，立管产生噪声，易老化，防火性能差。它适用于建筑物内连续排放温度不高于 40 ℃、瞬时排放温度不高于 80 ℃ 的排水管道。

硬聚氯乙烯排水管规格见表 3-1。

表 3-1 硬聚氯乙烯排水管规格

公称直径/mm	40	50	75	100	150
外径/mm	40	50	75	110	160
壁厚/mm	2.0	2.0	2.3	3.2	4.0
参考质量/(g·m^{-1})	341	431	751	1 535	2 803

2. 铸铁管

铸铁管按所用材质不同可分为灰铸铁管、球墨铸铁管、高硅铸铁管；按其工作压力不同可分为低压管、中压管、高压管。铸铁管是目前使用最多的管材，管径为 50~200 mm。铸铁管的优点是耐腐蚀性强，使用寿命长，价格低；其缺点是性脆，质量大，长度小。排水铸铁管包括排水铸铁承插口直管和排水铸铁双承插口直管。对于建筑排水系统，铸铁管正逐渐被硬聚氯乙烯塑料管所取代，但在高层建筑中，柔性抗震铸铁管逐步得到应用。

3. 钢管

钢管主要用于洗脸盆、小便器、浴盆等卫生器具与横支管之间的连接短管，管径一般为 32 mm、40 mm、50 mm。

钢管可用于微酸性排水和高度大于 30 m 的生活污水立管，也可用在机器振动比较大的地方。连接方法有螺纹连接、法兰连接和焊接等。

4. 带釉陶土管

陶土管可根据需要制成无釉和带釉两种形式。

带釉陶土管耐酸碱腐蚀，主要用于排放腐蚀性工业废水。室内生活污水埋地管也可用带釉陶土管。

5. 其他管道

需排除各种腐蚀性污水、高温及毒性污水时，可分别采用不锈钢管、铅管、玻璃管和衬胶管等。

(五)室内排水系统设备

卫生器具是建筑室内排水系统的重要组成部分，一般采用不透水、无气孔、表面光滑、耐腐蚀、耐磨损、耐冷热、便于清扫并有一定强度的材料制造，如陶瓷、搪瓷生铁、塑料、复合材料等。现在的卫生器具正在向冲洗功能强、节水消声、设备配套、便于控制、使用方便、造型新颖、色彩协调方面发展。

1. 便溺器具

便溺器具安装在卫生间和公共厕所，用来收集生活污水。便溺器具包括便器和冲洗设备。

(1)大便器。大便器是排除粪便的卫生器具，其作用是把粪便和便纸快速排入下水道，同时要防臭。常用的大便器有坐便器、蹲式坐便器和大便槽三种。

1)坐便器：多设在家庭、宾馆、旅馆、饭店等高级建筑内，这种坐便器构造本身包括存水弯。坐便器分为冲洗式和虹吸式两种，如图3-16所示。

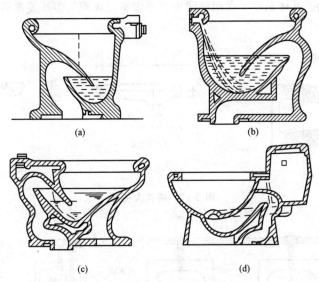

图 3-16 坐便器
(a)冲洗式；(b)虹吸式；(c)喷射虹吸式；(d)旋涡虹吸式

2) 蹲式坐便器：一般用于普通住宅、集体宿舍、公共建筑物内的公共厕所与防止接触传染的医院内厕所。蹲式大便器的压力冲洗水经大便器周边的配水孔，将大便器冲洗干净，如图3-17所示。蹲式大便器比坐便器的卫生条件好。蹲式大便器利用水压直接冲洗，其本身不带存水弯，需另外装设，故一般都安装在地面以上的平台中。存水弯有陶瓷和铸铁两种。陶瓷存水弯仅限于底层使用。铸铁存水弯分为P形和S形两种，可用于普通楼层和底层。

3) 大便槽：用于学校、火车站、汽车站、码头、游乐场所及其他标准较低的公共厕所，其可代替成排的坐便器，常用瓷砖贴面，造价低。大便槽一般宽200～300 mm，起端槽深350 mm，槽的末端设有高出槽底150 mm的挡水坎，槽底坡度不小于0.015，排水口设存水弯。因为大便槽是一个狭长开口的槽，所以，卫生条件相对较差，但其设备简单，造价低廉。

(2) 小便器。小便器设于公共建筑的男厕所内，有的住宅卫生间内也需设置。小便器有挂式、立式和小便槽三类，其中，挂式、立式小便器用于标准高的建筑，小便槽用于工业企业、公共建筑和集体宿舍等建筑的卫生间，其安装如图3-18所示。

(3) 冲洗设备。冲洗设备一般有冲洗水箱和冲洗阀两种。

1) 冲洗水箱按冲洗的水力原理分为冲洗式和虹吸式，目前多采用虹吸式；按启动方式分为手动式和自动式；按安装位置分为高水箱和低水箱。高水箱用于蹲式大便器、大小便槽，也可用于小便器的冲洗。用于大便器时，一般采用手动式水箱；用于大小便槽和小便器时，一般采用定时自动冲洗水箱。低水箱用于坐便器，一般为手动式。

2)冲洗阀采用延时自闭式冲洗阀,直接安装在大小便器冲洗管上,可用于住宅、公共建筑、工厂及火车的厕所内。其体积小、占用空间少、外表整洁美观,但所要求的水压较大,构造复杂,容易阻塞损坏。

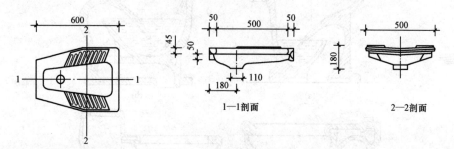

图 3-17 蹲式大便器

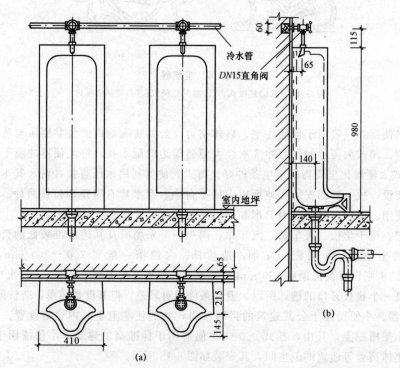

图 3-18 立式小便器安装
(a)平面;(b)侧面

2. 盥洗器具

盥洗器具包括洗脸盆、盥洗槽、浴盆和淋浴器等。

(1)洗脸盆一般用于洗脸、洗手、洗头，常设置在盥洗室、浴室、卫生间和理发室，也用于公共厕所内洗手，医院各治疗间洗器皿和洗手等。洗脸盆的高度及深度应适宜，盥洗不用弯腰，较省力，不溅水。可用流动水，也可用不流动水盥洗，灵活性较好。洗脸盆有长方形、椭圆形和三角形，安装方式有墙架式、台式和柱脚式。

(2)盥洗槽是由瓷砖、水磨石等材料现场建造的盥洗设备，有靠墙长条形盥洗槽和置于建筑物中间的环形盥洗槽，多用于卫生标准不高的集体宿舍、教学楼、火车站等处。

(3)浴盆一般设在宾馆、高级住宅、医院等卫生间及公共浴室内，供人们淋浴用，有长方形、方形和圆形等形式。一般用陶瓷、搪瓷和玻璃钢等材料制成。浴盆一般有冷、热水龙头及淋浴设备。

(4)淋浴器广泛用于公共浴室中，住宅中也多有采用。与浴盆相比，淋浴器具有占地面积小、投资少、卫生条件好等优点。淋浴器可购买成品，也可现场安装。

3. 洗涤器具

洗涤器具供人们洗涤器物之用，包括洗涤盆、污水盆和化验盆等。

洗涤盆安装在住宅厨房和公共食堂内，有家用和公共食堂用之分；按安装方式有墙架式、柱脚式和台式三种；按构造则有单格和双格之分。

污水盆一般安装在公共建筑的厕所和盥洗室内，供洗涤墩布、倾倒污水用。

化验盆设置在科研机构、学校和工厂的实验室或化验室内，盆内已带水封。根据需要，可装设单联、双联、三联鹅式龙头。

4. 其他附件

(1)存水弯。存水弯的作用是在其内形成一定高度的水封，阻止排水系统中的有毒有害气体或虫类进入室内，保证室内的环境卫生。存水弯通常为 50～100 mm，其类型主要有 S 形和 P 形两种，S 形存水弯常用在排水支管与排水横管垂直连接部位，如图 3-19 所示；P 形存水弯常用在排水支管与排水横管水平连接部位及需要把存水弯设在地面以上时，如图 3-20 所示。

为满足美观要求，存水弯还可以制成不同类型，如瓶式存水弯、存水盒等。

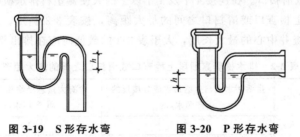

图 3-19　S 形存水弯　　　　图 3-20　P 形存水弯

(2)地漏。地漏是一种特殊的排水装置，一般设置在经常有水溅落的地面、有水需要排除和经常需要清洗的地面(如淋浴间、盥洗室、厕所、卫生间等)。地漏有普通地漏、多通道地漏、存水盒地漏、双算杯式地漏和防回流地漏等多种形式。

1) 普通地漏的水封深度较浅，若地漏仅担负排除地面溅落水的职责，应注意经常注水，以免地漏中的水蒸发，造成水封破坏。该种地漏材质主要为铸铁、塑料、黄铜、不锈钢、镀铬箅子等，形式主要有圆形和方形两种。

2) 多通道地漏有二通道、三通道等多种形式，而且通道位置可不同，使用方便。因多通道可连接多根排水管，故其主要用于卫生间内设有洗脸盆、洗手盆、浴盆和洗衣机时。这种地漏为防止不同卫生器具排水可能造成的地漏反冒水，故设有塑料球可封住通向地面的通道。

3) 存水盒地漏的盖为盒状，并设有防水翼环，可随不同地面做法调节安装高度，施工时将翼环放在结构板上。

4) 双箅杯式地漏内部水封盒用塑料制作，形如杯子，便于清洗，比较卫生，排泄量大，排水快，采用双箅有利于拦截污物。这种地漏另附塑料密封盖，须在完工后去除，以免施工时发生泥砂石等物堵塞。

5) 防回流地漏设有防回流装置，可防污水倒流。一般可采用设有塑料浮球的防回流地漏，或在地漏后设防回流阻止阀。防回流地漏适用于地下室，或用于电梯井排水和地下通道排水。

根据《住宅设计规范》(GB 50096—2011)的规定，布置洗浴器和洗衣机的部位应设置地漏，并要求布置洗衣机的部位宜采用能防止溢流和干涸的专用地漏。地漏应设置在易溅水的卫生器具附近的最低处，其地漏箅子应低于地面 5~10 mm，带有水封的地漏，其水封深度大于等于 50 mm，直通式地漏下必须设置存水弯，严禁采用钟罩式(扣碗式)地漏。

(3) 检查口和清扫口。

检查口设置在立管上，多层或高层建筑内的排水立管每隔一层设一个，其间距不大于 10 m；机械清扫时，立管检查口之间的距离应不大于 15 m。在立管的最低层和设有卫生器具的 2 层以上坡顶建筑的最高层必须设检查口，若立管上有乙字弯管时应在乙字弯上部设检查口。检查口的高度一般应为距离地面 1 m 的位置。

清扫口一般设置在横管上，横管上连接的卫生器具较多时，起点应设清扫口。在连接 2 个及 2 个以上的大便器或 3 个及 3 个以上的卫生器具的铸铁排水横管、水流转角小于 135°的排水横管上，均应设置检查口或清扫口。在连接 4 个及 4 个以上的大便器塑料排水横管上宜设置清扫口。

排水横管直线段上检查口或清扫口之间的最大距离，按表 3-2 确定。从污水立管或排出管上的清扫口至室外检查井中心的最大长度，大于表 3-3 的数值时应在排出管上设清扫口。

表 3-2　排水横管直线段上检查口或清扫口之间的最大距离

管径/mm	生产废水/m	生活污水或与生活污水成分接近的生产污水/m	含有大量悬浮物和沉淀物的生产污水/m	清扫设备的种类
50~75	15	12	10	检查口
50~75	10	8	6	清扫口
100~150	20	15	12	检查口
100~150	15	10	8	清扫口
200	25	20	15	检查口

表3-3 污水立管或排出管上的清扫口至室外检查井中心的最大长度

管径/mm	50	75	100	100以上
最大长度/m	10	12	15	20

单元二 热水供应系统

一、热水供应系统的分类

室内热水供应系统是水的加热、储存和配送的总称，主要任务是满足建筑内人们在生产和生活中对热水的需求。

热水供应系统按供水区域范围的大小可分为局部热水供应系统、集中热水供应系统和区域热水供应系统（表3-4），其中，集中热水供应系统最为常见。

表3-4 热水供应系统的分类、特点及适用范围

分类	特点	适用范围
局部热水供应系统	供水范围小，热水分散制备（一般是靠近用水点设置小型加热设备供一个或几个配水点使用）。热水管路短，热损失小，使用灵活	热水用水量较小且较分散的建筑，例如单元式住宅、医院、诊所和布置较分散的车间及卫生间等建筑
集中热水供应系统	供水范围大，热水在锅炉房或热交换站集中制备，用管网输送到一栋或几栋建筑使用。热水管网复杂，设备多，一次性投资大	使用要求高、耗热量大、用水点多且比较集中的建筑，例如高级居住建筑、旅馆、医院、疗养院及体育馆等公共建筑
区域热水供应系统	供水范围大，热水在区域性锅炉房或热交换站制备，通过市政热水管网送至整个建筑群。热水管网复杂，热损失大，设备、附件多，自动化控制技术先进，管理水平要求高，一次性投资大	城市片区、居住小区的范围内

二、热水供应系统的组成

建筑室内热水供应系统中，集中热水供应系统应用较为普遍，其系统一般由第一循环系统、第二循环系统、附件三部分组成。

(1)第一循环系统（热水制备系统）。由热源、水加热器和热媒管网组成，又称为热媒系统。锅炉生产的蒸汽（或过热水）通过热媒管网输送到水加热器，经散热面加热冷水。蒸汽经过热交换变成凝结水，靠余压经疏水器流至凝结水箱，凝结水和新补充的冷水经冷凝水循环泵再送回锅炉生产蒸汽。如此循环完成水的加热过程。

(2)第二循环系统（热水供应系统）。由热水配水管网和加水管网组成。被加热到预定要求温

区域热水锅炉房
供暖系统

度的热水,从水加热器出口经配水管网送至各个热水配水点,而水加热器所需冷水来源于高位水箱或给水管网。为满足各热水配水点随时都有符合要求温度的热水,在立管和水平干管甚至配水支管上设置回水管,使一定量的热水在配水管网和回水管网中流动,以补偿配水管网所散失的热量,避免热水温度的降低。

(3)附件。包括温度自动调节器、疏水器、减压阀、安全阀、膨胀罐(箱)、管道自动补偿器、闸阀、水嘴及自动排气器等。

三、热水水温、水质

1. 水温

(1)热水使用温度。生活用热水水温应满足生活使用的各种需要,当设计一个热水供应系统时,应先确定出最不利配水点的热水最低水温,使其与冷水混合达到生活用热水的水温要求,并以此作为设计计算的参数,见表3-5。生产用热水水温应根据工艺要求确定。

表3-5 热水锅炉或水加热器出口的最高水温和配水点的最低水温

水质处理	热水锅炉或水加热器出口的最高水温/℃	配水点的最低水温/℃
无须软化处理或有软化处理	≤75	≥50
需软化处理或无软化处理	≤60	≥50

(2)热水供应温度。热水锅炉或水加热器出口的水温按表3-5确定。水温偏低,满足不了需要;水温过高,会使热水系统的设备、管道结垢加剧,且易产生烫伤、积尘、热散失增加等问题。热水锅炉或水加热器出口的水温与系统最不利配水点的水温差,称为温降值,一般为5℃~15℃,用作热水供应系统配水管网的热散失。温降值的选用应根据系统的大小,保温材料的不同,进行经济技术比较后确定。

2. 水质

(1)热水的水质要求。生活用热水的水质应符合我国现行国家标准《生活饮用水卫生标准》(GB 5749—2006)的规定。生产用热水的水质应根据生产工艺要求确定。

(2)集中热水供应系统被加热水的水质要求。水在加热后钙镁离子受热析出,在设备和管道内结垢,水中的溶解氧也会析出,加速金属管材、设备的腐蚀。因此,集中热水供应系统的被加热水,应根据水量、水质、使用要求、工程投资、管理制度及设备维修和设备折旧率计算标准等因素,来确定是否需要进行水质处理。一般情况下,日用水量小于10 m³(按60 ℃计算)的热水供应系统,被加热水可不进行水质处理。

当日用水量不小于10 m³(按60 ℃计算),且原水总硬度大于357 mg/L时,洗衣房用热水应进行水质处理,用作其他用途的热水也宜进行水质处理。

目前,在集中热水供应系统中常采用电子除垢器、静电除垢器、超强磁水器等处理装置。这些装置体积小、性能可靠、使用方便。除氧装置也在一些用水量大的高级建筑中采用。

四、热水的加热方式和供应方式

1. 热水加热方式

根据热水加热方式的不同,可分为直接加热方式和间接加热方式,如图 3-21 所示。

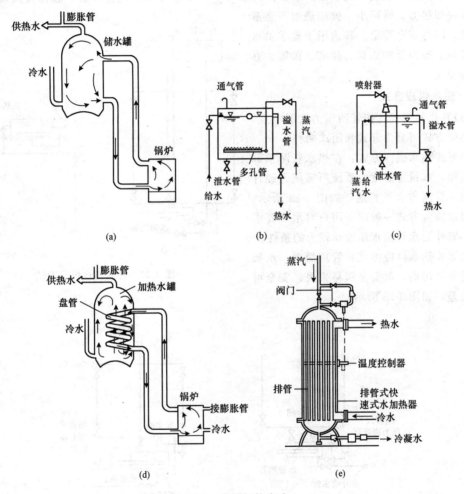

图 3-21 常用加热方式

(a)热水锅炉直接加热;(b)蒸汽多孔管直接加热;(c)蒸汽喷射器混合直接加热;
(d)热水锅炉直接加热;(e)蒸汽—水加热器间接加热

(1)直接加热方式。直接加热方式是利用燃气、燃油、燃煤为燃料的热水锅炉,将冷水直接加热到所需热水温度,或将蒸汽或高温水通过穿孔管或喷射器直接与冷水接触混合制备热水,又称一次换热方式。这种加热方式设备简单，热效率高，节能。但使用蒸汽加热时，噪声大，冷凝水不能回收造成水资源浪费，并需要定期向锅炉补充预先软化的水，而且蒸汽的质量要求也比较高，致使制水成本较高。这种方式适用于对噪声无特别要求的公共浴室、洗衣房等建筑。

(2)间接加热方式。也称二次加热方式，是利用热媒通过水加热器将热量间接传递给冷水，将冷水加热到设计温度。由于在热水加热过程中，热媒和冷水不直接接触，故称为间接加热方式。间接加热方式噪声小，被加热水不会造成污染，运行安全稳定。其适用于要求供水安全稳定、噪声低的旅馆、住宅、医院、办公楼等建筑。

2. 热水供应方式

(1)开式和闭式。按管网压力工况特点，热水供应方式可分为开式和闭式两种。

1)开式热水供应方式：在热水管网顶部设有水箱，其设置高度由系统所需压力经计算确定，管网与大气相通，如图 3-22 所示。开式热水供应方式一般用于用户对水压要求稳定，室外给水管网水压波动较大的条件。

2)闭式热水供应方式：管理简单，水质不易受外界污染，但安全阀易失灵，安全可靠性较差，如图 3-23 所示。

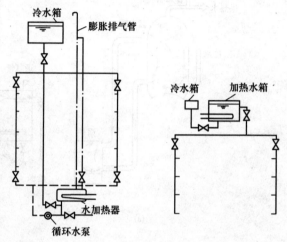

图 3-22 开式热水供应方式

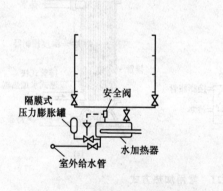 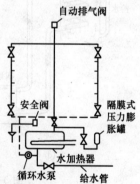

图 3-23 闭式热水供应方式

(2)不循环、半循环、全循环方式。按照热水供应系统是否设置回水管道，热水供应方式可分为不循环、半循环、全循环热水供应方式。

1)不循环热水供应方式：系统中热水配水管网的水平干管、立管、配水支管都不设任何循环管道(图3-24)。不循环热水供应方式一般应用于小型系统，使用要求不高的定时供应系统和公共浴室、洗衣房等连续用水的建筑中。

2)半循环热水供应方式：系统中只在热水配水管网的水平干管上设置循环管道(图3-25)。半循环热水供应方式一般应用于设有全日供应热水的建筑和定时供应热水的建筑中。

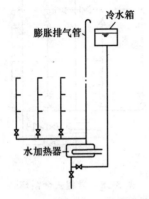 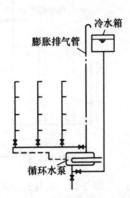

图 3-24　不循环热水供应方式　　　　图 3-25　半循环热水供应方式

3)全循环热水供应方式：系统中热水配水管网的水平干管、立管甚至配水支管都设有循环管道(图3-26)。该系统设循环水泵，用水时不存在使用前放水和等待时间。全循环热水供应方式常用于高级宾馆、饭店、高级住宅等高标准建筑中。

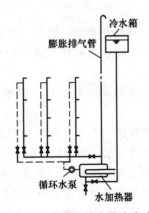

图 3-26　全循环热水供应方式

(3)同程式、异程式。在全循环热水供应方式中，各循环管路长度可布置成相等或不相等的方式，故又可分为同程式和异程式。

1)同程式热水供应方式：每一个热水循环环路长度相同，对应管段管径相同，所有环路的水头损失相同，如图3-27所示。

2)异程式热水供应方式:每一个热水循环环路长度各不相同,对应管段的管径不相同,所有环路的水头损失也不相同,如图3-28所示。

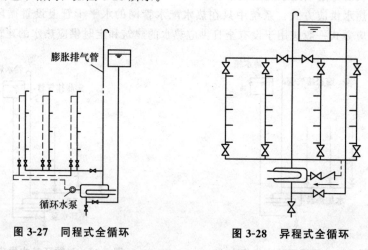

图3-27　同程式全循环　　　　图3-28　异程式全循环

(4)自然循环、机械循环方式。根据循环动力不同,热水供应可分为自然循环和机械循环方式。

1)自然循环方式:利用配水管和回水管中水的温差所形成的压力差,使管网维持一定的循环流量,以补偿配水管道热损失,保证用户对水温的要求。自然循环适用于规模小、用户对水温要求不严格的系统。

2)机械循环方式:在回水干管上设循环水泵,强制一定量的水在管网中循环,以补偿配水管道热损失,保证用户对热水温度的要求。机械循环适用于大、中型,且用户对热水温度要求严格的热水供应系统。

(5)全日供应、定时供应方式。根据供应的时间,热水供应可分为全日供应和定时供应方式。

1)全日供应方式:热水供应系统管网中在全天任何时刻都维持不低于循环流量的水量进行循环,热水配水管网全天任何时刻都可配水,并保证水温。

2)定时供应方式:热水供应系统每天定时配水,其余时间系统停止运行,该方式在集中使用前,利用循环水泵将管网中已冷却的水强制循环加热,只有达到规定水温时才可使用。

两种不同的方式在循环水泵选型计算和运行管理上都有所不同。

热水的加热方式和热水的供应方式是按不同的标准进行分类的,实际应用时要根据现有条件和要求进行优化组合。

五、加热设备

热水供应系统中,把将冷水加热为预计所需温度的热水所采用的设备称为加热设备。热水供应系统的加热方式有一次换热(直接加热)和二次换热(间接加热)两种方式。一次换热是热源将常温水通过一次性热交换达到所需温度的热水,其主要加热设备有燃气热水器、电热水器及燃煤(燃油、燃气)热水锅炉等;二次换热是热源第一次先生产出热媒(饱和蒸汽或高温热水),热媒再通过换热器进行第二次热交换,加热设备具体有燃煤热水锅炉、燃油(燃气)热水机组、电加热器、容积式水加热器、快速式水加热器、半容积式水加热器、半即热式水加热器和太阳能热水器等。

1. 燃煤热水锅炉

集中热水供应系统采用的小型燃煤锅炉有卧式和立式两类。卧式锅炉有外燃回水管、内燃回火管(兰开夏锅炉)、快装卧式内燃等类型。

2. 燃油(燃气)热水机组

燃油(燃气)热水机组体积小,燃烧器工作全部自动化,烟气导向合理,燃烧完全,烟气和被加热水的流程使传热充分,热效率可高达90%以上,供水系统简单,排污总量少且管理方便。

3. 电加热器

常用的电加热器有快速式电加热器和容积式电加热器。

4. 容积式水加热器

容积式水加热器是一种间接加热设备,内部设有换热管束并具有一定储热容积,既可加热冷水又能储备热水。其常采用的热媒为饱和蒸汽或高温水,有立式和卧式之分。其优点是:具有较大的储存和调节能力,可替代高位热水箱的部分作用,被加热水流速低,压力损失小,出水压力平稳,出水水温较为稳定,供水较安全。其缺点是:传热系数小,热交换效率较低,体积庞大,在散热管束下方的常温储存水中会产生军团菌等。

5. 快速式水加热器

在快速式水加热器中,热媒与冷水通过较高流速流动,进行紊流加热,提高热媒对管壁、管壁对被加热水的传热系数,以改善传热效果。根据采用热媒的不同,快速式水加热器有汽—水(蒸汽和冷水)、水—水(高温水和冷水)两种类型。根据加热导管的构造不同,又可分为单管式、多管式、板式、管壳式、波纹板式、螺旋板式等多种形式。

6. 半容积式水加热器

带有适量储存和调节容积的内藏式容积式水加热器,其储热水罐与快速换热器隔离,被加热水在快速换热器内迅速加热后进入储热水罐,当管网中热水用水量小于设计用水量时,有部分热水流入罐底重新加热。

7. 半即热式水加热器

半即热式水加热器是带有超温控制,具有少量储存容积的快速式水加热器。它的特点是传热系数大,能快速加热被加热水,可自动除垢,体积小,热水出水温度一般能控制在±2.2 ℃内。半即热式水加热器一般用于机械循环热水供应系统。

8. 太阳能热水器

(1)太阳能热水器的特点。太阳能热水器是将太阳能转换成热能并将水加热的绿色环保装置。其结构简单,维护方便,安全,节省燃料,运行费用低,不污染环境。但受自然条件(如天气、季节、地理位置)的影响比较大。为解决这个问题,个别厂家在太阳能热水器上加装了电加热辅助装置,使其能够全天候运行。这种热水器的应用越来越广泛。

(2)太阳能热水器的工作原理。太阳能热水器是一个光热转换器,真空管是太阳能热水器的核心,结构如同一个拉长的暖瓶胆,内、外层之间为真空。在内玻璃管的表面上利用特种工艺涂有光谱选择性吸收涂层,最大限度地吸收太阳辐射能。经阳光照射,光子撞击涂层,太阳能转化成热能,水从涂层外吸热,水温升高,密度减小,热水向上运动,而比重大的冷水下降。热水始终位于上部,即水箱中,如图 3-29 所示。太阳能热水器中热水的升温情况与外界温度关系不大,主要取决于光照。当打开厨房或洗浴间的任何一个水龙头时,热水器内的热水便会依靠自然落差流出,落差越大,水压越高。

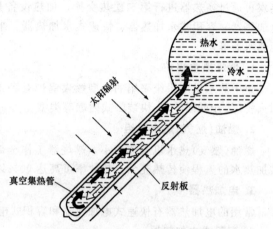

图 3-29　太阳能热水器的工作原理

(3)太阳能热水器的结构。太阳能热水器主要由集热器、储热水箱、反射板、支架、循环管、冷水给水(上水)管、热水(下水)管、泄水管等组成,如图 3-30 所示。

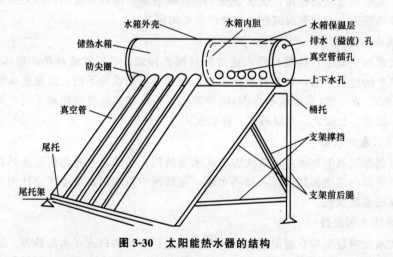

图 3-30　太阳能热水器的结构

集热器是太阳能热水器的核心部分,由真空集热管和反射板构成。目前,采用双层高硼硅真空集热管为集热元件,采用优质进口镜面不锈钢板为反射板。保温水箱由内胆、保温层、水箱外壳三部分组成。水箱内胆是储存热水的重要部分,市场上有不锈钢、搪瓷等材质。目前较好的保温方式是进口聚氨酯整体自动化发泡工艺保温。外壳一般为彩钢板、镀铝锌板或不锈钢板。

在冬季寒冷地区或日照条件有限的地方，太阳能热水供应系统可以配备辅助加热设备，即在储水箱内装设电热器或与燃气热水器并联，以保障太阳能热水供应系统的使用稳定性。当太阳能充足时，应尽量用太阳能，以节约常规能源。

(4)太阳能热水供应通常有自然循环式热水系统和强制循环式热水系统两种形式。

1)自然循环式热水系统。它是利用水本身温度梯度的不同所产生的密度差，使水在集热器与储水箱之间进行循环，因此，又称热虹吸循环式热水器。这种热水供应系统结构简单，运行可靠，不需要附加能源，适合家庭和中、小型热水泵系统使用。

2)强制循环式热水系统。它是在自然循环基础上增设加压泵，加强传热工质的循环，适合大型热水泵系统。强制循环可以提高传热效率，充分发挥太阳能集热器的作用。

(5)太阳能热水器的安装及维护。太阳能热水器通常布置在平屋顶、顶层阁楼上，倾角合适时也可设在坡屋顶上。对于家庭用集热器，也可利用向阳晒台栏杆和墙面设置。安装时应注意支架的固定、热水管材的选择、基础的防水处理、防雷措施等的处理。

太阳能热水供应系统日常维护的主要项目有：经常巡视检查，做好运行记录，作为备查资料；根据当地环境条件定期除尘，保证系统获得最佳集热效果；根据当地的水质和系统情况，定期清理系统中的水垢并做好系统的防锈处理；入冬前检查系统管路的保温情况；及时更换系统中失效的真空集热管；在阴雨天使用热水器时，注意关掉电加热，以防水箱水位过低后电加热干烧；为保证压力传感器导管中的水在北方高寒地区的冬季不结冰，应在外界环境温度达到零摄氏度以下时最后一个人使用热水后立刻手动上水，即在低温环境下尽量保持热水器满水，以防止压力传感器结冰；热水器需要与大气相通，切勿堵塞通气孔，否则会影响热水出水效果。

加热设备应根据使用特点、热源、维护管理及卫生菌等因素选择，具备热效率高、换热效果好、节能、燃料燃烧安全、消烟除尘、机组水套通大气、自动控制温度、火焰传感及自动报警等功能，并要考虑节省设备用房，附属设备简单、水头损失小，有利于整个系统冷热水的平衡，以及构造简单、安全可靠、操作维修方便等。

六、饮用水供应系统

(一)饮用水供应系统的类型

饮用水供应系统的类型主要有开水供应系统、冷饮用水供应系统和饮用净水供应系统。

开水供应系统多用于办公楼、旅馆、学生宿舍和军营等建筑；冷饮用水供应系统用于大型商场、娱乐场所和工矿企业的生产车间等；饮用净水供应系统多用于高级住宅。

采用何种饮用水供应系统类型主要依据人们的生活习惯和建筑物的性质及使用要求而定。

(二)饮用水标准

各种饮水水质必须符合我国现行国家标准《生活饮用水卫生标准》(GB 5749—2006)的规定。

饮用水温度的要求如下：

(1)开水：水烧至 100 ℃并持续 3 min，计算温度采用 100 ℃。

(2)温水：计算温度采用 50 ℃～55 ℃。

(3)生水：一般为 10 ℃～30 ℃。

(4)冷饮水：国内除工矿企业夏季劳保供应和高级饭店外，较少采用。目前，多数宾馆直接为客人提供瓶装矿泉水等饮用水。

(三)饮用水制备

1. 开水制备

开水可通过开水炉将自来水烧开制得，这是一种直接加热方式，常采用的热源为燃煤、燃油、燃气和电等；另一种方法是利用热媒间接加热制备开水。目前，在办公楼、科研楼、实验室等建筑中，常采用小型电开水器，灵活方便，可随时满足需求。有的设备可同时制备开水和冷饮用水，较好地满足了由气候变化引起的人们的不同需求，使用前景较好。

2. 冷饮用水制备

冷饮用水的品种较多，其制备有以下几种方法：

(1)自来水烧开后再冷却至饮用水温度。

(2)自来水经净化处理后，再经水加热器加热至饮用水温度。

(3)自来水经净化后直接供给用户或用水点。

(4)取自地下深部循环的地下水。

(5)蒸馏水是通过水加热汽化，再将蒸汽冷凝制备的。

(6)饮用净水是通过对水的深度处理来制取的。

(7)活性水是用电场、超声波、磁力或激光等将水活化制备的。

(8)将自来水进行过滤、吸附、离子交换、电离和灭菌等处理，分离出碱性离子水供饮用。

(四)饮用水的供应方式

(1)开水集中制备集中供应。在开水间集中制备，用容器取水饮用，如图 3-31 所示。

(2)开水统一热源分散制备分散供应。在建筑中把热媒输送至每层，再在每层设开水间制备开水。

(3)开水集中制备分散供应。在开水间统一制备开水，通过管道输送至开水取水点，系统对管道材质要求较高，常用耐腐蚀、符合食品级卫生要求的不锈钢管、铜管等管材，以保证水质不受污染。

(4)冷饮用水集中制备分散供应。将自来水进行过滤或消毒处理集中制备，通过管道输送至用水点。这种供应方式适用于中、小学，体育场(馆)，车站

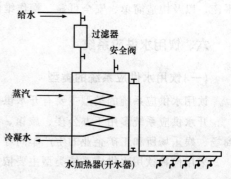

图 3-31 开水集中制备集中供应

及码头等人员集中的公共场所。

单元三 屋面雨水排水系统

降落在屋面的雨水和冰雪融化水,尤其是暴雨,会在短时间内形成积水,为了不造成屋面漏水和四处溢流,需要对屋面积水进行有组织、迅速和及时的排除。坡屋面一般为檐口散排,平屋面则需设置屋面雨水排水系统。根据建筑物的类型、建筑结构形式、屋面面积、当地气候条件等要求,屋面雨水排水系统可分为多种类型。

一、外排水系统

(一)外排水系统的分类及构造

外排水雨水排水系统是指屋面有雨水斗,建筑内部没有雨水管道的雨水排放形式。外排水系统又可分为檐沟外排水系统和天沟外排水系统。

檐沟外排水系统又称为普通外排水系统或水落管外排水系统,它由檐沟和水落管组成,如图3-32所示。降落在屋面的雨水由檐沟汇水,然后流入雨水斗,经连接管至承水斗和外立管(雨落管、水落管),排至地面或雨水口。檐沟外排水系统适用于普通住宅、一般公共建筑和小型单跨厂房。

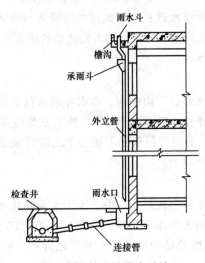

图3-32 檐沟外排水系统

天沟外排水系统由天沟、雨水斗和排水立管组成,如图3-33所示。天沟设置在屋面的两跨中间并坡向端墙,排水立管连接雨水斗洞外墙布置。降落到屋面的雨水沿坡向天沟的屋面汇集到天沟，沿天沟流至建筑物两端（山墙、女儿墙）进入雨水斗，经立管排到地面或雨水井。天沟的排水断面形式根据屋面的情况而定，一般多为矩形和梯形，适用于长度不超过 100 m 的多跨工业厂房。

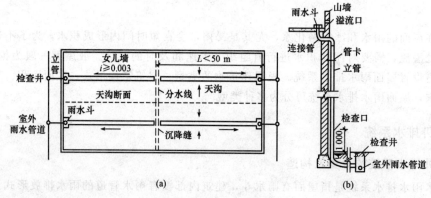

图 3-33　天沟外排水系统

（二）外排水系统的布置与敷设

屋面雨水外排水系统中都应设置雨水斗。雨水斗是一种专用装置，常用型号有 65 型、79 型和 87 型，常用规格为 75 mm、100 mm、150 mm，有平算形和柱球形两种。柱球形雨水斗有整流格栅，主要起整流作用，避免排水过程中形成过大的旋涡而吸入大量的空气，可迅速排除屋面雨水，同时拦截树叶等杂物。阳台、花台、供人们活动的屋面及窗井处，采用平算形雨水斗，檐沟和天沟内常采用柱球形雨水斗。

1. 檐沟外排水系统

檐沟外排水系统属于重力流形式，由檐沟、雨水斗和水落管组成。常采用重力流排水形雨水斗。在同一建筑屋面，雨水排水立管不少于 2 根。排水立管应采用 UPVC 排水塑料管和排水铸铁管，最小管径可用 $DN75$，下游管段管径不得小于上游管段管径，距离地面以上 1 m 处须设置检查口并固定在建筑物的外墙上。

2. 长天沟外排水系统

长天沟外排水系统属于单斗压力流形式，由天沟雨水斗和排水立管组成。雨水斗应采用压力流排水型，设置在伸出山墙的天沟末端。排水立管可采用 UPVC 承压塑料管和承压铸铁管，最小管径可用 $DN100$，下游管段管径不得小于上游管段管径，距离地面以上 1 m 处设置检查口，排水立管固定应牢固。

天沟应以建筑物伸缩缝或沉降缝为屋面分水线，设置在其两侧。天沟连续长度应小于 50 m，坡度太小易积水，太大会增加天沟起端屋顶垫层，一般采用不大于 0.003 且不小于 0.006 的坡度。斗前天沟深度不小于 100 mm；天沟不宜过宽，以满足雨水斗安装尺寸为宜。天沟断面多为矩形和梯形,为能顺利排除超出重现期降雨量的降雨,天沟端部应设有溢流口,溢流口比天沟上檐低 50~100 mm。

二、内排水系统

(一)内排水系统的分类及构造

内排水系统是屋面设有雨水斗、室内排水设有雨水管道的雨水排水系统。内排水系统常用于跨度大、特别长的多跨工业厂房,及屋面设天沟有困难的壳形屋面、锯齿形屋面、有天窗的厂房。建筑立面要求高的高层建筑、大屋面建筑和寒冷地区的建筑,不允许在外墙设置雨水立管时,也应考虑采用内排水形式。内排水系统可分为单斗排水系统和多斗排水系统,敞开式内排水系统和密闭式内排水系统。

(1)单斗排水系统一般不设悬吊管,雨水经雨水斗流入室内的雨水排水立管排至室外雨水管渠。

(2)多斗排水系统中设有悬吊管,雨水由多个雨水斗流入悬吊管,再经雨水排水立管排至室外雨水管渠,如图 3-34 所示。

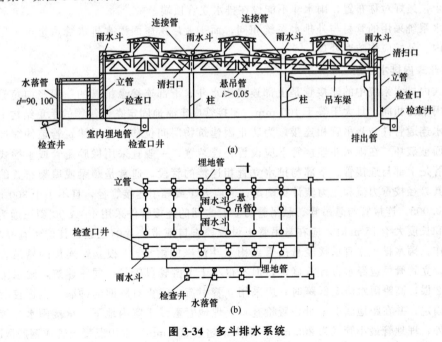

图 3-34 多斗排水系统
(a)剖面;(b)平面

(3)敞开式内排水系统。雨水经排出管进入室内普通检查井,属于重力流排水系统。其特点是:因雨水排水中负压抽吸会夹带大量的空气,若设计和施工不当,突降暴雨时会出现检查井冒水现象，但可接纳与雨水性质相近的生产废水。

(4)密闭式内排水系统。雨水经排出管进入用密闭的三通连接的室内埋地管，属于压力排水系统。其特点是：当雨水排泄不畅时，室内不会发生冒水现象，但不能接纳生产废水。对于室内不允许出现冒水的建筑，一般宜采用密闭式排水系统。

(二)内排水系统的布置与敷设

内排水系统由天沟、雨水斗、连接管、悬吊管、立管、排出管、埋地干管和检查井组成。降落到屋面的雨水，由屋面汇水流入雨水斗，经连接管、悬吊管、立管、排出管流入雨水检查井，或经埋地干管排至室外雨水管道。重力流排水系统的多层建筑宜采用建筑排水塑料管，高层建筑和压力流雨水管道宜采用承压塑料管和金属管。

单斗或多斗系统可按重力流或压力流设计，大屋面工业厂房和公共建筑宜按多斗压力流设计。雨水斗设置间距应经计算确定，并应考虑建筑结构，沿墙、梁、柱布置，便于固定管道。雨水斗的造型与外排水系统相同。

多斗重力流和多斗压力流排水系统雨水斗的横向间距可采用 12～24 m，纵向间距可采用 6～12 m。当采用多斗排水系统时，同一雨水斗应在同一水平面上，且一根悬吊管上的雨水斗不宜多于 4 个，最好对称布置，雨水斗不能设在排水立管顶端。

内排水系统采用的管材与外排水系统相同，而工业厂房屋面雨水排水管道也可采用焊接钢管，但其内、外壁应作防腐处理。

1. 敞开式内排水系统

敞开式内排水系统中的连接管是上部连接雨水斗、下部连接悬吊管的一段竖向短管，其管径一般与雨水斗相同，且大于等于 100 mm。连接管应牢靠地固定在建筑物的承重结构上，下端宜采用顺水连通管件与悬吊管相连接。为防止因建筑物层间位移、高层建筑管道伸缩造成雨水斗周围屋面被破坏，在雨水斗连接管下应设置补偿装置，一般宜采用橡胶短管或承插式柔性接口；悬吊管是上部与连接管、下部与排水立管相连接的管段，通常是顺梁或屋架布置的架空横向管道，其管径按重力流和压力流计算确定，但应大于或等于连接管径，且不小于 300 mm，坡度不小于 0.005。连接管与悬吊管、悬吊管与立管之间的连接管件采用 45°或 90°斜三通为宜。悬吊管端部和长度大于 15 m 时，应在悬吊管上设置检查口或带法兰的三通，其位置宜靠近墙柱，以利于操作。雨水排水立管承接经悬吊管或雨水斗流来的雨水，1 根立管连接的悬吊管根数不多于 2 根，立管管径应经水力计算确定，但不得小于上游管段管径。同一建筑，雨水排水立管不应少于 2 根，高跨雨水流至低跨时，应采用立管引流，防止对屋面的冲刷。立管宜沿墙柱设置，牢靠固定，并在距地面 1 m 处设置检查口；埋地管敷设于室内地下，承接雨水立管的雨水并排至室外，埋地管最小管径为 200 mm，最大不超过 600 mm，常用混凝土管或钢筋混凝土管。在埋地管转弯、变径、变坡、管道汇合连接处和长度超过 30 m 的直线管段上均应设检查井，检查井井深应不小于 0.7 m，井内管顶平接，并做高出管顶 200 mm 的高流槽。

为了有效分离出雨水排除时吸入的大量空气，避免敞开式内排水系统埋地管系统上检查井冒水，应在埋地管起端几个检查井与排出管之间设排气井，使排出管排出的雨水流入排气井后与溢流墙碰撞消能，流速大幅度下降，使得气水分离，水再经整流格栅后平稳排出，分离出的气体经放气管排放到一定空间，如图3-35所示。

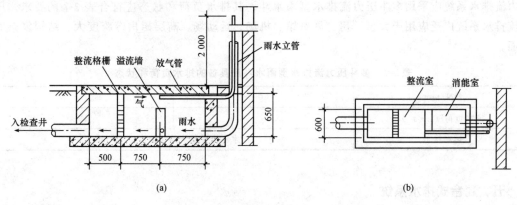

图 3-35 排气井
(a)立面图；(b)平面图

2. 密闭式内排水系统

密闭式内排水系统由天沟、雨水斗、连接管、悬吊管、雨水立管、埋地管组成，其设计选型、布置和敷设与敞开式相同。密闭式内排水系统属于压力流，不设排气井，埋地管上检查口设在检查井内，即检查口井。

三、重力流排水系统

重力流排水系统可承接管系统排水能力范围不同标高的雨水排水。檐沟外排水系统、敞开式内排水系统和高层建筑屋面雨水管系统都宜按重力流排水系统设计。重力流排水系统应采用重力流排水型雨水斗，雨水排放依靠重力自流，水流夹带空气进入整个雨水排水系统，其排水负荷和状态应符合表3-6的要求。

表 3-6 重力流排水型雨水斗具备的排水负荷和状态

DN/mm	75		100		150
进口形状	平箅形	柱球形	平箅形	柱球形	
排水负荷/(L·s^{-1})	2	6	3.5	12	26
排水状态	自由堰流				

四、压力流排水系统

压力流(虹吸式)排水系统，通过专用的雨水斗(虹吸式雨水斗、压力流雨水斗)和管道系统将雨水充分汇集到排水管中,排水管中的空气被完全排空,雨水自由下落时管道内产生负压,使雨水的下落达到最大的流速和流量。单斗压力流排水系统应采用65型和79型雨水斗;多斗压力流排水系统应采用多斗压力流排水型雨水斗,其排水负荷和状态应符合表3-7的要求。压力流排水系统广泛应用于大型厂房、展览馆、机场、运动场、高层裙房等跨度大、结构复杂的屋面。

表 3-7 多斗压力流排水型雨水斗应具备的排水负荷和状态

DN/mm	50	75
排水负荷/(L·s^{-1})	6	12
排水状态	雨水斗淹没泄流的斗前水位≤4 cm	

五、混合式排水系统

大型工业厂房的屋面形式复杂,为了及时有效地排除屋面雨水,往往同一建筑物采用几种不同形式的雨水排水系统,分别设置在屋面的不同部位,由此组成屋面雨水混合式排水系统。

单元四 小区给水、排水系统

一、小区给水系统

1. 小区给水系统的概念

小区给水系统分为生活给水系统和消防给水系统。给水系统的任务是将水输送到小区各建筑用水器具(或设备)及小区需要用水的公共设施处,满足它们对水质、水量和水压的要求,并保证给水系统的安全可靠和节约用水。

2. 小区给水系统的分类

(1)小区常用给水方式。小区给水方式一般可分为城市管网直接给水、小区集中(或分散)加压给水和设有独立水源的给水系统。如果城镇管网供应到小区的水压不能直接满足小区的需要,则需要采用增压设备提高小区给水压力。

1)城市管网直接给水。城市管网给水水压能直接满足小区供水要求时,可采用城市管网直接给水。该系统给水管道一般由接户管、小区干管、小区支管组成。

2)小区集中(或分散)加压给水。当城市管网水压不能满足小区供水压力要求时,应采用小区加压给水方式,常见的有以下几种:

①水池—水泵;

②水池—水泵—水塔;

③水池—水泵—水箱；
④管道泵直接抽水—水箱；
⑤水池—水泵—气压罐；
⑥水池—变频调速水泵。

3)设有独立水源的给水系统。其一般用在远离城市，城市管网无法到达之处。

每种给水方式各有其优缺点。即使同一种方式用在不同地区或不同规模的居住小区中，其优、缺点往往会发生转化。小区给水方式的选择，应根据城市(镇)供水条件、小区规模和用水要求、技术经济比较、社会和环境效益等综合评价确定。

小区给水方式选择时，应充分利用城市(镇)给水管网的水压，优先采用管网直接给水方式。在采用加压给水方式时，城市(镇)给水管网水压能满足的层次仍可采用直接给水。

(2)小区给水系统的确定。低层和多层的居住小区一般采用生活和消防共用的给水系统；多层和高层组合的居住小区大多采用分区给水系统；小区内高层建筑只有一幢或幢数不多，且供水压力要求差异较大，可采用分散加压给水方式；小区内若干幢高层建筑相邻可采用分片集中加压给水方式；小区全部是高层建筑宜采用集中加压给水方式。选用供水系统时，应根据高层建筑的数量、分布、高度、性质和管理等情况，经技术经济比较后确定。

3. 小区给水系统的特点

(1)小区给水排水设计流量反映过渡段特性。给水系统的设计流量确定与系统的安全可靠保证度有关。城市、居住区的给水管道系统设计流量，取最高日最大时流量；建筑给水系统设计流量则为设计秒流量，居住小区服务范围介于两者之间，其设计流量反映出过渡段特性。过渡段流量的确定，直接关系到小区给水管道的管径确定，并涉及小区给水系统内其他构筑物和设备的设计与选择。

(2)小区给水方式的选择具有多样性。居住小区和建筑给水系统的水源，通常都取自城市给水管网，通过小区给水管道系统送至各用户。城市给水送至居住小区时，有时水压较低，有时水量也不能保证足够的设计流量，所以，小区给水就可能需要加压和流量调蓄。

4. 小区给水系统的组成

根据小区城市管网压力情况和水源状况，小区给水系统可分为城市管网直接给水系统和水泵加压给水系统。如果小区采用独立水源供水，则还应建设独立的取水、净水和配水工程。小区给水系统由给水水源、计量仪表、接户管、小区支管、小区干管、加压设备和储水设备等组成，如图3-36、图3-37所示。其中，接户管是指布置在建筑物周围，直接与建筑物引入管和排出管相连接的给水管道；加压和储水设备是为了满足用户水量和水压的需求设置的设备；小区支管是指布置在生活居住组团内道路下与接户管相连接的给水、排水管道；小区干管是指布置在小区道路或城市道路下与小区支管相连接的给水、排水管道。

(1)给水管网。根据小区内建筑群的用水量、用水的重要性、用水的连续性以及对水压的要求等，可将给水管网布置成枝状管网或环状管网。

1)枝状管网。通向各建筑物的管道呈枝状，管网上某一处被破坏，则会影响后面的管道供水,因此,这种系统供水可靠性较低。但这种供水系统管网布置简洁,初投资小,适用于小区域或多层住宅小区的生活供水。

2)环状管网。环状管网是将供水主干管首尾连接在一起,当管网某处出现损坏时,不影响其他区域的供水,因此,这种供水管网供水较可靠。但初投资大,一般适用于工厂供水或重要的用水区域(医院等)不允许间断水源的建筑群。

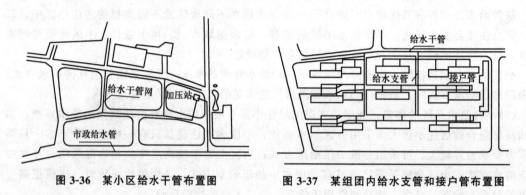

图 3-36 某小区给水干管布置图　　图 3-37 某组团内给水支管和接户管布置图

(2)小区给水加压站。在现代物业管理中,小区单独设置小区给水加压站,并与小区热力站合建,但其设备应相互独立,并单独管理。小区给水加压站和城市给水加压站的功能相似,但规模较小,一般由泵房、蓄水池、水塔和附属建筑物等组成,如图 3-38 所示。

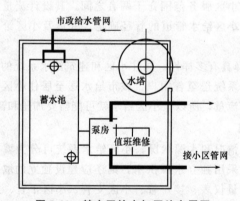

图 3-38 某小区给水加压站布置图

小区给水加压站一般选择半地下式、矩形、自灌式泵房。泵房内由水泵机、动力设备、吸水和压水管路及附属设备等组成。泵房内的水泵多选用离心泵,扬程高的可选用多级离心泵,隔振消声要求高时,可选用立式离心泵。当小区给水加压站同时担负消防给水任务时,水泵的流量应按居民生活用水量和消防用水量之和考虑。水池、水塔或高位水箱的有效容积按居民生活用水调节水量、安全储水量和消防用水量考虑。

(3)水表井和排气泄水井。水表井用于放置水表节点,其尺寸是按水表接管的公称直径确定的。$DN50$ 以下的水表井,内径为 1.0 m;$DN50$ 及以上的水表井,内径为 1.2 m。水表井应设置在易于检查、维修和管理的地方。当管网敷设时,由于地下管网交叉或地形变化较大,为避免气塞产生的水击,应在管道变坡的高位点设双筒排气阀,在管网的最低点设置泄水阀,以便维修时排除水和泥。排气泄水井中设有集水坑,可安装临时抽水设备,用以将水排到附近的污水检查井内,不允许通过管道将污水直接排入污水井内。这样做主要是为了防止污水检查井堵塞,污水沿排水管倒流回泄水井内,污染给水水质。

(4)阀门井。阀门井用于安装在室外给水管网中的各种附件。阀门井的平面尺寸取决于水管直径以及附件的种类和数量。其深度由水管的埋地深度决定。但是,井底到承口或法兰盘底的距离应不小于 0.1 m,法兰盘和井壁的距离应不小于 0.15 m,从承口外缘到井壁的距离宜大于 0.3 m,以便施工。阀门井分为圆形和矩形,单个阀门可采用圆形井,多个阀门可采用矩形井。井盖采用统一规格并有标志的铸铁井盖,在无地面重荷载的地方采用轻型井盖,在主要道路上或经常有重型车辆通过的地方,应采用铸铁重型井盖。

(5)室外消火栓。室外消火栓的主要作用是:一旦住宅区、商业区或厂区内的建筑物发生火灾,能及时接通消防设备灭火,或配合消防车取水灭火。室外消火栓一般布置在区域内道路边,在交通方便、通畅的位置。室外消火栓分为地上式和地下式两种,地下式消火栓安装在地下井内,适用于寒冷地区,在较温暖的地区采用地上式安装。

二、小区排水系统

1. 小区排水系统的概念

小区排水系统包括小区生活污水、生活废水和小区雨水。小区排水系统要求能够靠重力流排入城市下水管道,否则要设排水提升设施。小区排水系统的主要任务是接收小区内各建筑内外用水设备产生的污废水及小区屋面、地面雨水,并经相应的处理后排至城市排水系统或水体。小区排水系统比单幢建筑的排水复杂,其服务范围介于城市排水和建筑排水之间,排水量按最高日最高时流量确定,小区排水体制要适应城市排水体制的要求,要以小区排水能以重力流排入城市下水管道为前提来控制小区排水管道的埋设深度。

2. 小区排水系统的特点

雨水管渠系统设计的基本要求是能通畅、及时地排走居住小区内的暴雨径流量。根据城市规划要求,在平面布置上尽量利用自然地形坡度,以最短的距离依靠重力流排入水体或城镇雨水管道。雨水管道应平行道路敷设且布置在人行道或花草地带下,以免积水时影响交通或维修管道时破坏路面。小区内雨水管道布置如图 3-39、图 3-40 所示。

雨水口是收集地面雨水的构筑物,小区内雨水不能及时排出或在低洼处形成积水往往是由于雨水口布置不当造成,小区内雨水口的布置一般根据小区地形、建筑物和道路布置情况确定。在道路交汇处、建筑物单元出入口附近,建筑物雨落管附近及建筑物前后空地和绿地的低洼处设置雨水口,雨水口的数量根据汇水面积的汇水流量和选用的雨水口类型及泄水能力确定。雨水口沿街道布置间距一般为 20~40 m，雨水口连接管长度不得超过 25 m。

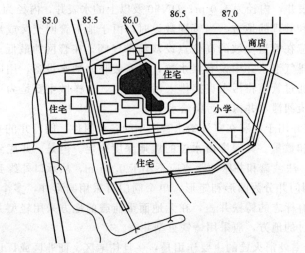

图 3-39 某小区雨水干管布置图

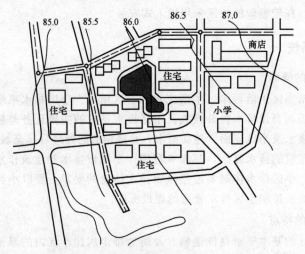

图 3-40 某组团内雨水支管和接户管布置图

3. 小区排水系统的组成

小区排水系统主要由排水管道及管道系统上的附属构筑物组成。附属构筑物主要包括污水局部处理构筑物、跌水井、雨水口、检查井等。当室内污水未经处理不允许直接排入城市下水道或污染水体时，必须予以局部处理。民用建筑常用的局部处理构筑物有化粪池、隔油池等。

(1)排水管道的布置。小区内排水管道布置的程序一般按干管、支管、接户管的顺序进行，根据小区总体规划、道路和建筑的布置、地形标高、污水走向，按管线短、埋深小、尽量自流的原则进行布置。布置干管时应考虑支管接入位置，布置支管时应考虑接户管的接入位置。小区内污水管道布置如图 3-41、图 3-42 所示。小区排水管道敷设时，与建筑物基础的水平净距，当管道埋深浅于基础时，应不小于 1.5 m；当管道埋深深于基础时，应不小于 2.5 m。

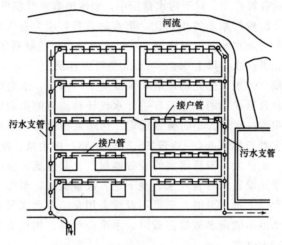

图 3-41　小区污水干管布置图

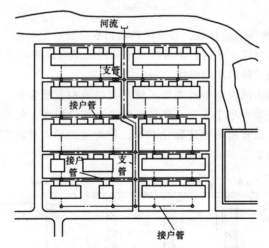

图 3-42　组团内污水支管和接户管布置图

(2)排水提升设备和污水集水池。建筑物的地下室、人防建筑工程等地下建筑物内的污水、废水不能以重力排入室外检查井时，应利用集水池、污水泵设施将污水、废水集流，提升后排放。如果地下室很大，使用功能多，且已采用分流制排水系统，则提升设施也应采用相应的设施，将污水、废水分别集流，分别提升后排向不同的地方，将生活污水排向化粪池，生活废水排向室外排水系统检查井或回收利用。

1）集水池。集水池的有效容积，应按地下室内污水量大小、污水泵启闭方式和现场场地条件等因素确定。对于污水量大并采用自动启闭（不大于 6 次/h），可按略大于污水泵中最大一台水泵 5 min 出水量作为其有效容积。对于污水量很小，集水池有效容积可取不大于 6 h 的平均小时污水量，应考虑所取小时数污水不发生腐化。集水池总容积应为有效容积、附加容积、保护高度容积之和。附加容积为集水池内设置格栅、水泵，以及水位控制器等安装、检修所需容积。保护高度容积为有效容积最高水位以上 0.3～0.5 m 高所需容积。

2）污水泵及污水泵房。污水泵优先选用潜水泵或液下污水泵，水泵应尽量设计成自灌式。污水泵选型采用的出水量，按污水设计秒流量值确定；当有排水量调节时，可按生活排水最大小时流量选定。污水泵扬程为污水提升高度、水泵管路水头损失和流出水头（一般选 2～3 m）之和。污水泵、阀门、管道等，应选择耐腐蚀、流量大、不易堵塞的设备器材。公共建筑内应以每个生活污水集中水池为单元设置一台备用泵。地下室、设备机房、车库等清洗地面的排水，如有两台以上排水泵时，则可不设置备用泵。多台水泵应可并联运行，优先采用自动控制装置。当集水池不能自事故排出管时，水泵应设有备用动力供应。如能关闭污水进水管时，可不设置备用动力供应。

污水泵站

建筑物地下室泵房不应布置在需要安静的房间之下或相邻间。水泵和泵房应有隔振防噪声设施。

（3）附属构筑物。污水应达标排放。若小区内的污水排放不能达标，必须进行局部处理，甚至进行生物处理才能排入城镇下水道，小区排水常见的局部构筑物有如下几种。

1）雨水口。用于收集、排除地面雨水。

2）化粪池。用于截留生活污水中的粪便，使污泥在池中发酵腐化，便于污水排入城市排水管道。化粪池距建筑物外墙不小于 5 m，且与小区排水支管相连。化粪池可采用砖、石或钢筋混凝土等材料砌筑，其中最常用的是砖砌化粪池。化粪池的形式有圆形和矩形两种，通常采用矩形化粪池。化粪池构造如图 3-43 所示。

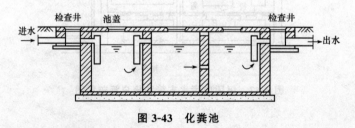

图 3-43 化粪池

3)排水检查井。用于疏通和衔接排水管道,设在排水管道转弯处、管道交汇处、坡度改变处等地方。因为污水管道极易堵塞,所以为了定期维修及清理疏通管道,在直管段处每隔30~50 m应设置检查井。另外,在管段转弯、管道汇流、管道变径及变坡度时,也应设置检查井。检查井一般为圆形的砖砌构筑物,由井基础、井筒及专用井盖组成。专用井盖一般用铸铁铸成,井盖上有统一标志,便于维修时辨认。设在道路中央的井盖应采用重型井盖,一般人行道上的井盖可采用轻型井盖。

4)隔油池。用于去除食堂、厨房等污水中的生物和植物油等。使用中应注意按设计清沉渣周期(一般为 6~7 d)定期清理,否则会产生堵塞现象。

5)降温池。排放污水的温度较高时,给污水降温,达标后排放。

6)沉砂池。汽车库内冲洗汽车的污水含有大量的泥沙,在排入城市排水管道之前,应设沉砂池,以除去污水中的粗大颗粒杂质。

7)跌水井。跌水井主要设于跌落水头超过 1 m 时的分界处。管道由于地形高差相差较大,在支线接入埋设较深的主干线时会出现较大的跌落水头。跌水井一般为砖砌井,应按标准图集选择施工。

单元五　水景系统

一、小区水景工程

(一)水景工程的构成

小区水景可以美化环境,能润湿和净化空气,改善小区气候;水池可兼作其他用水的水源,如消防储水池、冷却喷水池、养鱼池和绿化用水池等。

水景工程与现代电子和光学技术的结合赋予了水景新的活力,如它与灯光、音乐、绿化和艺术雕塑的巧妙配合,构成了一幅五彩缤纷、华丽壮观、悦耳动听的美景,给人们带来了清新优雅的生态环境,因此,小区的水景受到了居民的广泛喜爱。

一个典型的水景工程由土建、管道系统、造景器材与设备及光电控制装置等构成,如图 3-44 所示。

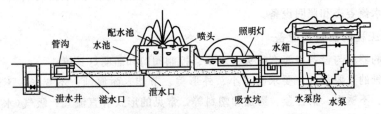

图 3-44　典型水景工程的组成

(二)水景工程的造型和控制方式

水景工程分为固定式水景、半移动式水景和全移动式水景三种。一般大、中型水景工程采用固定式水景,即主要组成部分为固定设置,常见的有河湖式、盘式和浅碟式等;半移动式水景指水景工程中的土建部分不能移动,而水泵、喷头、灯具及部分配水设施可以移动,通过不同的搭配和程序控制,可实现各种水景效果。小型的水景工程可采用全移动式水景,一般为定型生产的成套产品,可放置在大厅和庭院内,甚至可摆设在柜台或橱窗内。

水景的造型有多种形式详见表 3-8。

表 3-8 水景的造型类别

造型	特 点
镜池	水面宽阔平静,可将山石、树木映入水中,以增加景物的层次和美感
浪池	可制成细波或惊涛骇浪,具有动感,还能使水质变好;漫流式,水流平跃曲直、时隐时现、水花闪烁、欢快活泼,水流穿行于山石、亭台、小桥和花木之间,给人走进自然的感觉
叠水式	可利用假山构成飞流瀑布、洪流跌落、水雾腾涌的壮景,让人感到气势宏大
孔流式	水柱纤细透明、活泼可爱
喷水式	包括射流水柱、气水混合水柱、膜状水流、水雾等造型
涌水式	气势宏大,激起的波纹向四周扩散,给人赏心悦目的感觉
组合式	大、中型水景工程可将各种水流造型组合搭配,其造型变幻无穷,若辅以彩灯、音乐声响,可构成程控彩色喷泉和音乐喷泉

现代水景的水流形态和照明控制有手动控制、程序控制和音响控制三种形式。

(1)手动控制是把喷头和照明灯具分成若干组,每组分别设置控制阀门和开关,根据需要可开启其中一组、几组或全部。每组喷头还可以设置流量、压力调节阀,用人工调节其喷水流量、喷水高度和射程等。这是最简单的运行控制方式,常用于固定式水景。

(2)程序控制是将喷头按照水景动态造型进行分组,每组分别设置专供水泵或专控电动阀(或气动阀、电磁阀),利用时间继电器或可编程序控制器,按照预先输入的程序,将各组喷头进行组编,循序运行。

(3)音响控制是将音响振幅、频率等经声波转换器转换成电信号(电流或电压)再经放大后用以控制喷水的水流姿态和照明设备。

(三)水景工程的器材与设备

水景工程的器材与设备主要有喷头、水泵、控制阀门和照明灯具等。

喷头是水景的重要部件,要求噪声小、外形美、节能、耐腐蚀、不变形、不老化。其构造材料一般用铜、不锈钢、铝合金、陶瓷和塑料等,常见的形式有直流式、吸气(水)式、水雾式、环隙式、多孔式、组合式、放射式、回转式和可转动式,如图 3-45 所示。

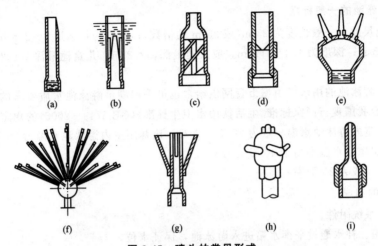

图 3-45 喷头的常见形式
(a)直流式;(b)吸气(水)式;(c)水雾式;(d)环隙式;
(e)多孔式;(f)组合式;(g)放射式;(h)回转式;(i)可转动式

中型水景工程常选用卧式或立式离心泵和管道泵,小型水景工程采用卧式潜水泵、微型泵或管道泵。水泵的流量按循环流量确定,扬程由计算确定。

控制阀门是电控和声控的水景工程的关键装置之一,要求能适时、准确地控制水流的变化,并与电控和声控信号同步,反复动作不失误。

照明分为陆地照明和水下照明,可采用白炽灯和气体放电灯。白炽灯适于自动控制和频繁启动,但耗电较多;气体放电灯耗电少,但不适于频繁启动。

(四)水景工程的给水、排水管道

水景工程水池外给水、排水管道的布置由水池、水源、泵房、排水口及周围环境确定。一般可在水池和泵房间设置专用管廊或管沟,管沟地面应有一定坡度坡向集水坑;水池内的管道可直接放置在池底上或埋入池底,宜采用环状配管或对称配管,转弯处应采用曲率半径大的光滑弯头,以减少水压损失。

用生活饮用水作为水源时,应设补水箱或采取防止回流污染措施。

二、小区游泳池

现代化的大、中型物业项目中,游泳池已成为供人们休闲、娱乐和健身的重要公共设施。游泳池按使用性质可分为比赛用游泳池、训练用游泳池、跳水用游泳池、儿童游泳池和幼儿戏水池;按经营方式可分为公用游泳池和商业游泳池;按有无屋盖可分为室内游泳池和露天游泳池。

1. 室内游泳池的一般标准

(1)游泳池尺寸。一般长度为25 m(或25 m的倍数);宽度为每泳道2~2.5 m,两侧的泳道再加0.25~0.5 m;深度为1.4~1.8 m。成人池最深≤2.2 m;儿童池最深≤1.2 m;幼儿池最深≤0.6 m。

(2)水质。游泳池的用水可由城市管网供给,也可采用满足游泳池水质要求的地下水。游泳池的水质应符合我国现行国家标准《生活饮用水卫生标准》(GB 5749—2006)的规定。

(3)水温。室内游泳池水温一般为28 ℃±2 ℃;比赛用室内游泳池水温为25 ℃~27 ℃;酒店及洗浴中心按摩池水温不高于40 ℃。

(4)室温。一般为25 ℃左右。

2. 游泳池的组成

(1)水循环系统附件。

1)平衡水箱。补水通过平衡水箱进入游泳池,保证水位。

2)机械过滤器。净化游泳池水质用。若水源为非饮用水,可加装活性炭过滤器,以达到饮用水水质标准。

3)加热器。一般采用汽、水热交换器或热水炉、电加热器。

4)加药器。为了保证池水卫生,游泳池水除进行过滤及加热以外,还必须进行消毒。消毒是通过加药器的计量泵自动将药箱内的$NaClO_3$溶液注入循环系统中,随水一起进入游泳池内。因为进入池水中的$NaClO_3$在使用过程中要扩散到空气中,致使池水含氯量降低,所以,加药器要连续不断地注入药液。注入的流量可以按测得的池水含氯量进行调节,也有采用自动测定、自动调节的加药装置。

5)毛发聚集器。防止毛发等细小杂物堵塞水泵和过滤器。

(2)游泳池附件。

1)给水口。即进水阀的进水口,呈格栅状,一般有多个,分别设在池底或池壁面,要保证配水均匀。加工给水口的材料有不锈钢、铜、大理石及工程塑料等。

2)回水口。循环处理后回到游泳池的回水口,呈格栅状,一般有多个,分别设在池底或溢水槽内。要保证回水均匀,并且不能产生短路现象,即回水口要同循环泵的入口保持一定距离,回水口的材料与给水口相同。

3)排水口。排水口的构造同回水口,尺寸可放大,以便排水畅快,一般要求4~6 h将水放掉,最多不超过12 h,排水口设在池底。

4)溢流口。一般在池边做成溢流槽,溢流槽要保证一定的水平度,槽内均匀布置回水口或循环泵吸入口。

5)排污口。可由排水口兼任。每天在游泳池开始使用前,短时微开排污阀,以排出沉积存池底的污物,保证池水的卫生。

3. 游泳池的给水方式

(1)直流给水方式。直流给水方式是指长期打开游泳池进水阀门,不断地供给新鲜水,同时,又连续不断地从泄水口和溢流口排水的方式,每小时补充的水量应为池水容积的15%～20%。每天应清除池底和水面的污物,并对池水消毒。该系统由给水管、给水口和阀门等组成。其优点是系统简单,投资少,运行费用少;缺点是浪费水资源,且水温和水质难以保证。

(2)定期给水方式。定期给水方式是指每隔1～3 d将池水放空,清洗池底和池壁,再注入新鲜水,并对水消毒。其优点是系统简单,投资少,管理方便;缺点是水温和水质难以保证,且换水时不能使用。

(3)循环净化给水方式。循环净化给水方式是指游泳池的水由循环泵抽出,通过过滤、净化、加热和消毒,达到水质和水温要求后再送回游泳池重复使用,其可分为顺流式、逆流式和混合式三种。这种方式具有节约用水、保证水质、运行费用低等优点,是目前用得最多的方式,其缺点是系统复杂,投资大,维护管理不便。

4. 游泳池的消毒

池水的净化方式包括溢流净化、循环净化和换水净化。循环净化流程如图3-46所示。因为池水与人体直接接触,还可能进入人体,游泳者也会带进一些细菌,所以,为防止病菌、病毒的传染,必须对池水进行严格的杀菌消毒处理,常用的消毒法为氯化消毒法。露天游泳池和以温泉水为水源的游泳池一般不进行加热。如果温度低,则应按设计热量损失选择加热设备,对池水进行加热,以达到池水温度要求。

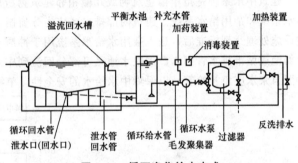

图 3-46 循环净化给水方式

5. 游泳池的排水

(1)岸边清洗水。为防止岸边带有泥沙和污物的水进入游泳池内污染池水,应至少冲洗两次,并将冲洗水流至排水沟。

(2)溢流水。游泳池设置的池岸式溢流水槽用于排除溢出的水体,溢出的水由溢水管排除,溢水管不得与污水管直接连接,并不得设存水弯,以防止堵塞管道。

(3)泄水。为清洗、维修或停用游泳池,用泄水口可排空池水,此时,应优先采用重力泄水,有困难时,可采用循环泵泄水。

(4)排污。为保证池水的水质,应在每天开放前将池底的污物予以清除,可采用管道排污、移动式潜污泵排污、虹吸式排污及人工排污法。同时,也应将池水中的漂浮物和悬浮物利用工具或人工拣、捞的方法予以清除。

(5)清洗。游泳池换水时,应用符合卫生标准的水对池底和池壁进行彻底刷洗,一般采用压力水冲洗和刷洗。

6. 辅助设施

为保证池水不被污染、防止疾病传播，必须设置浸脚消毒池、强制淋浴器和浸腰消毒池，还应配套设置更衣室、厕所、泳后淋浴设施、休息室及器材库等辅助设施。

单元六　中水系统

一、中水系统的分类

中水系统按服务的范围可以分为建筑中水系统、小区中水系统和城市中水系统三种。

1. 建筑中水系统

建筑中水系统是指单幢建筑物或几幢相邻建筑物所形成的中水系统。建筑物内分别设置饮用给水系统和杂用给水系统。建筑内部排水系统为分流制。排水中的优质杂排水或杂排水经中水处理设施处理达到标准后，送入杂用水给水系统用于冲厕或用于绿化、洗车等；厕所粪便污水排入化粪池或城市排水管网，严重缺水地区可部分回流到中水处理设施再处理。另外，中水系统还应设置自来水应急补给管，以保障中水给水的安全性。单幢建筑中水系统示意如图 3-47 所示。

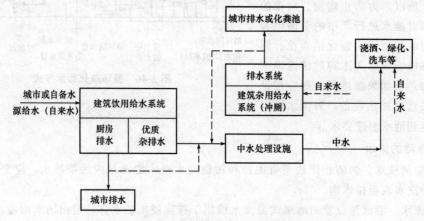

图 3-47　单幢建筑中水系统示意

该系统适用于排水量大的宾馆、饭店、公寓等建筑，中水处理设施一般可设置在地下室或建筑物外部。

2. 小区中水系统

小区中水系统的中水原水取自居住小区内各建筑物排放的污、废水并集中处理。小区中水系统各管道系统的设置要求及中水系统工作流程基本与单幢建筑中水系统相同。小区中水系统由于供水需求量较大，可将雨水作为补充水源，同时也应设置应急水源。该系统多用于居住小区、机关大院、高等院校等。

3. 城市中水系统

城市中水系统以城镇污水处理厂的出水和部分雨水作为中水水源，经水处理站处理达到生活杂用水水质标准后，供城镇杂用水使用。设置该系统时，城镇和建筑内部应采用饮用给水和杂用给水双管分质给水系统，并不一定要求排水采用分流制。城市中水系统在我国目前采用较少。

二、中水系统的组成

中水系统由中水原水系统、中水处理设施、中水管道系统三大部分组成。

1. 中水原水系统

中水原水系统是指确定为中水水源的建筑物原排水的收集系统。它分为污、废水合流系统和污、废水分流系统。一般情况下，为简化处理，推荐采用污、废水分流系统。

2. 中水处理设施

中水处理设施包括预处理设施和主要处理设施。预处理设施有化粪池、格栅和调节池。主要处理设施有沉淀池、气浮池、生物接触氧化池、生物转盘等。当中水水质要求高于杂用水时，应根据需要增加深度处理，即中水再经过后处理设施处理，如过滤、消毒等。

3. 中水管道系统

中水管道系统包括中水水源集水系统与中水供水系统。中水水源集水系统是指建筑内部排水系统排放的污、废水进入中水处理站，同时，设有超越管线，以便出现事故时，可直接排放；中水供水系统是指原水经中水处理设施处理后成为中水，首先流入中水储水池，再经水泵提升后与建筑内部的中水供水系统连接。中水供水系统应单独设立，包括配水管网、中水储水池、中水高位水箱、中水泵站或中水气压给水设备。建筑物内部中水供水管网的系统类型、供水方式、系统组成、管道敷设及水力计算与给水系统基本相同，只是在供水范围、水质、使用等方面有些限定和特殊要求。

三、中水系统的管理

1. 中水原水

中水原水是指可作为中水水源而未经处理的水。按排水水质和污染轻重可分为以下几类。

(1)优质杂排水。包括空调冷却排水、沐浴排水、洗漱排水和洗衣排水，其特点是有机物浓度和悬浮物浓度低，水质好，处理容易且费用低，应优先选用。

(2)杂排水。包括优质杂排水和厨房排水，其特点是有机物浓度和悬浮物浓度都较高，水质较好，处理费用比优质杂排水高。

(3)生活排水。含杂排水和厕所排水，其特点是有机物浓度和悬浮物浓度都很高，处理工艺复杂，费用较高。

(4)雨水。除初期雨水外，水质相对比较好。

中水水源选择的先后顺序为：空调冷却排水、沐浴排水、洗漱排水、洗衣排水、厨房排水、厕所排水。厕所排水由于污染浓度大，处理成本高，一般很少回用。由于雨水的季节性特点，一般将其作为中水的补充水源。

医院污水和工业废水（冷却水除外）由于水质污染特殊性，一般不用作中水水源。

2. 中水供水水质

中水用于冲厕、道路浇洒、道路清扫、消防、城市绿化、车辆冲洗、建筑施工等杂用的水质必须符合国家标准《城市污水再生利用 城市杂用水水质》(GB/T 18920—2020)的各项指标。中水用于景观环境用水的水质应符合《城市污水再生利用 景观环境用水水质》(GB/T 18921—2019)的规定。

3. 中水处理工艺流程

中水处理工艺流程应根据中水原水的水量、水质和中水使用要求等因素，进行技术经济比较后确定。常见的中水处理工艺流程见表3-9。

表3-9为国内常用中水处理工艺流程概括表述，大部分流程是以生物处理为中心的流程，而生物处理中又以接触氧化生物膜法为最多，这是因为接触氧化生物膜法具有容易维护管理的优点，适用于小型水处理。流程表中的2、3、5、6皆为含有生化处理的流程，2、3多以杂排水为原排水；5、6为生化处理和物化处理相结合的流程，多以含有粪便的污水为原水。以物化法处理为主的处理流程较少，而且多应用于原水水质较好的场合，如表3-9中1、2具有流程简单、占地少、设备密闭性好、无臭味、易管理的优点。

表 3-9 常见的中水处理工艺流程

序号	处理工艺流程
1	格栅—调节池—混凝气浮（沉淀）—化学氧化—消毒
2	格栅—调节池——级生化处理—过滤—消毒
3	格栅—调节池——级生化处理—沉淀—二级生化处理—沉淀—过滤—消毒
4	格栅—调节池—絮凝沉淀（气浮）—过滤—活性炭—消毒
5	格栅—调节池——级生化处理—混凝沉淀—过滤—活性炭—消毒
6	格栅—调节池——级生化处理—二级生化处理—混凝沉淀—过滤—消毒
7	格栅—调节池—絮凝沉淀—膜处理—消毒
8	格栅—调节池—生化处理—膜处理—消毒

4. 中水处理主要设备

从以上中水处理工艺流程看，中水处理设备主要有格栅（格网）、调节池、气浮（沉淀）池、接触氧化池、生物转盘、絮凝池、滤池、消毒设备、活性炭吸附设备等。这些设备大多有定型产品，可根据工艺流程的需要选用。

单元七　物业给水、排水系统管理与维护

一、物业给水、排水系统管理

(一)物业给水、排水系统管理范围

1. 物业给水系统管理范围

供水管线与设备设施管理、维修范围的界定应实行业主、物业管理单位、供水单位三方分段负责制。

(1)业主职责。从单元供水立管三通开始到用户总阀门、水表及终端部位应由业主负责管理。当这些部位出现漏水或损坏时，应由业主自行维修或实行有偿维修。由此造成相邻房屋损坏或影响使用的，应积极主动维修。

(2)物业管理单位职责。从水泵房输出总阀门至各单元供水管线与立管，应由物业管理单位负责管理。当该段供水管线或立管发生漏水或出现故障时，应由物业管理单位负责维修，当该段管线需要中修、大修时，应由物业管理单位向业主委员会提交物业维修申请报告、开发建设单位"住宅质量保证书""工程预算书"、维修资金分摊情况说明等材料，经业主大会审议通过并形成书面决议，向市区房管局申报使用房屋专项维修资金。

(3)供水单位职责。从供水主干线至水泵房(含水泵房设备设施、水箱)输出总阀门(含总阀门)应由供水单位负责管理。当该段供水干线或设备设施出现漏水或损坏时，应由供水单位负责维修，其费用由供水单位自行解决。

2. 物业排水系统管理范围

排水管道管理及维修范围的界定实行业主、物业管理单位、排水单位三方分段负责制。

(1)业主职责。从下水立管三通开始至地漏、坐便器、洗手盆、洗菜盆等部位应由业主负责管理。当这些部位出现漏水或损坏时，应由业主自行维修或实行有偿维修。由此造成相邻房屋损坏或影响使用的，应积极主动维修。

(2)物业管理单位职责。从单元下水立管至小区排水管道(雨水排放管道)、窨井、化粪池应由物业管理单位负责管理。当该段排水管道发生堵塞或外溢时，应由物业管理单位负责维修。当该段管道需要中、大修时，应由物业管理单位向业主委员会提交物业维修申请报告、开发建设单位"住宅质量保证书""工程预算书"、维修资金分摊情况说明等材料，经业主大会审议通过并形成书面决议，向市区房管局申报使用专项维修资金。

(3)市政部门职责。化粪池以外的排水管道和窨井应由市政部门负责管理，当该段管道和窨井发生堵塞或外溢时，应由市政部门负责维修，其维修费用由市政部门自行解决。

(二)物业给水、排水系统管理制度

(1)水泵及泵房保养操作制度。

(2)水箱清洁操作制度。
(3)确保正常供水的供水管理规定。
(4)档案资料管理制度。
(5)其他规章制度,包括岗位责任制和奖罚制度、定期检查制度、巡回检查制度、登记报修制度及检修、运行资料保存制度等。
(6)定期进行宣传教育活动的有关规定。

(三)物业服务企业检查和维护项目

物业服务企业必须从接管时就执行国家的有关规定,仔细验收,严格检查给水、排水系统是否满足要求。检查、维护项目一般包括以下几个方面:
(1)楼板、墙壁、地面等处有无积水、滴水等异常情况。
(2)给水排水管道、阀门是否严密,有无漏水情况等。
(3)对给水排水管道、水泵、水表、水箱、水池等进行经常性维护和定期检查。
(4)露于空间的管道及设备必须定期检查,防腐材料脱落的,应补刷防腐材料。
(5)每年对使用设备进行一次使用试验。
(6)冬季对管道和设备进行保温工作,防止管道等被冻坏。
(7)对用户普及使用常识,正常使用给水排水设备。

(四)验收接管制度

物业服务企业在接管物业时,应对建筑给水设备进行检查验收,在验收中应注意以下几项要求:
(1)验收按国家标准《建筑给水排水及采暖工程施工质量验收规范》(GB 50242—2002)执行。
(2)接管验收工作要有验收报告(包括工程地点,开竣工时间,设计、施工及接管单位,设备概况,工程竣工图纸),验收完成后各类资料应交给接管单位。

生活饮用水卫生标准

(3)管道应安装牢固,控制部件启闭灵活、无滴漏。水压试验及保温、防腐措施必须符合《建筑给水排水及采暖工程施工质量验收规范》(GB 50242—2002)的规定。
(4)卫生器具质量好,接口不得渗漏,安装平整牢固、部件齐全。
(5)消防设备必须符合《建筑设计防火规范(2018年版)》(GB 50016—2014)的规定,并且有消防部门的检验合格证。
(6)要有设备试运行记录和水压试验记录。
(7)凡新接管的住宅中给水设备不合格者,一律不能进住,也不能验收接管,必须加以解决后才能考虑入住。

二、物业给水、排水系统维护保养周期及项目

物业给水、排水系统维护保养周期及项目包括以下内容。

1. 月度维护保养

月度维护保养项目如下：

(1)卫生间和茶水间的公共设施：检修天花板、洗手盆、小便器、蹲厕、坐厕、水龙头、洗手液盒、纸卷盒、干手器等。

(2)给水排水泵：检查手动/自动运行状况、工作指示灯、水泵密封、减速箱油位、泵房照明。

(3)记录减压阀压力：上端压力、下端压力、调校偏差的下端压力。

(4)调整水龙头、手动冲洗阀的出水量。

2. 季度维护保养

季度维护保养项目如下：

(1)给水排水泵：清洁管道、泵房、控制电箱；测试水泵故障自动转换；检查泵房和设备是否完好。

(2)减压阀：清洁管道，检查泵房和设备是否完好。

3. 半年维护保养

半年维护保养项目如下：

(1)给水排水泵：检查水泵轴承运行有无异响；测试电源故障、水泵故障、水位溢流中控室报警显示。

(2)粪池：粪池、管道和阀门除锈、刷漆。

(3)设备层：给水排水闸阀螺杆加润滑油。

4. 年度维护保养

年度维护保养项目如下：

(1)给水排水泵：控制箱接线口进线、电动机紧线、检测运行电流。水泵轴承上黄油。

(2)减压阀：清洗减压阀、隔滤网。

(3)水泵、减压阀和管道除锈、刷漆。

(4)给水排水设备：水泵、管道、阀门除锈、刷漆。

三、物业给水、排水系统设备间运行环境要求

1. 生活水泵房

(1)生活水泵房内不准放置杂物；正常照明良好，并有应急等装置。

(2)门扇为外开防火门，地面做好防滑、防水处理。

(3)水泵基座应高于地面，基座周围应有通至地漏或集水井的排水明沟。

(4)生活水泵房内管道应喷上防腐油漆，并用箭头标明水流方向。阀门应挂有耐用材料做成的标志牌，标志牌应标明该阀门正常工作时的应处状态。

(5)水泵的泵体、电动机外壳支架和水泵的电源箱(柜)或控制柜的保护油漆面应保持良好，不应有锈蚀，但电动机的表面油漆不宜加厚，避免造成散热不良。

2. 减压阀房

(1)减压阀房内不准放置杂物,且照明良好。门扇为外开门,应设置不低于 10 cm 的防水门槛。

(2)地面做好防滑、防水处理,地面应有通至地漏的排水明沟。

(3)减压阀阀体油漆应保持良好,不得有锈蚀,并挂有耐用材料做成的标志牌。标志牌上要标明阀前压力和阀后压力等重要技术指标。在阀前或阀后压力表上应在设定值的位置用红油漆画上明显的警戒红线。

(4)减压阀房内管道应喷上防腐油漆,并标注水流方向。

3. 水表房

(1)水表房不准放置任何杂物,且照明良好。门扇完好,门前不应放置障碍物。

(2)水表房内所有阀门无漏水现象。水表尤其良好,无锈蚀。在干管管道上应喷有水流流向的箭头。

(3)水表面板无积尘土,表内数字清晰易读。

4. 楼层管井房

(1)管井照明灯具完好;管井门为外开防火门,无破损,门板油漆保持良好,门栓、门锁完好。水管井应设置不低于 10 cm 的防水门槛。

(2)地面整洁,无杂物。管道支架上没有施工时期遗留的施工垃圾。金属管道的防腐油漆覆盖完好并有正确的分色。

(3)各类阀门完好,无漏水、锈斑。压力表数字清晰、正确。

5. 排污泵房

(1)排污泵房的集水井应有可站人的铁栅上盖。铁栅应保持油漆覆盖,不应有锈蚀。

(2)集水井内应无废胶带、木块等杂物。

(3)控制电箱整洁无尘,并能正常工作。

(4)液位控制器上不附着杂物。

(5)阀门上应挂状态标志牌。

四、物业给水、排水系统维护

1. 管道维护

管道的维护主要有防腐、防冻、防露、防漏和防振等。

(1)防腐。为延长管道的使用寿命,金属管道都要采取防腐措施。通常的防腐做法是管道除锈后,在外壁刷涂防腐材料。明装的焊接钢管和铸铁管外刷防锈漆一道,银粉面漆两道;镀锌钢管外刷银粉面漆两道;暗装和埋地管道均刷沥青漆两道。对防腐要求高的管道,应采用有足够的耐压强度,与金属有良好的粘结性及防水性、绝缘性和化学稳定性能好的材料做管道防腐层。例如,沥青防腐层就是在管道外壁刷底漆后,再刷沥青面漆,然后外包玻璃布。

(2)防冻、防露。敷设在冬季不采暖建筑物内的给水管道,以及安设在受室外空气影响的门厅、过道等处的管道，在冬季结冻时，应采取防冻结保温措施。保温材料通常宜采用管外壁缠包岩棉管壳、玻璃纤维管壳、聚乙烯泡沫管壳等材料。在采暖的卫生间及工作室温度较室外气温高的房间(如厨房、洗涤间等)，空气湿度较高的季节或管道内水温较室温低的时候，管道外壁可能产生凝结水，影响使用和室内卫生，必须采取防潮隔热措施；给水管道在吊顶内、楼板下和管井内等不允许管道表面结露而滴水的部位，也应采取防潮隔热措施。防潮隔热层的材料，一般宜采用管外壁缠包 15 mm 厚岩棉毡带，外缠塑料布，接缝处用胶粘紧；或采用管外壁缠包 20 mm 厚聚氨酯泡沫塑料管壳，外缠塑料布。

(3)防漏。当管道布置不当或管材质量和施工质量低劣时，就会导致管道漏水，不仅浪费水量，影响给水系统正常供水，还会损坏建筑，特别是湿陷性黄土地区，埋地管道将会造成土壤湿陷，严重影响建筑基础的稳定性。防漏措施主要是避免将管道布置在易受外力损坏的位置或采取必要的保护措施，避免其直接承受外力；要健全管理制度，加强管材质量和施工质量的检查监督。在湿陷性黄土地区，可将埋地管道敷设在防水性能良好的检漏管沟内，一旦漏水，水可沿沟排至检漏井内，便于及时发现和检修。对管径较小的管道，也可敷设在检漏套管内。

(4)防振。当管道中水流速度过大时，启、闭水龙头、阀门，易出现"水锤"现象，引起管道、附件的振动，这不但会损坏管道附件造成漏水，还会产生噪声。为防止管道的损坏和噪声的污染，在设计给水系统时应控制管道的水流速度，在系统中尽量减少使用电磁阀或速闭型水栓。住宅建筑进户管的阀门后(沿水流方向)，应装设家用可曲挠橡胶接头进行隔振，并可在管支架、吊架内衬垫减振材料，以缩小噪声的扩散。

2. 水箱维护

(1)水箱清洗。根据环境和卫生部门要求，为确保水箱水质符合标准，必须定期(三个月)对水箱清洗。水箱清洗的操作要求如下。

1)清洗准备阶段。

①清洗水箱的操作人员须有卫生防疫部门核发的体检合格证。

②提前通知物业使用人以免发生不必要的误会。

③关闭双联水箱进水阀门，安排排风扇等临时排风设施、临时水泵、橡皮管，打开水箱入孔盖，用风扇连续排风，放入点燃的蜡烛不熄灭，清洗人员才可进入工作，避免发生人员窒息等事故。

2)清洗工作阶段。

①当双联水箱内的水位降低到距离水箱底部 1/2 或 1/3 时，将待洗水箱的出水阀门关闭，打开底部排污阀，同时打开另一联进水阀以确保正常供水。不允许一只水池排空清洗，另一只水池满水工作，避免因负荷不均造成水池壁受压变形。

②清洗人员从人孔处沿梯子下至水池底部，先用百洁布将水池四壁和底部擦洗干净，再用清水反复冲洗干净。

③水池顶上要有一名监护人员，负责向水池内送新风，防止清扫人员中毒，并控制另一联水池的水位。

3)清洗结束工作。

①清洗结束,应先关闭清洗水池的排污阀,再打开水池进水阀开始蓄水。

②当两个水池水位接近时,打开清洗水池的出水阀门,收好清洗工具,将水池进水盖盖上并上锁。

③通知监控室清洗结束,做好相关记录。

(2)生活水箱(池)的清洗消毒。生活水箱(池)可能会由于多种原因导致水质污染,从而达不到生活用水卫生标准,故应定期进行清洗和消毒,防止水质污染。如发现水质已受污染应及时清洗消毒。有关部门应每年对水箱进行一次水质化验,供水水质不符合国家规定标准的,由供水管理机构责令改正,并可罚款;情节严重的,经人民政府批准,责令停业整顿。

3. 水泵房维护

水泵房的维护一般应满足通风、采光、防冻、防腐、排水等基本要求。

(1)值班人员应对水泵房进行日常巡视,检查水泵、管道接头和阀门有无渗漏水。

(2)经常检查水泵控制柜的指示灯状况,观察停泵时水泵压力表指示。在正常情况下,生活水泵、消防水泵、喷淋泵、稳压泵的选择开关应置于自动位置。

(3)生活水泵规定每星期至少轮换一次,消防泵每月自动和手动操作一次,确保消防泵在事故状态下正常启动。

(4)水泵房每星期由分管负责人员至少彻底打扫一次,确保水泵房地面和设备外表的清洁。

(5)水池观察孔应加盖并上锁,钥匙由值班人员管理;透气管应用不锈钢网包扎,以防杂物掉入水池中。

(6)按照水泵保养要求定期对其进行维修保养。

(7)保证水泵房的通风、照明及应急灯在停电状态下的正常使用。

4. 水塔维护

水塔维护管理主要是定期清洗水塔内的淤泥,一般半年清洗一次。水塔的检修内容有:是否渗漏;水位指示器是否保持准确动作;管道连接口是否严密;阀门操作是否灵活,关闭是否严密,尤其是容易出故障的浮球阀,更是注意检修的对象;对于钢板制作的水柜,检查油漆是否脱损,内外是否需要重新刷漆。

5. 储水池维护

对储水池主要是加强日常管理,即定期清洗池底、池壁,保持池内干净,一般一年清洗一次。检查四壁、池底有无沉陷、裂纹和渗漏现象。对外部定期粉刷、修补,对金属构件进行刷漆防腐等。

6. 室内排水设备维护

排水系统中的排水设备主要是指卫生器具及其附件,如地漏、检查口、清扫口等。对于这些设备的养护主要从外观上进行检查,发现问题及时解决。如发现地漏在使用过程中的扣碗或箅子被拿掉,就应复原以防污物进入排水系统,造成管道堵塞,破坏水封。对于检查口和清扫口要经常养护,发现有口盖污损或螺栓、螺母锈蚀应及时进行更换或修理。

7. 屋面雨水排水系统管理

屋面雨水排水系统的管理目的是迅速排放屋面、地面积留的雨水，保证人们的正常工作和生活。为此，必须定期对雨水系统入口部位的周边环境进行检查、清洁，以保证雨水能够顺畅地流入雨水管。对屋面雨水排水系统的日常检查一般结合对小区室外排水系统的检查同时进行，类似故障的处理方法基本相同。针对屋面雨水排水系统的管理与维护的内容包括：

(1)至少每年对屋面进行一次清扫，一般是在雨期来临前，清除屋顶落水、雨水口上的积尘、污垢及杂物，并清除天沟的积尘、杂草及其他杂物，对屋面及泛水部位的青苔杂草，均应及时清除。同时，检查雨水口、落水管、雨水管支(吊)架的牢固程度。

(2)对内排水系统，要做一次通水试验，重点检查雨水管身及其接头是否漏水，并检查检查井、放气井内是否有异物。

(3)室外地面要定期冲洗，小区较大时，可进行每日冲洗。雨水口箅子及检查井井盖要完好无缺。做好宣传，制止行人、小孩随手往雨水口扔垃圾、杂物，对雨水口箅子上的杂物要随时清除。

(4)每次大雨过后，都要对小区室外雨水管道进行一次检查，清除掉入管中的杂物。另外，为便于雨水利用，屋面等处的防水材料应具低污染性。对新建构筑物宜使用瓦质、板式屋面，对已有的沥青油毡平屋面应进行技术升级，代以新型防水材料，从源头控制雨水的污染。

8. 小区排水管道维护

小区排水管道疏于养护容易出现堵塞、流水不畅等现象。养护的重点在于定期检查和冲洗排水管道。

(1)附属构筑物及养护。在小区排水系统中，附属构筑物主要有检查井、跌落井和水封井等。

1)检查井。在管道交接和转弯、改变管径或坡度的地方均应设检查井，超过一定的直线距离也应设检查井。检查井一般采用圆形，直径在 1 000 mm 以上，以保证井口、井筒及井室的尺寸便于维护检修人员出入和提供安全保障。检查井井底应设流槽，必要时可设沉泥槽。流槽顶与管顶平接。井内流槽转弯时，其流槽中心线的弯曲半径按转角大小和管径确定，但不得小于最大管的管径。

2)跌落井。小区的排水管道和较深的市政排水管网相接时，应做跌落井，一般管道跌水大于 1 m 时应设跌落井。

3)水封井。在生产污水中有产生引起爆炸的物质和引起火灾的气体时，其管道系统应设水封井。水封深度一般为 250 mm。

检查井、跌落井、水封井一般采用砖砌井筒、铸铁井盖和井座，如井盖设置在草地上，井盖面应高出地面 50~100 mm；井盖设置在路面上时，应与路面平。应尽量避免将井设在路面上，以便于维修和行车安全。

排水井的维护管理重点在于经常检查和保持井室构筑物完好，使井盖、井座不缺不坏，防止泥石杂物从井口进入堵塞排水管道，造成排水不畅；雨季时因井盖不严或缺损，造成大量雨水进入排水管道，使污水倒灌和淤塞；防止行人和儿童误入，保证人身安全。

对于排水井内堆积沉积的污泥要定期检查清理，以保持管道畅通。清淤工作一般与管道养护检查工作同步。暴雨过后一定要检查、清理排水和雨水管道内的淤泥及杂物。

(2) 排水管线的日常养护。小区乔木树根能从管道接口处、裂缝处进入管道内吸取排水管道内的养分，生长快且粗大，在管内形成圆节状根系，使管道堵塞。在排水管道附近有树或长年生植物时，至少每半年应检查一次树根生长情况。另外，排水管道地面上部不能堆放重物或重车压碾。小区可利用室外消火栓或设冲洗专用固定水栓定期冲洗管线，至少一季度一次。

五、物业给水、排水系统故障处理

给水、排水系统在运行过程中会出现一些突发的异常情况。物业设备设施管理部门应组织经验丰富的专业技术人员及管理人员认真进行风险评价，对事故易发频发部位制定突发事件管理预案，所有专业技术人员都必须接受培训并熟知本专业预案的处理规程，以备必需之时能积极应对。最好采取事前控制的方式，通过可靠的技改方案减少风险发生的可能性。

1. 储水池满水

储水池满水的故障原因一般为蓄水池液位控制装置故障引起。处理流程如下：

(1) 发现满水或接到溢流报告，应立即关掉储水池进水管的控制阀门，切断水源。

(2) 启动水泵站积水坑的潜污泵排水，避免或减少泵房积水，以免机房电动机等其他设备遭到破坏。

(3) 抢修或者及时更换蓄水池液位控制装置。

(4) 蓄水观测，看浮球阀及水池等是否工作正常，如正常则恢复供水。

(5) 做好事故记录，如有较大损失须按公司制度规定及时上报。

2. 水泵房发生浸水

水泵房发生浸水的故障原因一般为相邻储水箱满水、水泵房内管道接口或管道破裂（极少出现）等。处理流程如下：

(1) 少量积水。尽快根据漏水源查找漏水原因，如为储水池满水溢流造成，则按水池满水流程处理；如为管道破裂，则应关闭供水管道上游阀门，切断水源，通知工程部主管人员，同时尽力阻止进水，协助排水。

(2) 浸水严重。

1) 应立即关掉机房内运行的给水泵及电动机等设备，并拉下对应电源开关，同时启动应急排水泵排水，以避免或减少设备较大损失。

2) 通知工程部同班人员及主管，同时尽力阻止进水。

3) 判断故障原因，根据不同原因分别采取措施。如为储水池满水溢流造成，则按水池满水流程处理；如为管道破裂，则应关闭供水管道上游阀门，切断水源，协助维修人员处理漏水源。

4) 地面积水排完后，对浸水设备进行除湿处理，如用干布擦拭、热风吹干、更换相关管线等，确认电动机等设备处于安全运行状态后，试开机运行，如无异常情况即可投入运行。

5)做好事故记录,按公司制度规定及时上报。

3. 消防喷淋头意外喷水

(1)立刻取扶梯到事故层,关闭事故层喷淋供水管上阀门。

(2)立即打开相应区域内的泄水阀泄水。

(3)及时抢修或更换损坏的喷水点或喷淋头。

(4)打开刚才被关闭的喷淋供水管上阀门,观测是否恢复正常。

(5)如正常,则清除地面积水,恢复地面清洁,同时做好事故记录。

4. 水源中毒

服务区域内发现由于水源引起的中毒情况后,工程部经理应立即赶赴现场,组织人员进行应急管理。处理流程如下:

(1)迅速查找中毒原因和供水源头,停止相关区域的供水。

(2)检查生活水池是否污染,确认后,停止水泵供水,排空水池及所有供水管道内存水。

(3)对生活水池进行清洗和消毒,重新蓄水,对水质进行检验,检验合格后才能供水。

(4)检查供水管道内的水质,正常后方可供水使用。

(5)查找原因,对其他可能出现污染的区域进行检查和处理,做出处理报告。

5. 水泵房发生火灾

(1)任何员工发现火警,应立即就近取用灭火器扑灭火灾。

(2)呼叫邻近人员和消防管理中心应主管前来扑救,如有可能,须切断一切电源。

(3)消防管理中心根据预先制订的灭火方案组织灭火和对现场进行控制,拨打"119"报警,并派队员到必经路口引导。

(4)通知工程部断开相关电源,开启自动灭火、消火栓加压水泵及防排烟系统。

(5)将火扑灭后,工程部须对消防设备设施进行一次检查和清点,对已损坏的设备设施进行修复或提出补充申请,并填写有关记录、报告单。

6. 污水坑漫水

(1)使用临时应急泵向附近集水坑排水。

(2)清除周围漫溢的积水。

(3)检查水泵及电气系统。

(4)用备用水泵换掉损坏的水泵(或紧急抢修)。

7. 卫生间漫水

(1)关闭检修管井中卫生间给水管上的供水阀。

(2)迅速清除地面积水,不让其往外漫溢。

(3)疏通马桶或地漏。

(4)清洁地面并恢复管路正常。

8. 管道漏水

(1)铸铁管管壁裂纹漏水的修复。铸铁管管壁裂纹漏水时,如果裂纹不长,漏水不严重可用铸铁焊条施以电焊补焊修复；当裂纹处在管子两端附近时，可剔开接口，割掉一段管段，加短管和接轮修复；当裂纹严重，补焊无法修复时，可更换新的管道。

(2) 铸铁管承插接口漏水的修复。承插铸铁管接口漏水的修复办法与接口填料、漏水情况有关。如果原为青铅接口，只需用榔头、捻口凿在漏水附近做进一步捻实，直至不漏为止。石棉水泥接口或膨胀水泥接口漏水时，若漏水部位为小孔，在将管内存水泄掉或无压状态时，在小孔处紧贴管壁凿出一个小凹坑，再向四周扩大成扇面状，凹坑深度为承口深度的 1/3~1/2，用水将凹坑冲洗干净，再用严密性好的水泥、熟石膏、氯化钙填塞，但至少应在 24 h 后通水；若漏水处为弧形状，就可按管子圆弧凿出一个弧形槽，槽的长度较漏水缝稍长一些，深度为承口深度的 1/3~1/2，用水将槽内冲洗干净后，再用水泥、熟石膏、氯化钙拌和填塞。

(3) 钢管漏水的修复。埋地给水钢管漏水的原因，一般有两种情况：一种是遭到外界机械破坏，另一种是使用时间长了因锈蚀而穿孔。对于前一种情况，只需在排除管内存水的情况下，用手工电弧焊补焊修复。若是后一种，无法用补焊的方法修复，只能安装新管道。

(4) UPVC 管裂缝漏水的修复。UPVC 管材通常用胶粘剂粘结或用胶圈柔性连接，目前，其常被用于公称直径 $DN \leqslant 200$ mm 的配水管道上，替代了传统的灰铸铁管及镀锌钢管。但这类管材较脆，在不均匀受力条件下容易爆管。为此，在管道施工时要保证埋设深度，对管道基础做统一处理，铺设位置要适当远离道路等振动较大的区域。处理好之后，UPVC 管一般不再需要特别的维护。若 UPVC 管破裂，应先停水，把破裂的管段割下，再采用胶水粘结法换上新管。

9. 阀门故障

小区给水管路上的阀门多为暗杆闸阀。由于小区给水管路上的阀门平时都处于开启状态，只在检修时才启闭一次，很少出现阀杆滑丝现象。较常见的故障：一是水沿阀杆漏出，这是因为填料磨损或老化、与阀杆之间接触不紧密导致的。此时，需卸掉填料压盖，取出填料环，取掉旧填料，加上符合规定的、适量的新石棉绳，再装上填料环、填料压盖即可；二是随水流带来的固体物质落入闸板槽内，长期积累，使阀门关闭不严。此时，须卸下阀门解体清洗。

10. 室外消火栓故障

室外消火栓不经常使用，故不会出现磨损故障，常见问题是接头处漏水。接头处漏水的原因主要有两个：一是法兰连接接头漏水，在拧紧螺栓无效的情况下，要拆换法兰垫片；二是填料接口漏水，多是由于消火栓受到撞击振松了填料，应剔除旧填料，重新做水泥、熟石膏、氯化钙接口或打石棉水泥接口。

11. 排水管道堵塞

(1) 堵塞部位的确定。排水管道堵塞会出现两种现象：一种是某个检查井向外冒水，则该检查井下游段排水管必有堵塞；另一种是在埋设排水管的地面上及其附近有积水现象。排水管堵塞时必须清通，清通前应先查明堵塞位置，检查时从下游检查井进行。用比较长的竹劈（长约 5 m）从下游检查井送入排水管。根据两检查井之间的距离和竹劈送入排水管的长度来判别堵塞位置，可以直接来回抽拉竹劈，直至清通。若一节竹劈长度不够，可将几节竹劈绑接起来使用。

(2) 堵塞清通方法。若堵塞点就在上游检查井附近，检查井从下游不易清通时，可将上游检查井的污水抽出，从上游检查井进入清通。

1）竹劈清通。适用于管径较大的排水管，市政和小区排水管道养护常用。

2）钢筋清通。当被堵塞的排水管道直径较小（$DN100\sim DN250$）时，宜采用钢筋清通。可将钢筋做成三种规格的清通工具：长度为5 m以内的用直径8 mm的钢筋，长度为5~10 m的用直径10 mm的钢筋，长度超过10 m的用直径12 mm的钢筋。钢筋伸入管子的端都弯成小钩，弯曲程度要合适。清通时，应在下游检查井放置格栅，将堵塞物拦截取出。

3）高压水力疏通。当采用竹劈和钢筋清通无效时，可采用胶皮管水力疏通。操作时，将胶皮管的一端接上水源，然后将胶皮管的另一端捅入排水管道内，一边开启水源一边将胶管送入，一直伸到堵塞处并来回抽拉，直至清通为止。

4）开挖法。当两个检查井的距离比较大，堵塞严重，采用上述方法均无效时，就需要采用开挖法。即首先探明堵塞的大致位置，从地面挖开泥土，将排水管凿一个洞，甚至拆下一节管清通。疏通后，再用水泥砂浆把洞口补好，或更换新管。注意：须在接口填料或补洞的水泥砂浆硬凝强度达到要求后方可投入使用。若原检查井的间距较大，可考虑在开挖处设置新的检查井。

5）机械清通。采用专用的机械清通设备（如疏通机等）进行清通。

12. 排水构件反臭气

排水构件常见的反臭气原因及排除方法如下：

（1）排水构件未设存水弯或设有存水弯但水封高度不够。排除方法：建议设置或更换存水弯。

（2）通气管伸出屋面板处出现堵塞现象，导致水封失败。排除方法：建议清通通气管。

（3）排水构件的排水软管与排水系统支管往往采用承插式，在软管与支管之间存在缝隙，即使安装存水弯，臭气也会沿缝隙上返。排除方法：在维修时用玻璃胶将缝隙封闭。

（4）排水系统的通气管一般都通向室外屋顶，当遇到大风、阴天等天气时，室外气压就会比室内高，通气管内压力升高，管内臭气有时会透过存水弯倒灌入室内。排除方法：在维修时，要对排水通气管伸出屋面的端头做好防风帽等保护措施（无动力防风帽等），以避免大风等天气时产生倒灌现象。

（5）下水管道长时间使用不清理会存在臭气。排除方法：在维修时每个月清扫一次防臭地漏内的杂物，用湿盐水倒入下水管内和地漏中，控制管道内产生微生物霉变现象。

实践与训练

一、实训内容

1. 了解建筑给水排水系统的构成。
2. 了解建筑给水排水系统中主要设备的功能、使用方法。
3. 了解建筑给水排水系统中主要设备管理与维护的内容和方法。

二、实训步骤

1. 学生分组，结合居住小区或学校实际建筑，实地查找建筑给水排水系统。

2. 对实物拍照、测量，将结果列表。
3. 每组将调查结果做成 PPT 演示讲解，教师点评。

模块三　学生实训考核表

姓名		班级		小组	
实训模块		给水、排水系统			
考核内容	分值	自评		小组互评	教师评价
不迟到早退，出勤情况良好，任劳任怨，勇于实践，态度谦逊，勤学多问	20				
在实训过程中，能理论联系实际，较好地完成实训任务	20				
能较好地完成实物拍照列表记录	20				
在小组合作中，具有良好的沟通、协作能力	20				
小组 PPT 演示成果完整、翔实，PPT 讲解清楚、流畅	20				
评价汇总	100				
考核总分					

注：总评成绩＝自评成绩×30％＋小组评价×20％＋指导教师评价×50％

模块小结

本模块主要介绍了室内给水、排水系统，热水供应系统，屋面雨水排水系统，小区给水、排水系统，中水系统的分类与组成，以及物业服务企业对给水、排水系统进行管理、维护保养的周期和项目、运行环境要求、故障处理等内容。通过本模块的学习，应对给水、排水系统有系统的认识，能够进行日常的管理与维护。

思考与练习

一、填空题

1. 建筑室内给水系统按用途可分为_____、_____、_____三类。
2. 室内给水系统给水方式主要有_____、_____、_____、_____、_____变频调速供水、高层建筑的室内给水方式等。
3. 热水供应系统按供水区域范围的大小可分为_____、_____和_____。
4. 按照热水供应系统是否设置回水管道,热水供应方式可分为_____、_____热水供应方式。
5. 屋面雨水外排水系统可分为_____和_____。
6. 小区给水系统分为_____、_____和_____。小区排水系统包括_____、_____和_____。
7. 水景工程分为_____、_____和_____三种。
8. 游泳池的给水方式有_____、_____和_____。
9. 中水系统按服务的范围可以分为_____、_____和_____三种。
10. 中水系统由_____、_____、_____三大部分组成。
11. 排水管道管理及维修范围的界定实行_____、_____、_____三方分段负责制。

二、简答题

1. 简述热水供应系统的组成。
2. 简述冷饮用水制备的方法。
3. 什么是中水原水?其可分为哪几类?
4. 简述物业给水系统管理范围。
5. 简述物业排水系统管理范围。
6. 物业给水、排水系统保养月度维护保养项目有哪些?
7. 生活水泵房运行环境要求有哪些?
8. 如何进行水箱维护?
9. 水泵房发生浸水应如何处理?
10. 水源中毒应如何处理?
11. 阀门故障应如何处理?

模块四　采暖系统与燃气供应系统

知识目标

熟悉采暖系统的工作原理、分类、基本构成，常用采暖设备，燃气的种类、供应方式，室内燃气系统的组成；掌握采暖系统、燃气供应系统的维护与管理。

能力目标

能够识别采暖系统的不同形式；能够掌握采暖设备的使用方法；能够进行采暖系统与燃气供应系统的维护与管理。

素质目标

培养能够运用专业理论、方法和技能解决实际问题的能力。

案例导入

热力主干管道故障

天津市在2016—2017年供暖季供暖时，有很多小区的供暖一夜之间都被停掉了，原因是有一根热力主干管道发生故障。北方天气寒冷，暖气停了两天，给很多人的生活带来了很大的困难，物业服务公司应该怎样处理此类事件？

分析：热力主干管道发生故障，根据《物业管理条例》及其他相关规定，"供水、供电、供气、供热、通信、有线电视等单位，应当依法承担物业管理区域内相关管线和设施设备的维修养护责任"，所有物业服务企业应要求工程部主管马上协调供热管理单位，及时检修，做好配合和监督工作，同时做好小区业主的解释和安抚工作。

单元一 采暖系统概述

一、采暖系统的工作原理

在采暖系统中,承担热量传输的物质被称为热媒。常见的热媒有水和蒸汽两种。

低温热媒在热源中被加热,吸收热量后,变为高温热媒,经输送管道送往室内,通过散热设备放出热量,使室内温度升高;热媒散热后温度降低,再通过回收管道返回热源,进行循环使用。如此不断循环,从而不断将热量从热源送到室内,以补充室内的热量损耗,使室内保持一定的温度。

二、采暖系统的分类与构成

(一)采暖系统的分类

(1)采暖系统按供热范围可分为局部采暖系统、集中采暖系统和区域采暖系统三类。

1)局部采暖系统:热源、供热管道和散热设备都在采暖房间内的采暖系统称为局部采暖系统,如火炉、电暖气等。该采暖系统适用于局部小范围的采暖。

2)集中采暖系统:集中采暖系统是由一个或多个热源通过供热管道向某一地区的多个热用户采暖的采暖系统。

3)区域采暖系统:由一个区域锅炉房或换热站提供热媒,热媒通过区域供热管网输送至城镇的某个生活区、商业区或厂区热用户的散热设备称为区域采暖系统。该采暖系统属跨地区、跨行业的大型采暖系统。这种采暖方式作用范围大、节能、对环境污染小,是城市采暖的发展方向。

(2)采暖系统按热媒可分为热水采暖系统、蒸汽采暖系统和热风采暖系统。

1)热水采暖系统:以热水为热媒,将热量带给散热设备的采暖系统,称为热水采暖系统。热水采暖系统又分为低温热水采暖系统(水温低于或等于100 ℃)和高温热水采暖系统(水温高于100 ℃)。住宅及民用建筑多采用低温热水采暖系统,设计供水温度/回水温度为95 ℃/70 ℃。热水采暖系统按循环动力的不同还可分为自然循环系统和机械循环系统两类。

2)蒸汽采暖系统:以蒸汽为热媒的采暖系统,称为蒸汽采暖系统。蒸汽采暖系统分为高压蒸汽采暖系统(气压大于70 kPa)和低压蒸汽采暖系统(气压不大于70 kPa)。

3)热风采暖系统:该系统是以空气为热媒,将热量带给散热设备的采暖系统,其可分为集中送风系统和暖风机系统。

| 课堂提问 |

1.(   )适用于建筑布置较集中、热水用量较大的城市和工业企业。

A. 局部热水供应系统　　　　　　　　B. 集中热水供应系统
C. 区域热水供应系统
答案：C

2. 低温热水采暖系统的供水温度和回水温度分别为(　　)℃。
A. 95，70　　　　B. 65，50　　　　C. 100，80　　　　D. 85，75
答案：A

3. 供汽的表压力等于或低于70kPa时，称为(　　)蒸汽采暖。
A. 低压　　　　B. 高压　　　　C. 真空　　　　D. 以上都不对
答案：A

(二)采暖系统的构成

采暖系统一般由热源、供热管网和散热设备三个主要部分组成。图4-1所示为采暖系统。

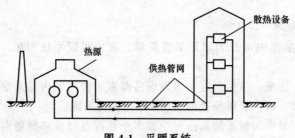

图 4-1　采暖系统

(1)热源。热源是使燃料燃烧产生热，将热媒加热成热水或蒸汽的部分，如锅炉房、热交换站等。

(2)供热管网。供热管网主要是输热管道(热循环系统)，输热管道是指热源和散热设备之间的连接管道，它将热媒输送到各个散热设备。

(3)散热设备。散热设备是指将热量传至所需空间的设备，如散热器、暖风机等。

三、热水采暖系统

(一)自然循环热水采暖系统

自然循环热水采暖系统由热源(锅炉)、散热器、供水管道、回水管道和膨胀水箱等组成。

图4-2所示为自然循环热水采暖系统工作原理。自然循环热水采暖系统工作前先充满冷水，当水在锅炉内被加热后，密度减小，同时受到从散热器流回来密度较大的回水的驱动，使热水沿供水干管上升流入散热器。在散热器内水被冷却，再沿回水干管流回锅炉。这样，水被连续加热，热水不断上升，在散热器及管路中散热冷却后的回水又流回锅炉被重新加热，按图4-2中箭头所示的方向循环流动。

自然循环热水采暖系统可分为双管上供下回式和单管上供下回式两种。

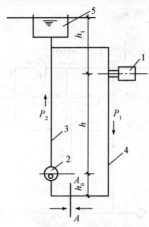

图 4-2 自然循环热水采暖系统工作原理
1—散热器；2—锅炉；3—供水管道；4—回水管道；5—膨胀水箱

1. 双管上供下回式

双管上供下回式采暖系统各层散热器都并联在供、回水立水管上，水经回水立管、干管直接流回锅炉。如果不考虑水在管道中的冷却，则进入各层散热器的水温相同，如图 4-3 所示。

自然循环上供下回式热水采暖系统的供水干管必须有向膨胀水箱方向上升的坡度，其坡度宜采用 0.005～0.010；散热器支管的坡度一般取 0.010。回水干管应有沿水流向锅炉方向下降的坡度。

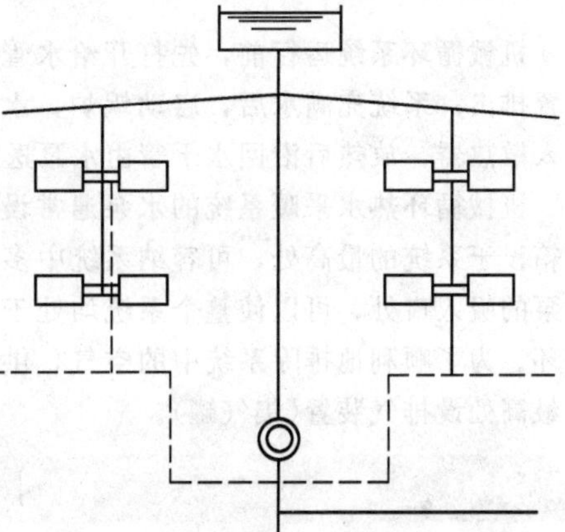

2. 单管上供下回式

单管系统的热水送入立管后以由上向下顺序流过各层散热器，水温逐层降低，各组散热器串联在立管上。每根立管与锅炉、供回水干管形成一个循环环路，各立管环路是并联关系。

（左边为双管式，右边为单管式）
图 4-3 自然循环上供下回式热水采暖系统

单管系统的优点是系统简单，节省管材，造价低，安装方便，上下层房间的高度差异较小；其缺点是顺流式不能进行个体调节。

（二）机械循环热水采暖系统

自然循环热水采暖系统虽然维护管理简单，不需要耗费电能，但因为作用压力小，管中水流动速度不大，所以，管径就相对要大一些，作用半径也受到限制（不宜超过 50 m）。如果系统作用半径较大，自然循环往往难以满足系统的工作要求，这时应采用机械循环热水采暖系统。

机械循环热水采暖系统由热水锅炉、供水管道、散热器、回水管道、循环水泵、膨胀水箱、排气装置、控制附件等组成，如图4-4所示。

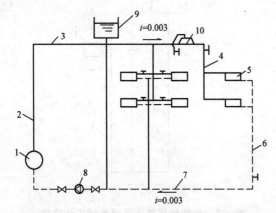

图4-4 机械循环上供下回式热水采暖系统
1—锅炉；2—总立管；3—供水干管；4—供水立管；5—散热器；
6—回水立管；7—回水干管；8—水泵；9—膨胀水箱；10—集气罐

机械循环系统运行前，先打开给水管上的阀门，向系统内充水，此时系统内的空气从排气装置排出；系统充满水后，启动锅炉，水在锅炉中被加热后，沿总立管、供水干管、供水立管进入散热器，放热后沿回水干管由水泵送回锅炉。

机械循环热水采暖系统的水泵通常设于回水干管上，为系统中的热水循环提供动力。膨胀水箱设于系统的最高处，可容纳系统中多余的膨胀水和给系统定压，膨胀水箱的连接管连接在水泵的吸入口处，可以使整个系统均处于正压工作状态，避免系统中热水因汽化而影响其正常循环。为了顺利地排除系统中的空气，供水干管应按水流方向设有向上的坡度，并在供水干管的最高处设排气装置(集气罐)。

| 课堂提问 |

在机械循环系统中，供水及回水干管的坡度根据设计规范 $i \geqslant 0.002$ 规定，一般取 $i =$ (　　)。
A. 0.001　　　　B. 0.002　　　　C. 0.003　　　　D. 0.004
答案：C

机械循环热水采暖系统的采暖方式有以下几种。

1. 机械循环双管上供下回式

机械循环双管上供下回式热水采暖系统每组散热器连接的立管均为两根，热水平行地分配给所有散热器，散热器流出的回水直接流回锅炉，如图4-5所示。供水干管布置在所有散热器上方，回水干管在所有散热器下方。

在这种系统中,水在系统内循环,主要依靠水泵所产生的压力,但同时也存在自然压力,它使流过上层散热器的热水多于实际需要量,而流过下层散热器的热水量少于实际需要量,从而造成上层房间温度偏高、下层房间温度偏低的"垂直失调"现象。

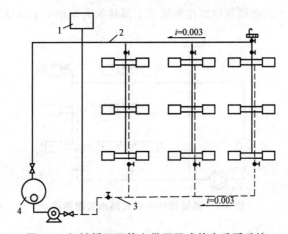

图 4-5　机械循环双管上供下回式热水采暖系统
1—膨胀水箱；2—采暖供水管；3—采暖回水管；4—热水锅炉

2. 机械循环双管下供下回式

机械循环双管下供下回式热水采暖系统的供水和回水干管都敷设在底层散热器下面,如图 4-6 所示。该系统在地下室布置供水干管,管路直接散热给地下室,无效热损失小。在施工中,每安装好一层散热器即可采暖,给冬季施工带来很大方便,并且为了冬季施工的需要,特别装置临时采暖设备。该系统的缺点是排除空气比较困难。

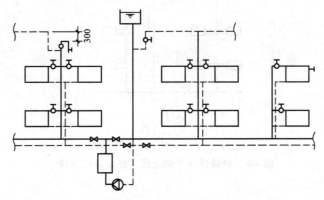

图 4-6　机械循环双管下供下回式热水采暖系统

3. 机械循环中供式

机械循环中供式热水采暖系统，从系统总立管引出的水平供水干管敷设在系统的中部，下部系统为上供下回式，上部系统可采用下供下回式，也可采用上供下回式，如图 4-7 所示。机械循环中供式系统可用于原有建筑物加建楼层或上部建筑面积小于下部建筑面积的场合。

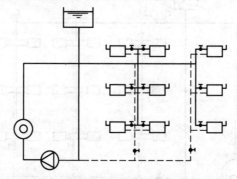

图 4-7　机械循环中供式热水采暖系统

4. 机械循环下供上回式

机械循环下供上回式采暖系统，其供水干管设在所有散热设备的上面，回水干管设在所有散热器下面，膨胀水箱连接在回水干管上，回水经膨胀水箱流回锅炉房，再被循环水泵送入锅炉，所以，又称为倒流式系统，如图 4-8 所示。

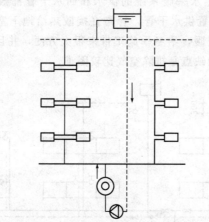

图 4-8　机械循环下供上回式热水采暖系统

倒流式系统的优点是水在系统内的流动方向是自下而上流动，与空气流动方向一致，可通过顺流式膨胀水箱排除空气，无须设置集中排气罐等排气装置。

对热损失大的底层房间，由于底层供水温度高，底层散热器的面积减小，便于布置；当采用高温水采暖系统时，因为供水干管设在底层，所以，可降低防止高温水汽化所需的水箱标高，减少布置高架水箱的困难；供水干管在下部，回水干管在上部，可使无效热损失小。

倒流式采暖系统的缺点是散热器的放热系数比上供下回低，散热器的平均温度几乎等于散热器的出口温度，这样就增加了散热器的面积。但用高温水采暖时，这一特点却有利于满足散热器表面温度不致过高的卫生要求。

(三)异程式系统与同程式系统

1. 异程式系统

热水在各环路所走路程不等的系统称为异程式系统(图4-9)，异程式系统供、回水干管的总长度短。在机械循环系统中，因为作用半径较大，连接立管较多，所以通过各个立管环路的压力损失较难平衡。异程式系统的优点是造价低、投资少，其缺点是易出现近热远冷水平失调现象。

异程式和同程式系统

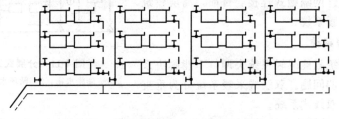

图4-9 异程式系统

2. 同程式系统

同程式系统是通过各个立管的循环环路的总长度都相等，如图4-10所示。同程式系统的优点是供热效果较好，其缺点是工程初期投资较大，常用于较大的建筑中。

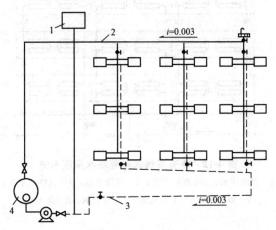

图4-10 同程式系统

1—膨胀水箱；2—采暖供水管；3—采暖回水管；4—热水锅炉

(四)高层建筑热水采暖系统

随着科技的发展与建筑高度的增加,采暖系统内的静水压力也会随之增加,而散热设备、管材的承压能力是有限的。因此,当建筑物高度超过 50 m 时,应竖向分区供热。为减轻垂直失调,一个垂直管道采暖系统所供的楼层数不应大于 12 层。

1. 分层式采暖系统

分层式采暖系统是在垂直方向上分成两个或两个以上相互独立的系统,如图 4-11 所示。该系统高度的划分取决于散热器、管材的承压能力及室外供热管网的压力。下层系统通常直接与室外管网连接,上层系统通过加热器与外网隔绝式连接。目前,高层建筑常用这种分层式采暖系统。

2. 双线式采暖系统

双线式采暖系统只能减轻系统失调,不能解决系统下部散热器超压的问题。双线式采暖系统分为垂直双线式系统和水平双线式系统。

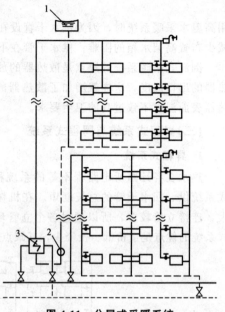

图 4-11 分层式采暖系统
1—膨胀水箱;2—循环水泵;3—换热器

(1)垂直双线式单管热水采暖系统由竖向的Ⅱ形单管式立管组成,其散热器常用蛇形管或辐射板式结构,如图 4-12 所示。其优点是各层散热器的平均温度基本相同,有利于避免系统垂直失调,对于高层建筑,其优点明显。其缺点是立管的阻力小,易产生水平失调现象。

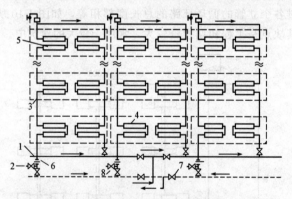

图 4-12 垂直双线式单管热水采暖系统
1—供水干管;2—回水干管;3—双线立管;4—双线水平管;
5—散热器;6—节流孔板;7—截止阀;8—排水阀

(2)图 4-13 所示为水平双线式热水采暖系统。图 4-13 中虚线框表示出在水平支管上设置于同一房间的散热器，与垂直双线式系统类似。其优点是各房间散热器平均温度近似相同，可减轻水平失调现象，在每层水平支线上设调节阀和节流孔板，能实现分层调节和减轻垂直失调。

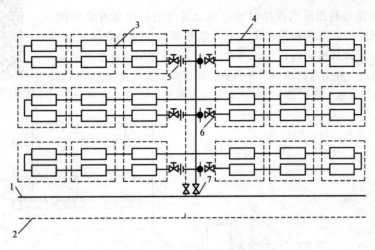

图 4-13 水平双线式热水采暖系统
1—供水干管；2—回水干管；3—双线水平管；4—散热设备；5—节流孔板；6—调节阀；7—截止阀

3. 单双管混合式采暖系统

图 4-14 所示为单双管混合式采暖系统。该系统中将散热器沿竖向分成组，每组为双管系统，组与组之间采用单管连接。其优点是利用了双管系统散热器可局部调节和单管系统可提高系统水力稳定性的特征，减轻了双管系统层数多时重力作用压头（即自然压头）引起的垂直失调严重的倾向。其缺点是不能解决系统下部散热器超压的问题。

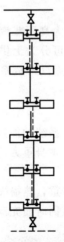

图 4-14 单双管混合式采暖系统

四、蒸汽采暖系统

蒸汽采暖系统是利用蒸汽凝结时放出汽化潜热的特性实现取暖的。在蒸汽采暖系统中，热媒是蒸汽，蒸汽进入散热器后，充满散热器，通过散热器将热量散发到房间内，与此同时，蒸汽冷凝成同温度的凝结水。

蒸汽采暖系统一般由蒸汽锅炉、分汽缸、减压阀、蒸汽管道、散热器、凝结水管道、凝结水池、疏水器、凝结水泵等部分组成，如图 4-15 所示。

视频：蒸汽供暖系统

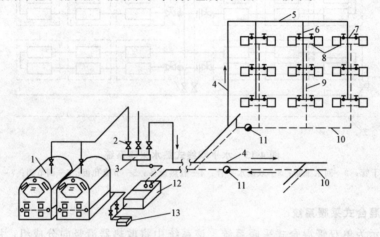

图 4-15　机械回水双管上供下回式蒸汽采暖系统

1—蒸汽锅炉；2—减压阀；3—分汽缸；4—室外蒸汽干管；5—室内蒸汽干管；6—蒸汽立管；7—散热器水平支管；8—凝结水支管；9—凝结水立管；10—凝结水干管；11—疏水器；12—凝结水池；13—凝结水泵

1. 蒸汽采暖系统的分类

蒸汽采暖系统按供汽压力的大小可分为高压蒸汽采暖系统、低压蒸汽供采暖系统、真空蒸汽采暖系统；按供汽干管布置方式的不同可分为上供式、中供式和下供式蒸汽采暖系统；按立管布置特点的不同可分为单管式和双管式蒸汽采暖系统；按回水动力的不同可分为重力（自然）回水和机械回水蒸汽采暖系统。

2. 蒸汽采暖系统的特点

(1) 蒸汽采暖系统的热惰性小，因此，系统的加热和冷却过程都很快。

(2) 蒸汽采暖系统所需的蒸汽流量少，本身重力所产生的静压力也很小，节省电能，节省散热器，节省管材，节省工程的初投资。

(3) 蒸汽的"跑、冒、滴、漏"等现象严重，热损失大。

(4) 因为蒸汽采暖系统间歇工作，管道内时而充满蒸汽，时而充满空气，管道内壁氧化腐蚀严重。所以，蒸汽系统比热水系统寿命短。

(5) 蒸汽采暖系统散热器表面温度高，易烫伤人，散热器表面灰尘剧烈升华，卫生、安全条件不好。因此，民用建筑不适宜采用蒸汽供暖系统。

五、热风采暖系统

热风采暖系统所用热媒为室外新鲜空气、室内循环空气或两者的混合体。一般热风采暖系统只采用室内再循环空气，属于闭式循环系统。若采用室外新鲜空气，则应结合建筑通风考虑。在热风采暖系统中，首先对空气进行加热处理，然后送到采暖房间散热，以维持或提高室内温度。在这种系统中，空气可以通过热水、蒸汽或高温烟气来加热。热风采暖系统具有热惰性小、升温快、室内温度分布均匀、温度梯度较小、设备简单和投资较小等优点。在既需要采暖又需要通风换气的建筑物内通常采用能提供较高温度空气的热风采暖系统；在产生有害物质很少的工业厂房中，广泛应用了暖风机；在人们短时间内聚散、需间歇调节的建筑物，如影剧院、体育馆等，也广泛采用了热风采暖系统；防火防爆和卫生要求必须采用全新风的车间等都适于采用热风采暖系统。

根据送风方式的不同，热风采暖有集中送风、风道送风及暖风机送风等几种基本形式。热风采暖系统根据空气来源不同，可分为直流式、再循环式和混合式等采暖系统。

1. 集中送风

热风集中采暖系统是以大风量、高风速、采用大型孔口为特点的送风方式，它以高速喷出的热射流带动室内空气，按照一定的气流组织强烈地混合流动，因而温度场均匀，可以大大降低室内的温度梯度，减少房屋上部的无效热损失，并且节省管道和设备等。这种采暖方式一般适用于室内空气允许再循环的车间或作为大量局部排风车间的补入新风和采暖之用。对于散发大量有害气体或灰尘的房间，不宜采用热风集中采暖系统。

2. 风道送风和暖风机送风

热风采暖系统可兼有通风换气系统的作用，只是热风采暖系统的噪声比较大。

对于面积比较大的厂房，冬季需要补充大量热量，因此，经常采用暖风机或采用与送风系统相结合的热风采暖。

暖风机是由空气加热器、风机和电动机组合而成的一种采暖通风联合机组。因为暖风机具有加热空气和传输空气两种功能，所以省去了敷设大型风管的麻烦。暖风机采暖依靠强迫对流来加热周围的空气，与一般散热器采暖相比，它作用范围大、散热量大，但消耗电能较多、维护管理复杂、费用高。

单元二 常用采暖设备

一、采暖系统的设备组成

(一)热源设备

采暖系统中负责提供整个系统的热能的设备为热源设备，常用的热源设备主要有以下两种。

(1)锅炉。其在采暖系统中将燃料燃烧时所放出的热能,经过热传递使水(热媒)变成蒸汽(或热水)。

(2)换热器。采暖系统中通过两种温度不同的热媒之间的热交换向系统间接地提供热能。常见的换热器有气—水热交换器和水—水热交换器两种。

(二)散热设备

散热设备是指安装在采暖房间内的一种换热设备,通常称为散热器。热水(或蒸汽)流过散热器,通过它将热量传递给室内空气,从而达到向房间采暖的目的。

(三)循环动力设备

循环动力设备是指通过热媒的不断循环而实现采暖的设备。采暖系统的主要循环动力设备是水泵。

(四)管道、辅助器材及设备

为使系统能正常工作,还需设置一些必需的辅助设备。

(1)为消除热水体积随温度变化的影响而设置的膨胀水箱,为排除水中的气体而设置的集气罐和疏水器等。

(2)循环系统常用的管道器材有采暖热水(蒸汽)管、采暖回水(凝结水)管,以及向系统补充用水的自来水管等,还有用于进行管道连接的各种连接件、用于固定管道的支架和用于对热媒流量进行控制的各种阀门等。

(3)采暖系统中还需设置温度计、压力表等监测器材用于对系统中热媒(水或蒸汽)的各种状态进行监测,以便对系统进行运行管理,确保系统的正常运行。

二、采暖设备

(一)锅炉

锅炉是供热之源,主要用以产生蒸汽和热水。通常为区别用于动力和发电的动力锅炉,将工业和采暖用的锅炉称为供热锅炉。供热锅炉可分为蒸汽锅炉和热水锅炉两大类。

(1)在蒸汽锅炉中,蒸汽压力大于 70 kPa 的称为高压锅炉,压力小于或等于 70 kPa 的称为低压锅炉。

(2)在热水锅炉中,温度高于 115 ℃ 的称为高压锅炉,低于 115 ℃ 的称为低压锅炉。

(3)低压锅炉可由铸铁或钢制造,高压锅炉则由钢制造而成。

锅炉所使用的燃料可以是煤、轻油、重油及天然气和煤气等,使用煤作为燃料的锅炉称为燃煤锅炉,而使用油或气体作为燃料的锅炉称为燃油或燃气锅炉。

锅炉由锅与炉两部分组成,其中,锅是进行热量传递的气水系统,由给水设备、省煤器、锅筒及对流束管等组成;炉是将化学能转化成热能的燃烧设备,由送风机、引风机、烟道、风管、给煤装置、空气预热器、燃烧装置、除尘器及烟囱等组成。图4-16 所示为锅炉房设备简图。

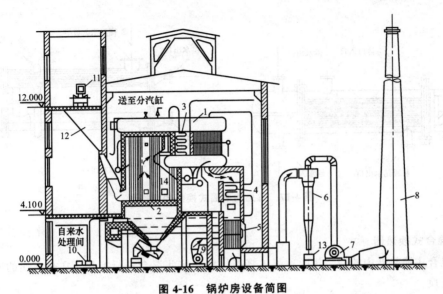

图 4-16 锅炉房设备简图

1—锅炉；2—链条炉排；3—蒸汽过热器；4—省煤器；5—空气预热器；
6—除尘器；7—引风机；8—烟囱；9—送风机；10—给水泵；
11—运煤传动带输送机；12—煤仓；13—灰车

燃料在炉子里燃烧产生高温烟气，以对流和辐射方式，通过气锅的受热面将热量传递给气锅内温度较低的水，产生热水或蒸汽。为了充分利用高温热量，在烟气离开锅炉前，先让其通过省煤器和空气预热器，对气锅的进水和炉的进风进行预热。

为保证锅炉的安全工作，锅炉上还应配备安全阀、压力表、水位表、高低水位警报器及超温超压报警装置等。

锅炉的技术性能如下：

1) 锅炉的容量是指锅炉在单位时间内产生热水或蒸汽的能力，单位为 t/h；
2) 工作压力是指锅炉出气(水)处蒸汽(热水)的额定压力，单位为 MPa；
3) 温度是指锅炉出气(水)处的蒸汽(热水)的温度，单位为 ℃；
4) 热效率是指锅炉的有效利用热量与燃料输入热量的比值，它是锅炉最重要的经济指标。一般锅炉的热效率为 60%～80%。

(二)换热器

换热器按其工作原理可分表面式换热器、混合式换热器和回热式换热器三类。

1. 表面式换热器

在表面式换热器的冷、热两种流体之间通过一层金属壁进行换热，两种流体之间没有直接接触。图 4-17 所示为常见的表面式换热器结构图。

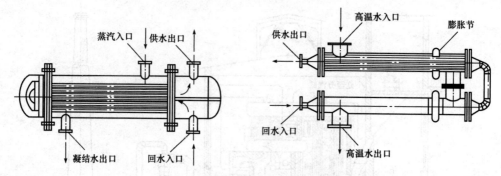

图 4-17 常见的表面式换热器结构图

2. 混合式换热器

在混合式换热器中的冷、热两种流体直接接触并彼此混合进行换热，在热交换的同时伴随着物质交换。

3. 回热式换热器

回热式换热器通过一个具有较强储热能力的换热面进行间接热交换。其运行时，热流体通过换热面，温度升高并存储热量；然后冷流体通过换热面，吸收其储存的热量而被加热。

作为间接热源的换热器，回热式换热器应设在锅炉房内或单独建造在热交换房内，作为一个独立热源而组成采暖系统，运行简单可靠；凝结水可循环再利用，减少了水处理设施和费用；采用高温水送水，减少了循环水量，减少了热网的初投资；可根据室外气温以调节低温水量的方式来调节供热量，可避免室温过高。

(三) 散热器

散热器是安装在采暖房间内的散热设备，当热水或蒸汽在散热器内流过时，它们所携带的热量便通过散热器以对流、辐射方式不断地传给室内空气，来达到采暖的目的。

对散热器的要求是传热能力强，单位体积内散热面积大，耗用金属量小，成本低，具有一定的机械强度和承压能力，不漏水、不漏气，外表光滑，不积灰，易于清扫，体积小，外形美观，耐腐蚀，使用寿命长。

1. 散热器的类型

(1) 铸铁散热器。铸铁散热器是由铸铁浇铸而成，结构简单，具有耐腐蚀、使用寿命长、热稳定性好等特点，因而被广泛应用。工程中常用的铸铁散热器有翼形和柱形两种。

1) 翼形散热器有圆翼形和长翼形两种。圆翼形散热器是一根管子外面带有许多圆形肋片的铸铁件，两端由法兰与管道连接，如图 4-18 所示。长翼形散热器的外表面具有许多竖向肋片，外壳内部为一扁盒状空间，可以由多片组装成一组散热器，如图 4-19 所示。翼形散热器的制造工艺简单，价格低。

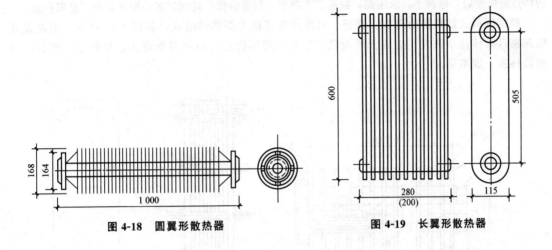

图 4-18　圆翼形散热器　　　　图 4-19　长翼形散热器

2)柱形散热器是呈柱状的单片散热器,每片各有几个中空的立柱相互连通,常用的有二柱散热器和四柱散热器两种。柱形散热器传热性能较好,易清扫,耐腐蚀性好,造价低,但施工安装较复杂,组片接口多。铸铁柱形散热器如图 4-20 所示。

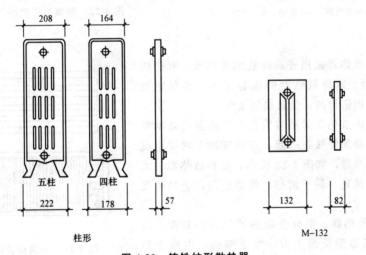

图 4-20　铸铁柱形散热器

(2)钢制散热器。钢制散热器耐压强度高,外形美观整洁,金属耗量少,占地较少,便于布置,但易受到腐蚀,使用寿命较短,不适用于蒸汽采暖系统和潮湿及有腐蚀性气体的场所。钢制散热器主要有钢串片、板式、柱形及扁管形四大类。

1)钢串片散热器由钢管、钢串片、联箱、放气阀及管接头组成,如图 4-21 所示。钢串片散热器的特点是质量轻，体积小，承压高，制造工艺简单；但造价高，耗钢材多，水容量小，易积灰尘。

2)钢制板式散热器由面板、背板、对流片和管接头等部件组成，如图4-22所示。钢制板式散热器具有传热系数大、美观、质量轻、安装方便等优点，但热媒流量小，热稳定性较差，耐腐蚀性差，成本高。

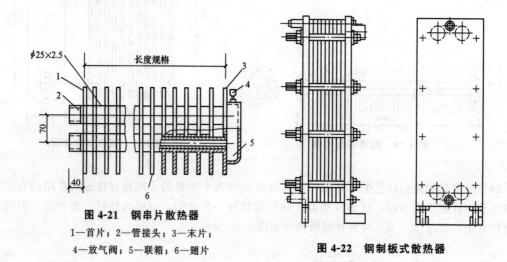

图4-21　钢串片散热器

1—首片；2—管接头；3—末片；
4—放气阀；5—联箱；6—翅片

图4-22　钢制板式散热器

3)钢制柱形散热器采用普通冷轧钢板制成，有三柱和四柱两种类型。这种散热器的水容量大，热稳定性好，易于清扫；但造价高，金属热强度低。

4)钢制扁管形散热器采用扁管作为散热器的基本单元，将数根扁管叠加焊接在一起，在两端加上联箱组成钢制扁管单板散热器，如图4-23所示。这种散热器的水容量大，热稳定性好，易于清扫；但造价高，金属热强度低。

(3)铝合金散热器。铝合金散热器是一种新型、高效的散热器。其造型美观大方，线条流畅，占地面积小，富有装饰性；其质量约为铸铁散热器的十分之一，便于运输安装；其金属热强度高，约为铸铁散热器的六倍；节省能源，采用内防腐处理技术。

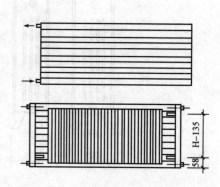

图4-23　钢制扁管形散热器

2. 散热器的安装方式

散热器的安装方式分为明装和暗装两种。明装是指散热器裸露在室内，暗装则有半暗装(散热器的一半宽度置于墙槽内)、全暗装(散热器宽度方向完全置于墙槽内，加罩后与墙面平齐)两种。

散热器应布置在外窗下,当室外冷空气从外窗渗透进室内时,散热器散发的热量会将冷空气直接加热,人处在暖流区域会感到舒适。为防止冻裂,散热器不宜布置在无门斗或无前厅的大门处。对带有壁龛的暗装散热器,在安装暖气罩时,应考虑有良好的对流和散热空间,并留有检修的活门或可拆卸的面板。散热器一般应明装,布置简单。对内部装修要求较高的民用建筑可暗装,幼儿园用散热器应暗装或加防护罩。

以铸铁散热器为例,散热器是由散热器片通过对丝组合而成的。对丝一头为正丝口,另一头为反丝口。散热器片两侧的接口螺纹也是方向相反的,与对丝织纹相对应。两个散热器片之间夹有垫片,热媒温度低于100 ℃时,可采用石棉橡胶垫片;高于100 ℃时,可用石棉绳加麻绕在对丝上做垫片。

散热器用工作压力1.5倍试压,试压不合格的,须重新组对,直至合格。试压时直接升压至试验压力,稳压2～3 min,对接口逐个进行外观检查,不渗、不漏即为合格,渗漏者应标出渗漏位置,拆卸重新组对,再次试压。散热器单组试压合格后,可进行表面除锈,刷一道防锈漆和一道银粉漆。

散热器的安装应在土建内墙抹灰及地面施工完成后进行,安装前应按图纸提供的位置在墙上画线、打眼,并将做过防腐处理的托钩安装固实。同一房间内的散热器的安装高度要一致;挂好散热器后,再安装与散热器连接的支管。

(四)辅助设备

1. 水泵

在采暖系统中,常用的是离心式水泵,可以保证连续供水,向采暖系统提供循环动力。

2. 膨胀水箱

在热水采暖系统中,水被加热后体积发生膨胀,为容纳这部分膨胀水量,系统要设膨胀水箱;当系统温度降低,热媒体积收缩,或者系统水量漏失时,则需要由膨胀水箱将水补给系统。在自然循环系统中,膨胀水箱还具有排除系统中空气的作用,所以,它连接在总供水立管上部;在机械循环系统中,利用膨胀水箱给系统定压,并防止水汽化,设置在系统最高点以上600 mm处,且将其膨胀管连接到水泵吸入口附近的回水干管。

视频:膨胀水箱

膨胀水箱用钢板焊接而成,有圆形和矩形两种。膨胀水箱应设在统一采暖系统中最高建筑物的顶部,通常放在闷顶内。另外,直接利用城市热网或区域采暖管网的工程,各系统可不另设膨胀水箱。小区锅炉房已有膨胀水箱的外网,单体建筑也不必另设膨胀水箱。膨胀管、溢流管、循环管上均不得装阀。

3. 集气罐

集气罐是热水采暖系统中最常用的排气装置。其工作原理为:热水由管道流进集气罐,因为集气罐的直径大于管道直径,所以,热水流速会立刻降低,水中的气泡便自行浮升于水面之上,积聚于集气罐的上部空间,然后通过上部的排气管排出。排气管应接到容易管理之处,排气管末端装有阀门,以定期把系统中的空气排除。系统充水时首先将排气管阀门打开,直至有水从管中流出为止。在系统运行期间,也应查看有无存气,若有应及时排净,以利于热水的循环。

4. 疏水器

疏水器是用于排除凝结水管中的蒸汽、防止蒸汽从凝结水管中泄漏的设备。常见的疏水器有机械型疏水器、热力型疏水器和恒温型疏水器三种。

5. 补偿器

在采暖系统中,当平直管道的两端都被固定不能自由伸长时,管道会因伸长而弯曲,管道的管件有可能因弯曲而破裂。此时,应设补偿器对管道伸缩进行补偿,包括自然补偿和补偿器补偿两种形式。下面介绍两种补偿器:

(1)方形补偿器:属于自然补偿器,多为现场加工,用无缝钢管制成,安装方便,补偿能力强,无须经常维修,应用范围较广。

(2)套管伸缩器:具有补偿能力强、占地面积小、安装方便、水流阻力小等优点,但需经常维修、更换填料,以免漏气、漏水。套管伸缩器安装位置应设置在靠近固定支架处,其轴心与管道轴心应在同一直线上。

6. 减压阀

减压阀用于将高压蒸汽的压力降低到使用条件要求的数值,它能够自动调节阀门的开启程度,稳定阀门后的压力。

7. 安全阀

安全阀是保证系统在一定的压力下安全工作的装置。当压力超过规定的最高允许工作压力时,阀门自动开启,把蒸汽排到系统之外;当压力恢复正常工作压力时,阀门又自动关闭。

| 课堂提问 |

1.( )是用于启闭管道通路或调节管道介质流量的设备。
A. 阀门　　　　　　B. 补偿器　　　　　　C. 疏水器　　　　　　D. 集气罐
答案:A

2.以下( )设备具有"汽水分离"的作用。
A. 除污器　　　　　B. 排气阀　　　　　　C. 集气罐　　　　　　D. 疏水器
答案:D

3.热水采暖系统膨胀水箱的作用是( )。
A. 加压　　　　　　B. 减压　　　　　　　C. 定压　　　　　　　D. 增压
答案:C

三、小区热力站

1. 热力站的构成

热力站主要由循环水泵、水箱、分水器、集水器、板式水—水换热器、管道、压力表、温度计、除污器、调压板或调节阀、泄水阀和循环管等构成。

2. 热力站的分类

按照热媒种类的不同，热力站可分为热水热力站和蒸汽热力站两种。

(1)热水热力站。在热水热力站内设有水—水换热器，能将高温水换成用户所需一定温度的热水。目前，热水热力站是城市居住小区采用最多的一种换热形式。

(2)蒸汽热力站。蒸汽热力站将一定压力的蒸汽经汽—水换热器，换成一定温度的热水，用于建筑采暖、通风及热水供应，并能将蒸汽直接向厂区供应，以满足生产工艺用气。

热力站一般集中设在单独的建筑内，供热网路通过其向一个街区或多幢建筑分配热能。一般将从集中热力站向各用户输送热能的网路称为二级供热网路或二次供热网路。

单元三 采暖系统运行与维护

一、物业采暖系统管理范围

在实施管理时，应分清物业管理公司和城市供暖公司的职责。

采用锅炉房采暖时，其采暖设备、设施及采暖管线均由物业管理公司负责维护与管理，或委托专业供暖公司维护与管理。

采用供电厂集中采暖时，其采暖设备、设施及采暖管线均由集中供暖部门负责维护、管理，集中供暖部门可以将物业公司管辖区内的热交换站及二次采暖管线、用户室内散热设备等委托物业管理公司维护、管理。

目前，我国城镇物业采暖系统中，普遍采用热电厂集中供暖的方式。但物业管理公司一般情况下不接受供暖公司的专业委托。如果用户在采暖过程中出现了暖气不热、漏水等现象，均可以向所在地区的供暖公司报修，物业管理公司只起沟通、协调的作用。

二、采暖系统的运行与调试

1. 采暖系统的试运行与初调节

采暖系统试运行与初调节具体包括系统冲洗、通热水运行和调节等几个步骤。

(1)系统冲洗可排除管道和设备内的泥沙、焊渣及细小杂质等。

(2)将管网及设备充满水，检查正常后开始加热。首先打开管网阀门，接通热源，逐渐升至设计温度，外网循环正常后，再打开用户管道，先远后近逐个进行。

(3)在管网和用户都维持正常压力条件下，调节阀门使各环路阻力平衡，散热器均匀散热，以保证各个房间都能达到设计温度。

2. 采暖系统的运行调节

为使采暖系统适应室外气温、风向、风速等气象条件的变化，必须对系统进行运行调节。

运行调节可分为集中调节和局部调节。

(1)集中调节。集中调节指调节从热源输出的热媒流量和温度以改变输送的总热量，可调节单个参数，也可同时调节两个参数。

(2)局部调节。局部调节指利用单组散热器支管上的阀门改变热媒流量，以调节散热量。

在采暖系统的运行过程中，热源处的操作人员应根据室外气温的变化进行供热调节，有机地改变流量、温度、压力等采暖参数，使采暖更合理、经济、实用。另外，还应经常检查以下几项：

(1)容易被冻的采暖管道、保温层及设备等。

(2)电机、水泵以及各种仪表(压力表、温度计、流量计)是否正常灵敏。

(3)系统中所有的疏水器、排气装置、各种调节器及安全装置等是否正常可靠。

(4)室内采暖温度和散热设备的温度是否符合规定要求。

(5)对于系统中隐蔽的管道、阀门及附件要定期检修，所有系统上的除污器、过滤器及水封底部等处的污物应定期清理。

三、采暖系统的维护与管理

(一)管网管理

1. 室外管网

(1)室外管网应定期检查修复变形的管道支架。

(2)修复保温层，减少热量损失和防止管内水冻结。

(3)防止管道因热应力和压力过大使管道破裂。如果出现管道破裂的情况，要及时关闭阀门，更换修复破损的管道，并及时排出地沟内的积水。

(4)要在必要处设置排污器，定期排出沉淀杂质，疏通管道，防止管道堵塞。

(5)管道内存有空气易产生断面堵塞，要定期检查排气设备，定期排气，排除气堵塞，使管网正常运行。

(6)在停热期要做好管道及附件设备的防腐处理，以延长供热系统的使用寿命。

2. 室内管网

(1)定期检查管道连接处，检查各种阀门和连接管件是否泄漏。发现泄漏要及时关闭阀门，排除系统内的水，以便及时维修。

(2)若发现室内管网局部不热，要考虑是否气堵或管子污垢的堵塞，并及时排气和清垢，使系统正常工作。

(3)要巡视观察室内的温度变化，及时调节系统(分集中调节、局部调节和个体调节)，使用户散热设备的散热量与热负荷变化相适应，防止室内温度过高或过低。

(4)停止供热期间要做好暖气片的污垢清掏工作，这对准备好下一期的工作十分重要。

(二)锅炉及热力站管理

锅炉房是城镇供热系统的热源，是供热系统的中心，也是日常维护的重点；热力站是建筑小区的热源，它直接影响到小区的采暖效果。对于锅炉房及热力站的管理应注意以下几点：

(1)要制定锅炉房或热力站的各项规章制度，包括安全操作制度、水质处理制度、交换班制度等。

(2)保养好锅炉房内锅炉本体和维护锅炉正常的各种设备，包括运煤除渣设备、送引风设备、除尘设备、除氧设备、排污设备、水泵、阀门、各种电气仪表等。只有保养好这些设备，使其正常工作，整个供热系统才能正常运行。

(3)热力站的附件有水箱、循环水泵、除垢器、压力表、温度表、安全阀、水位表和水位报警器等，这些部件日常维护的好坏关系到采暖系统的安全问题。要保持这些仪表、阀门的灵敏度，保障锅炉房内给水与排水系统的畅通，做好水质的软化和除氧处理，以防止设备、管道结垢和腐蚀，保证锅炉热力站安全工作并延长其使用寿命，使供热系统能够更经济地运行。

(三)用户管理

用户管理是指对用户室内散热设备运行情况的检查与维护，取暖费用的收取及对用户设备使用的指导。

采暖用户的管理是采暖过程管理的重要环节，其主要内容如下：
(1)指导用户在遇到采暖问题时如何与物业服务企业沟通。
(2)检查房间的密闭性能，加强保温措施；培养用户节约能源、合理取暖的意识。
(3)用户家庭装修需变动散热器位置或型号时，需取得管理人员的现场认可。

四、采暖系统的养护

在非采暖季节系统停止运行时，为减少管道和设备系统的腐蚀，所有的热水、高温水采暖系统均要求充水养护，钢制的散热器更强调充水养护，以延长管道和设备的使用寿命。

采暖系统养护的具体做法有以下几点：

(1)采暖季节结束、系统停止运行后，先进行全面检查，并进行修理，将已损坏的零部件或散热器进行更换。

(2)将系统充满水并按试压要求进行系统试压，将系统内的水加热至 95 ℃，保持 1.5 h，然后停止运行。

(3)设有膨胀水箱的系统，在非采暖期要保持水箱内有水，缺水时要进行补水。

五、采暖系统的常见问题与处理

(一)管道泄漏

因管道压力过大、腐蚀、外力及人为等因素，会使室外管道及附件产生破裂和渗漏，这是采暖系统常见的故障。

处理方法是：首先要关闭泄漏处前、后的上水与下水的阀门，然后排泄管道内的存水，更换破损的管道或附件，再开启阀门，运行系统。

（二）管道堵塞

因采暖管道堵塞而造成室内外采暖管道及室内散热器不热，是采暖系统常见的技术故障，主要有气堵、栓塞和冻结三种故障。

1. 气堵

在热水供热系统中，气堵表现为上层散热器不热，一旦管道中存留了空气，将会使这段管道的流通断面堵塞，严重时可能会形成气塞，使部分管道中的水停止流动，散热器不能散热。在蒸汽供热系统中，凝水管中若存在空气，凝水就不能顺利返回，影响系统的正常运行。

处理方法是：正确选择集气罐的位置，打开放气阀放出空气。

2. 栓塞

栓塞是由于管道及水质所产生的污垢沉淀、堵塞，减少了管道的热媒流量，使系统出现不热的故障。

处理方法是：开启除污器，冲刷管道污垢或人工清掏污垢，使采暖管道畅通。

3. 冻结

发现冻结要及时处理，否则容易使管道或散热器因冻胀而破裂。

处理方法是：用火烤化冻结的管道或更换冻结的管道。

（三）散热器散热不均

故障现象为上层散热器过热，下层散热器不热。产生这种故障的原因是采暖系统产生垂直水力失调，导致上层散热器的热媒流量过多，而下层散热器的热媒流量过少。

处理方法是：关小上层散热器支管上的阀门，开大下层散热器支管上的阀门。

（四）上层散热器不热

出现这种故障的一种原因是上层散热器中存在空气，此时，应及时排除散热器中的空气；另一种原因是上层散热器缺水，这时应启动补水泵给采暖系统补水。

（五）各立管上散热器的温度差别太大

产生这种故障的原因是采暖系统产生水平水力失调，导致部分立管热媒流量过大，而另一部分立管热媒流量过小。

处理方法是：应将温度高的散热器的立管阀门关小，同时将温度低的散热器的立管阀门开大。

（六）一组散热器单片散热片不热

这种故障一般出现在支管同侧进、出散热器的末端散热片上。一种原因是末端散热片存有空气，导致部分或整片不热。处理方法是：及时排除散热片中的空气。

另一种原因是散热片下部出水口被系统中的杂质或污物堵塞，导致水在散热片中无法循环。处理方法是：拆下散热器的丝堵，进行疏通并排除杂质和污物。

单元四 燃气供应系统基本知识

一、燃气的种类

燃气可分为人工煤气、液化石油气和天然气三种。

1. 人工煤气

人工煤气是由煤、焦炭等固体燃料或重油等液体燃料经干馏、汽化或裂解等过程所制得的气体。煤气的主要成分为 H_2、CO 及 CH_4，人工煤气有煤制气和油制气，以煤为原料制成的煤气称为煤制气，以油为原料制成的煤气称为油制气。

人工煤气具有强烈的气味和毒性，含有硫化氢、氨、焦油等杂质，容易腐蚀和堵塞管道。因此，人工煤气需要净化后方能使用。

2. 液化石油气

液化石油气是从石油的开采、裂解、炼制等生产过程中得到的副产品。液化石油气是碳氢化合物的混合物，其主要成分包括丙烷、丙烯、丁烷、丁烯和丁二烯，同时，还含有少量的甲烷、乙烷、戊烷及硫化氢等成分。这些气体很容易加压液化，因此，称为液化石油气。

3. 天然气

天然气是埋藏在地下的古生物经过亿万年的高温和高压等作用而形成的可燃气，是一种无色、无味、无毒、热值高、燃烧稳定、洁净环保的优质能源。天然气主要成分为 CH_4，是一种主要由甲烷组成的气态化石燃料。它主要存在于油田和天然气田，也有少量出自煤层。因为它没有气味，故在使用时通常加入某种无毒而有臭味的气体（如乙硫醇），以便于检漏，防止发生中毒或爆炸事故。

二、燃气的供应方式

燃气的供应方式有管道输送和瓶装供应两种。

1. 管道输送

天然气或人工煤气经过净化后，便输入城镇燃气管网。根据输送压力的不同，城镇燃气管网可分为低压管网（$P \leqslant 4.9$ kPa）、中压管网（4.9 kPa$< P \leqslant 147.15$ kPa）、次高压管网（147.15 kPa$< P \leqslant 294.3$ kPa）和高压管网（294.3 kPa$< P \leqslant 784.8$ kPa）四种。

城镇燃气管网包括街道燃气管网和庭院燃气管网两部分。

在供气区域较大的大城市，街道燃气管网可采用高压管网或次高压管网，以利于远距离输送；在小城镇内，一般采用中、低压管网。无论采用何种压力的街道燃气管网，在接入庭院燃气管网供居民使用之前，必须降到低压范围，这可通过区域煤气调压站进行减压而实现。

燃气管道是承受压力的，而且输送的燃气是有毒、易爆的气体。因此，不仅要求燃气管道具有足够的强度，而且要具有不透气、耐腐蚀等性能，其中，最主要的是不透气性。

2. 瓶装供应

液化石油气多采用瓶装。在储配站（罐瓶站）设球形储罐，通过一定设备将储罐内的石油气灌入瓶内，经供应站供应给用户使用。根据用气量的大小可采用单瓶或瓶组供气，其中，单瓶供应采用15 kg钢瓶一个，连同燃具供应家庭使用；瓶组是将钢瓶并联供应给用气量较小的用户使用。钢瓶内液态石油气的饱和蒸汽压强一般为70～8 000 kPa，在室温下可自然蒸发。在供燃具使用时，要经瓶上的减压阀减压至2.8 kPa±0.5 kPa。钢瓶的运输应严格按照规程进行，严禁乱扔乱甩。

三、室内燃气系统的组成

室内燃气系统由引入管、干管、立管、用户支管、燃气表和燃气用具组成，如图4-24所示。

（1）室内燃气管道多采用水煤气钢管，它属于低压管材；管道采用螺纹连接（丝扣连接）。埋地部分应涂防腐剂，明敷管道采用镀锌钢管，管道不允许有漏气。室内燃气管道要求明敷，在有可能出现冻结的地方，应采取防冻措施。

（2）燃气表是计量燃气用量的仪表。目前，我国常用的是一种干式皮囊气流量表，它适用于室内低压燃气供应系统。

（3）燃气用具。住宅常用燃气用具有厨房燃气灶和燃气热水器等。

1）厨房燃气灶。常见的有双火眼燃气灶，它由炉体、工作面及燃烧器三部分组成，如图4-25所示。

2）燃气热水器。它是一种局部供应热水的加热设备。当建筑物内无集中热水供应时，可采用燃气为热源，通过燃气热水器制备热水。

因为燃气燃烧后排出的废气中含有一氧化碳，所以，在设有燃气用具的房间，都应设有相应的通风设施。燃气热水器不得直接安装在浴室内。

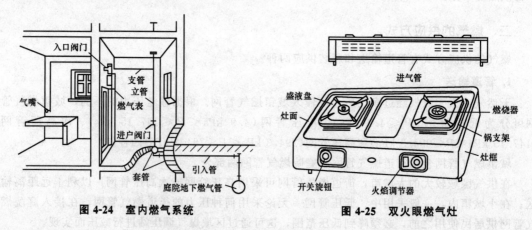

图 4-24　室内燃气系统　　　　　　图 4-25　双火眼燃气灶

四、燃气供应系统的维护与管理

(一) 物业燃气系统管理范围

物业管理公司对燃气系统的管理范围,由于燃气设施产权方式的不同而导致责任界定的方式不同。政府部门没有相关明确的规定。目前,燃气管线与设备设施管理及维修范围的界定有以下两种方式。

1. 由燃气公司、物业管理公司、业主三方负责

此种界定方式的前提是城市规划红线内的燃气管道与设施由用户出资、建设单位或燃气企业负责建设,即业主的总房款内包括了红线内的燃气管道与设施费用。红线内至表前阀的燃气管道与设施是所有业主的共有部分,如果出现问题由物业管理公司负责维修,如果是超过保修期的大修工程可动用房屋专项维修资金。表前阀至燃具的燃气管道与设施是业主的私用部分,出现问题由业主负责。规划红线以外的燃气管道与设施由燃气公司负责。

2. 由燃气公司、业主双方负责

此种界定方式的前提是城市规划红线内的燃气管道与设施由燃气公司出资建设,即业主的总房款内不包括红线内的燃气管理设施费用。表前阀至燃具的燃气管道与设施是业主私用部分,出现问题由业主负责。表前阀以外的设备设施由燃气公司负责维修、管理。

(二) 燃气设施的维护与管理

1. 燃气设施的检查和报修

燃气设施的检查和报修通常采用巡回检查和用户报修相结合的方法,以便及时了解燃气系统的运行状况,发现和处理燃气设备的故障。

2. 燃气设施的保养和维修

对室内燃气管道和设备进行养护维修,可以减少管道设备的机械和自然损坏,提高燃气使用的安全可靠性,并可延长管道和设备中修、大修的周期。

3. 安全用气宣传

通过宣传资料、技术咨询服务等形式,广泛宣传燃气安全使用知识,使用户了解燃气设施养护等方面的知识,自觉配合专业管理部门保护好室内燃气系统。

4. 室内燃气设施的安全管理

室内燃气设施的安全管理是保障国家和人民生命财产安全的重要环节。为了不发生或少发生燃气事故,应从燃气使用和燃气设备的生产与销售等方面,切实做好管理,杜绝燃气事故的发生。

(三) 燃气管道及部件的维护

1. 室内燃气管道的外观检查

外观上检查管道的固定是否牢靠,管道是否有锈蚀或机械损伤,管卡、托钩是否脱落及管道的坡度、坡向是否正确。

2. 室内燃气管道漏气的检查和处理

用肥皂水涂抹怀疑漏气点，如果出现连续气泡，则可以断定该处漏气。查找到漏气点后，可用湿布将漏气点包好扎紧或将漏气点前的阀门关闭，并尽快报告给燃气公司进行处理。需要注意的是，必须严禁用明火查找漏气点。

3. 燃气表的养护

燃气表的维修工作包括地区校验和定期检修。按照计量部门的要求，燃气表的地区校验每年进行一次，使用误差不大于4%。当用户对燃气表的计量有疑问时也要采用地区校验，以检查计量是否有误差。地区校验采用特制的标准喷嘴或标准表进行；定期检修是指燃气公司每季度对所管辖区域的燃气表进行一次检修，以检查其工作性能是否良好。

（四）燃气的安全

1. 室内燃气作业的注意事项和安全措施

（1）作业人员要严格遵守各项燃气操作规程，熟悉所维护的燃气系统情况。

（2）室内燃气设施维修，通常不允许带气作业，要关闭引入管总阀门，并将管道中的燃气排到室外，维修作业过程中要加强室内的通风换气。未经主管部门批准，已供气的室内燃气管道一律不准采用气焊切割和电、气焊作业。必须采用时，要事先编制作业方案。

（3）维修结束后，用燃气置换管道中的空气时，作业范围及周围严禁一切火种，置换时的混合气体不准在室内排放，要用胶管接出排到室外，并应注意周围环境和风向，避免发生人员中毒或其他事故。

（4）室内管道重新供入的燃气在没有检验合格前，不准在燃气灶上点火试验，而应当从管道中取气样，在远离作业现场的地方点火试验。带有烟道和炉膛的燃气用具，不准在炉膛内排放所置换的混合气体。燃气用具如果一次点火不成功，应当关闭燃气阀门，停留几分钟后再进行第二次点火。

（5）引入管的清通和总入口阀门的检修，是危险的带气作业，要严格按操作规程作业。

2. 用户使用燃气的注意事项

（1）用户要有具备使用燃气条件的厨房，禁止厨房和居室并用；燃气灶不能同取暖炉火并用；厨房必须通风，一旦燃气泄漏能及时排出室外。

（2）装有燃气设施的厨房切忌住人。

（3）使用燃气的厨房里不准堆放易燃易爆物品。在燃气设施上禁止拴系绳索或吊挂物品，以免造成燃气的泄漏。点燃燃气灶时，要有人在旁看守，防止沸水溢出将火焰浇灭。用小火时，防止被风吹灭。用完燃气后关闭燃气灶具开关，并将燃气表前（或后）的闸阀关闭。

（4）要经常检查燃气胶管是否老化、破损，如有此种情况，应及时更换新管。

（5）带有自动点火的灶具一次点不着时，应立即关闭灶具开关，不得使开关打开的时间过长，以免燃气外漏。点燃灶火后要观察火焰燃烧是否稳定、正常，火焰燃烧不正常时需调节风门。

(6) 教育儿童不要随意乱动燃气灶具开关，更不要在有燃气设施的房间内玩火。

(7) 燃气泄漏时应立即打开门窗。对发现的漏点应及时进行处理，遇到处理不了的立即报告燃气公司或有关部门。

| 实践与训练 |

一、实训内容

1. 组织学生参观、考察某物业的供暖系统、室内燃气供应系统。

2. 现场考察供暖系统、室内燃气系统的组成、管理制度以及具体的运行管理和日常维护方法等。

二、实训步骤

1. 联系学校锅炉房或热力公司、某物业服务企业进行考察。

2. 对供暖系统进行现场调查，说明该系统属于何种供暖系统和有哪些供暖设备。

3. 对室内燃气供应系统进行现场调查，讨论导致室内燃气泄漏的原因有哪些以及应采取哪些处理方法。

4. 编写实训报告。

模块四　学生实训考核表

姓名		班级		小组	
实训模块		采暖系统与燃气供应系统			
考核内容	分值	自评		小组互评	教师评价
不迟到早退，出勤情况良好，任劳任怨，勇于实践，态度谦逊，勤学多问	20				
在实训过程中，能理论联系实际，较好地完成实训任务	30				
能较好地完成实训报告，条理清楚地说明调查内容	30				
在小组合作中，具有良好的沟通、协作能力	20				
评价汇总	100				
考核总分					

注：总评成绩＝自评成绩×30％＋小组评价×20％＋指导教师评价×50％

模块小结

本模块主要介绍了采暖系统的分类、构成，常用采暖设备的组成与使用，物业采暖系统管理范围，采暖系统的运行、调试、维护、管理、故障处理，燃气的种类、供应方式，室内燃气系统的组成，燃气供应系统的维护和管理等内容。通过本模块的学习，应对采暖系统与燃气供应系统有系统的认识，并能进行日常的维护与管理。

思考与练习

一、填空题

1. 采暖系统按供热范围可分为_____、_____和_____三类。
2. 采暖系统一般由_____、_____和_____三个主要部分组成。
3. 自然循环热水采暖系统可分为_____和_____两种。
4. 热风采暖系统根据空气来源不同，可分为_____、_____和_____等采暖系统。
5. 换热器按其工作原理可分_____、_____和_____三类。
6. 按照热媒种类的不同，热力站可分为_____和_____两种。
7. 燃气可分为_____、_____和_____三种。
8. 按照计量部门的要求，燃气表的地区校验每年进行一次，使用误差不大于_____。

二、简答题

1. 简述采暖系统的基本构成。
2. 简述蒸汽采暖系统的分类。
3. 简述蒸汽采暖系统的特点。
4. 锅炉常用的技术性能有哪些？
5. 简述热力站的构成和分类。
6. 简述物业采暖系统管理范围。
7. 简述采暖用户管理的主要内容。
8. 简述采暖系统养护的具体做法。
9. 管道堵塞应如何处理？
10. 简述物业燃气系统管理范围。
11. 简述室内燃气作业的注意事项和安全措施。
12. 简述用户使用燃气的注意事项。

模块五　消防系统

知识目标

了解火灾的成因和特点，建筑消防系统的特点和重要性，建筑物高度分界线；熟悉消防系统的结构与主要组件，室内消火栓给水系统的组成、类型，自动喷水灭火系统的分类与组成，火灾烟气的控制，防火排烟设备和部件，消防系统的其他设备设施；掌握室内消火栓给水系统的布置要求，消防系统管理与维护。

能力目标

能够独立布置室内消火栓，能够掌握消防设备设施的适用场合，能够协助进行科学的物业消防系统管理。

素质目标

具有吃苦耐劳、踏实肯干的工作态度。

案例导入

租房开店不慎着火，物业服务公司也要担责任吗？

刘先生在某小区承租了一间底商，装修后用来开超市。平时，刘先生就住在超市。一日，因为刘先生忘记关闭电暖气，不慎将被褥引燃，燃起大火。刘先生发现后，迅速打开位于室内的消火栓，但是发现没有水，屋顶上的自动喷水系统也没有启动，只能眼看着大火将小店化为灰烬。事后，刘先生将物业服务公司告上法庭，要求赔偿全部损失12万元。

分析：法院经审理认为，当火灾发生时，消火栓无水，自动喷水系统也未能正常启动，物业服务公司作为消防系统的管理者和维护者，未能履行物业服务合同的约定，导致业主人身、财产安全受到损害，应当依法承担相应的法律责任。而火灾发生的主要原因是刘先生自己用火不慎，刘先生应当承担主要责任。为此法院判决物业服务公司承担刘先生全部损失的40%，共计赔偿刘先生4.8万元。

单元一　消防系统概述

一、火灾的成因和特点

1. 火灾的成因

火灾是指在时间或空间上失去控制的燃烧所造成的灾害。燃烧是可燃物与氧化剂作用发生的一种放热发光的剧烈化学反应。燃烧不是随便发生的,它必须具备三个必要条件,即可燃物、助燃物、点火源。

建筑物起火的原因是多种多样的,主要原因可以归结为生活用火不慎引起火灾、生产活动中违规操作引发火灾、化学或生物化学的作用造成的可燃物和易燃物自燃,以及因为用电不当而造成的电气火灾等。随着我国经济的飞速发展,人民生活水平的日益提高,用电场合和用电量剧增,电气火灾在建筑火灾中所占的比重也越来越大。

2. 火灾的特点

一般来说,火灾形成及蔓延分为三个阶段,即初始阶段、阴燃阶段和火焰燃烧阶段。建筑火灾与其他火灾相比,具有火势蔓延迅速、扑救困难、容易造成人员伤亡事故和经济损失严重的特点。

(1)火势蔓延极快。现代建筑,特别是高层建筑物,楼内布满了各种竖井及管道,犹如一个个烟囱。资料表明,烟囱效应可以使火焰及烟雾垂直腾升速度达到水平流动速度的 5~8 倍,且建筑物高度越高,传播速度也就越快。另外,建筑物内部装修时,常将大量有机材料或可燃、易燃物质带进建筑物,一旦着火,遍布各处的可燃材料就会造成火灾的快速蔓延。

(2)人员及物资疏散困难。高层建筑中人员相对密集,发生火灾时,人员与物资的疏散速度要比烟气流速慢很多,而且是逆烟火方向,更加影响疏散的速度。一旦疏散组织不当,就会造成人员盲目流动,拥挤混乱,进一步增加疏散的难度。因此,在消防系统中必须设有减灾、应急设施,以便使火灾损失降到最小。

(3)扑救难度大。高层建筑火灾的扑救难度要比一般建筑大得多。由于高层建筑多是裙楼围绕主楼的布局,楼群密集,从而使消防车难以接近火场和火源。限于经济及技术等原因,目前我国还难以大量装备现代化灭火车、大功率泵及消防直升机等新型灭火设备,经济发达的大、中城市消防部门使用的消防云梯车一般在 50 m 左右,部分特大城市消防部门配备的消防云梯车达到了 90 m 左右,但数量极为有限。而灭火水枪喷水扬程又是有限的,从而造成灭火的难度大、效果差。这就对建筑物内部的自动消防系统及设施提出了更高的要求。

二、建筑消防系统的特点和重要性

建筑消防系统是建筑设备自动化系统的一个组成部分。所谓建筑消防系统就是在建筑物内建立的自动监控、自动灭火的自动化消防系统。一旦建筑物发生火灾,该系统就是主要灭火者。

目前，建筑消防系统已经可以实现自动监测现场火情信号、确认火灾、发出声光报警信号、启动相应设备进行自动灭火、排烟、封闭着火区域、引导人员疏散等功能，还能与上级消防控制单位进行通信联络，发出救灾请求。

现代化建筑消防系统，尤其是服务于高层建筑的建筑消防系统，是一个功能齐全的具有先进控制技术的自动化系统。消防系统的设计与制造，融入了大量的计算机控制技术、电子技术、通信技术、网络技术等现代科技，消防设备的生产已经走向通用化、系列化、标准化。在结构上，组成建筑系统的设备、器件，具有结构紧凑、反应灵敏、可靠性高、模块化设计、易于组装等特点。同时，因为采用了冗余技术、自诊断技术等先进技术，使系统具有良好的性能指标。

自动消防系统在建筑物防火灭火中意义重大，建筑消防系统的设计、施工与应用是贯彻"预防为主，防消结合"这一消防工作指导方针的重要内容。在我国，建筑消防系统的实施已经提高到法制化的高度。有关消防系统的施工、应用、管理等工作已经制定了一系列强制实施的法律法规和技术规范，必须严格执行。

三、建筑物高度分界线

建筑物的高度是指建筑物室外地面到建筑物檐口或女儿墙顶部的高度。此高度对建筑消防系统的规划与实施有重要影响。国家标准《民用建筑设计统一标准》（GB 50352—2019）中规定，建筑高度大于 27 m 的住宅建筑和建筑高度大于 24 m 的非单层公共建筑，且高度不大于 100 m 的，为高层民用建筑；建筑高度大于 100 m 的为超高层建筑。需要注意的是，对高层建筑的规定，各国的规定并不一致。

四、消防系统的结构与组成

一个完整的消防系统应该包括火灾自动报警系统、灭火及消防联动控制系统。火灾自动报警系统主要由火灾探测器、报警显示和火灾自动报警控制器等组成。灭火及消防联动控制系统包括紧急广播系统、事故照明系统、消防给水系统、自动喷淋装置、气体灭火控制装置、防排烟控制系统等子系统。其组成结构图如图 5-1 所示。

1. 火灾自动报警系统

火灾自动报警系统主要由探测器、报警显示和火灾自动报警控制器等构成。探测器能在火灾初期监控感知烟温等的变化，实现预先报警，并在主控屏上显示报警信号。一旦确认为火灾，将启动灭火及消防联动设备。

2. 灭火及消防联动控制系统

(1) 灭火装置。灭火装置是消防系统的重要组成部分，可分为水灭火装置和其他常用灭火装置，其中，水灭火装置又分消火栓给水系统和自动喷水灭火系统；其他常用灭火装置分为二氧化碳灭火系统、干粉灭火系统、泡沫灭火系统、卤代烷灭火系统和移动式灭火器等。

(2) 减灾装置。在消防系统中，不仅要妥善考虑灭火的各种问题，而且必须采取减灾措施，一旦发生火灾，要将火灾损失减少到最小。常用的减灾装置有防火门、防火卷帘、防排烟装置等。

(3)避难应急装置。火灾发生后,为了及时通报火情,有序疏散人员,迅速扑救火灾,建筑物的消防系统须设置专用的应急照明及应急电梯等应急避难装置。

(4)广播通信装置。火灾广播及消防专用通信系统包括火灾事故广播、消防专用电话、对讲机等,是及时通报火灾情况,统一指挥疏散人员的必备设施。

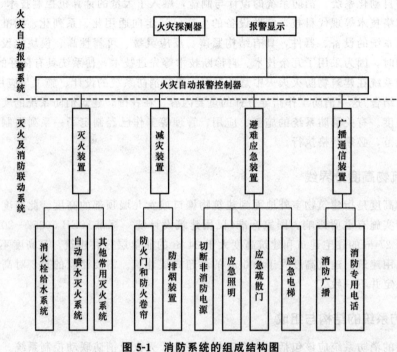

图 5-1 消防系统的组成结构图

单元二 室内消火栓给水系统

一、消火栓给水系统的组成

消火栓给水系统由水枪、水龙带、消火栓、消防管道、消防水池、水箱、增压设备和水源等组成,如图5-2所示。当室外给水管网的水压不能满足室内消防要求时,应当设置消防水泵和水箱。

1. 水枪

水枪常用铜、塑料、铝合金等不易锈蚀的材料制造,按有无开关分为直流式和开关式两种。室内一般采用直流式水枪。水枪喷嘴直径有 13 mm、16 mm、19 mm 等几种。直径为 13 mm 的水枪配备直径 50 mm 的水龙带,直径为 16 mm 的水枪配备 50 mm 或 65 mm 的水龙带,直径为

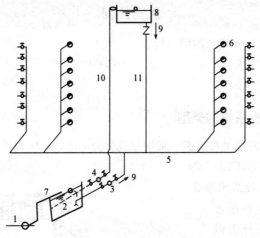

图 5-2 消火栓给水系统
1—室外给水管；2—储水池；3—消防水泵；4—生活水泵；5—室内管网；
6—消火栓及消火立管；7—给水立管及支管；8—水箱；9—单向阀；10—进水管；11—出水管

19 mm 的水枪配备 65 mm 的水龙带。高层建筑消防系统的水枪喷嘴直径不小于 19 mm。

2. 水龙带

常用水龙带材料一般有帆布、麻布和衬胶三种，衬胶水龙带压力损失小，但抗折叠性能不如帆布、麻布材料的好。常用水龙带直径有 50 mm 和 65 mm 两种，长度为 15 m、20 m、25 m 等，不宜超过 25 m。水龙带一端与消火栓相连，另一端与水枪相接。

3. 消火栓

消火栓是具有内扣式接口的球形阀式龙头，一端与消防立管相连，另一端与水龙带相接，有单出口和双出口之分。单出口消火栓直径有 50 mm 和 65 mm 两种，双出口消火栓直径为 65 mm。建筑中一般采用单出口消火栓；高层建筑中应采用 65 mm 口径的消火栓。

4. 消防水池

消防水池用于无室外消防水源的情况，储存火灾持续时间内的室内消防用水量。消防水池可设于室外地下或地面上，也可设在室内地下室或与室内游泳池、水景水池兼用。消防水池应设溢水管、带有水位控制阀的进水管、通气管、泄水管、出水管及水位指示器等装置。根据各种用水系统的供水水质要求是否一致，可将消防水池与生活或生产储水池合用，也可单独设置。

5. 消防水箱

低层建筑室内消防水箱是储存扑救初期火灾消防用水的储水设备，它提供扑救初期火灾的水量和保证扑救初期火灾时灭火设备必要的水压。消防水箱宜与生活、生产水箱合用，以防止水质变坏。水箱内应储存可连续使用 10 min 的室内消防用水量。

消防与生活或生产合用水池、水箱时，应具有保证消防用水平时不作他用的技术措施。

| 课堂提问 |

高层建筑应采用( )mm 口径的消火栓。
A. 50　　　　　　B. 55　　　　　　C. 60　　　　　　D. 65
答案：D

二、室内消火栓给水系统的类型

室内消火栓给水系统的类型按照高、低层建筑分为低层建筑室内消火栓给水系统(图 5-2)和高层建筑室内消火栓给水系统(图 5-3)。

1. 低层建筑室内消火栓给水系统

(1)低层建筑室内消火栓给水系统按有无水箱、水泵可分为以下三类。

1)无水箱、水泵的室内消火栓给水系统：该系统适用于室外给水管网所供水量和水压能满足室内消火栓给水系统所需的水量和水压时。

2)仅设水箱不设水泵的消火栓给水系统：该系统适用于室外给水管网一日间压力变化较大、但水量能满足消防需要的环境。这种方式的管网应独立设置。

3)设有消防泵和消防水箱的室内消火栓给水系统。

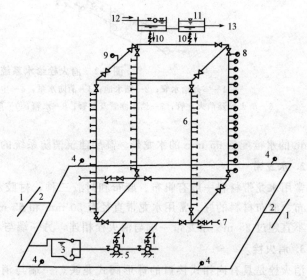

图 5-3　高层建筑独立室内消火栓给水系统
1—室外给水管网；2—进户管；3—储水池；4—室外消火栓；
5—消防泵；6—消防管网；7—水泵接合器；8—室内消火栓；
9—屋顶消火栓；10—单向阀；11—水箱；12—给水；13—生活用水

(2)根据我国《建筑设计防火规范（2018 年版）》(GB 50016—2014)的规定，下列建筑物必须设置室内消火栓给水系统。

1)建筑占地面积大于 300 m² 的厂房和仓库。

2)高层公共建筑和建筑高度大于 21 m 的住宅建筑。

注：建筑高度不大于 27 m 的住宅建筑，设置室内消火栓系统确有困难时，可只设置干式消防竖管和不带消火栓箱的 DN65 的室内消火栓。

3)体积大于 5 000 m³ 的车站、码头、机场的候车(船、机)建筑、展览建筑、商店建筑、旅馆建筑、医疗建筑，老年人照料设施和图书馆等单、多层建筑。

4)特等、甲等剧场，超过 800 个座位的其他等级的剧场和电影院等，以及超过 1 200 个座位的礼堂、体育馆等单、多层建筑。

5)建筑高度大于 15 m 或体积大于 10 000 m^3 的办公建筑、教学建筑和其他单、多层民用建筑。

| 课堂提问 |

(多选)根据规范规定，下列必须设置室内消火栓给水系统的建筑物有(　　)。
A. 高层公共建筑和建筑高度大于 21m 的住宅建筑
B. 体积大于 3 000m^3 的车站
C. 超过 800 个座位的电影院
D. 提及大于 10 000 m^3 的教学建筑
E. 建筑占地面积大于 200m^2 的厂房
答案：ACD

2. 高层建筑室内消火栓给水系统

高层建筑室内消火栓给水系统按分布不同可分为以下两类。

(1)高层建筑区域集中的高压、临时高压室内消防给水系统。共用消防井或采用临时加压方式。这种方式便于集中管理，适用于高层建筑密集区。

(2)分区供水的室内消火栓给水系统。当建筑高度超过 50 m 或消火栓处静水压力超过 800 kPa 时，为方便灭火和保障供水设备的安全，宜采用分区供水的室内消火栓给水系统。

高层建筑室内消火栓的设置应符合《建筑设计防火规范(2018 年版)》(GB 50016—2014)的规定。

三、室内消火栓给水系统的布置要求

(1)建筑高度小于或等于 24 m，体积小于或等于 5 000 m^3 的多层仓、建筑高度小于或等于 54 m 且每单元设置一部疏散楼梯的住宅，以及《消防给水及消火栓系统技术规范》(GB 50974—2014)中规定可采用一支消防水枪的场所，应保证有一支水枪的充实水柱到达同层内任何部位。

(2)其他民用建筑应保证有 2 支水枪的充实水柱达到同层内任何部位。

(3)消火栓口距地面安装高度为 1.1 m，栓口宜向下或与墙面垂直安装。为保证及时灭火，每个消火栓处应设置直接启动消防水泵按钮或报警信号装置。

(4)消火栓应设在使用方便的走道内，宜靠近疏散方便的通道口处、楼梯间内。

(5)在建筑物顶应设一个消火栓，以利于消防人员经常检查消防给水系统是否能正常运行，同时还能起到保护本建筑物免受邻近建筑火灾波及的作用。

(6)合并系统中，消火栓立管应独立设置，不能与生活给水立管合用。

(7)低层建筑消火栓给水立管直径不小于 50 mm，高层建筑消火栓给水立管直径不小于 100 mm。

(8)同一建筑内应采用相同规格的消火栓、水龙带和水枪。

单元三 自动喷水灭火系统

一、自动喷水灭火系统的分类

自动喷水灭火装置是一种能自动喷水灭火,同时发出火警信号的消防给水设备。这种装置多设置在火灾危险大、起火蔓延很快的场所,或者容易自燃而无人管理的仓库及要求较高的建筑物。

自动喷水灭火系统按喷头开闭形式可分为闭式自动喷水灭火系统和开式自动喷水灭火系统。前者有湿式、干式、干湿式和预作用自动喷水灭火系统之分,后者有雨淋喷水灭火系统、水幕消防系统和水喷雾灭火系统之分。

(一)闭式自动喷水灭火系统

1. 湿式自动喷水灭火系统

湿式自动喷水灭火系统由闭式喷头、管道系统、湿式报警阀、火灾报警装置和供水设施等组成。由于其供水管路和喷头内始终充满有压水,故称为湿式自动喷水灭火系统,发生火灾时,火焰或高温气流使闭式喷头的热敏元件动作,闭式喷头开启,喷水灭火。此时,管网中的水由静止变为流动,使水流指示器动作送出电信号,在报警控制器上指示某一区域已在喷水。

喷淋系统实物演示

闭式喷头开启持续喷水泄压造成湿式报警阀上部水压低于下部水压,在压力差的作用下,原来处于关闭状态的湿式报警阀自动开启,压力水通过湿式报警阀流向灭火管网,同时打开通向水力警铃的通道,水流冲击水力警铃发出声响报警信号。控制中心根据水流指示器或压力开关的报警信号,自动启动消防水泵向系统加压供水,达到持续自动喷水灭火的目的。其工作原理流程图如图5-4所示。

湿式自动喷水灭火系统结构简单,施工、管理方便;经济性好;灭火速度快,控制率高;适用范围广,可以与火灾自动报警装置联合使用,使其功能更加安全可靠。该系统

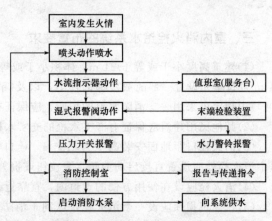

图5-4 湿式自动喷水灭火系统的工作原理流程图

适用于设置在室内温度不低于 4 ℃且不高于 70 ℃的建筑物、构筑物内。

2. 干式自动喷水灭火系统

干式自动喷水灭火系统由闭式喷头、管道系统、干式报警阀、充气设备、报警装置和供水设施等组成。由于报警阀后的管道内充以有压气体，故称为干式喷水灭火系统。

干式自动喷水灭火系统的特点是：报警阀后的管道中无水，故可避免冻结和水汽化的危险；因为喷头受热开启后有一个排气过程，所以，灭火速度较湿式系统慢。因为有充气设备，建设投资较高，平常管理也比较复杂、要求高。干式自动喷水灭火系统适用于环境温度在 4 ℃以下和 70 ℃以上而不宜采用湿式自动喷水灭火系统的地方。干式自动喷水灭火系统工作原理如图 5-5 所示。

3. 干湿式自动喷水灭火系统

干湿式自动喷水灭火系统可称为干湿两用系统（又称干湿交替系统），是将干式和湿式两种系统的优点结合在一起的一种自动喷水灭火系统，在环境温度高于 70 ℃、低于 4 ℃时系统呈干式，环境温度在 4 ℃～70 ℃之间转化为湿式系统。

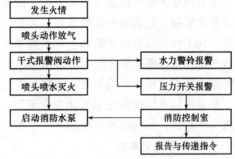

图 5-5 干式自动喷水灭火系统工作原理

干湿两种系统交替使用时，只需要在两用报警阀内采取如下措施：在寒冷季节将报警阀的销板脱开片板，接通气源，使管路充满压缩空气，呈干式时工作状态；在温暖季节只需切断气源，管路充满压力水，即可成为湿式系统。

干湿式自动喷水灭火系统水、气交替使用，最适合季节温度变化比较明显又在寒冷时期无采暖设备的场所。但对管道腐蚀较为严重，每年水、气各换一次，管理烦琐，因此，尽量不采用。

4. 预作用自动喷水灭火系统

预作用自动喷水灭火系统由火灾探测报警系统、闭式喷头、预作用阀、充气设备、管道系统及控制组件等组成。通常安装在既需要用水灭火但又绝对不允许发生非火灾跑水的地方，如图书馆、档案馆及计算机房等。

预作用自动喷水灭火系统的特点是：在预作用阀以后的管网中平时不充水，而充加压空气或氮气，或是干管，只有在发生火灾时，火灾探测系统自动打开预作用阀，才会使管道充水变成湿式系统，可避免因系统破损而造成的水渍损失；同时，它又没有干式自动喷水灭火系统必须待喷头动作后排完气才能喷水灭火、延迟喷头喷水时间的缺点；另外，系统有早期报警装置，能在喷头动作之前及时报警，以便及早组织扑救。系统将湿式喷水灭火系统与电子报警技术和自动化技术紧密结合，更加完善和安全，从而扩大了系统的应用范围。

(二)开式自动喷水灭火系统

1. 雨淋喷水灭火系统

雨淋喷水灭火系统由开式喷头、闭式喷头、雨淋阀、火灾探测器、报警控制系统、供水系统组成。

当建筑在系统保护区内任一处发生火灾时，火灾探测器就会将火灾信号及时传输到自动灭火控制器，自动灭火控制器及时开启雨淋阀，压力水立即充满管网，使全部开式喷头同时喷水灭火。

雨淋喷水灭火系统的优点是：反应更快，可实现迅速灭火，整个系统出水迅速，喷水量大，覆盖面广，降温效果好，灭火效率显著，适用于控制来势凶猛、蔓延快的火灾。其缺点是：系统启动完全由控制系统操纵，因而对自动控制系统的可靠性要求比较高。

2. 水幕消防系统

水幕消防系统不能直接扑灭火灾，而是喷出水帘幕状的水，阻挡火焰热气流和热辐射向邻近保护区扩散，起到防火分隔作用。水幕消防系统由开式喷头、雨淋阀、控制设备、供水系统组成。其工作原理与雨淋喷水灭火系统基本相同，只是喷头出水的状态及作用不同。两者的主要区别是：水幕喷头喷出的水形成水帘状，因此，水幕系统不直接用于扑灭火灾，而与防火卷帘、防火幕配合使用，用于防火隔断、防火分区及局部降温保护等。

水幕消防系统按其作用可分为冷却型、阻火型和防火型三种类型。其特点与雨淋喷水灭火系统基本相同，强调控制系统的高可靠性。

3. 水喷雾灭火系统

水喷雾灭火系统是利用水雾喷头在较高的水压力作用下，将水流分离成细小水雾滴，喷向保护对象实现灭火和防护冷却作用的。

水喷雾灭火系统的工作原理与雨淋喷水灭火系统和水幕消防系统基本相同。水喷雾灭火系统利用高压水，经过各种形式的雾化喷头将雾状水流喷射在燃烧物表面时，会产生表面冷却、窒息、冲击乳化和稀释四种作用，以此实现灭火效果。水喷雾灭火系统不仅在扑灭一般固体可燃物火灾中提高了水的灭火效率，而且由于细小水雾滴形态所具有的不会造成液体飞溅、电气绝缘度高的特点，在扑灭液体火灾和电气火灾中得到了广泛应用。

水喷雾灭火系统用水量少，冷却和灭火效果好，使用范围广泛。该系统适用于扑救固体火灾、闪点高于 60 ℃的液体火灾和电气火灾，能对可燃气体和甲、乙、丙类液体的生产、储存装置和装卸设施进行防护冷却。水喷雾灭火系统由水雾喷头、管网、雨淋阀组、给水设备、火灾自动报警控制系统等组成。

二、自动喷水灭火系统的主要组件

(一)闭式喷头

闭式喷头由喷水口、感温释放机构和溅水盘等组成，在系统中担负着探测火灾、启动系统和喷水灭火的任务。

闭式喷头按感温元件的不同，可分为玻璃球洒水喷头(图 5-6)和易熔元件洒水喷头(图 5-7)两种。

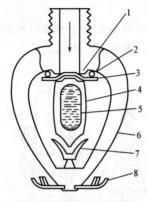

图 5-6　玻璃球洒水喷头

1—阀座；2—垫圈；3—阀片；4—玻璃球；
5—色液；6—支架；7—锥套；8—溅水盘

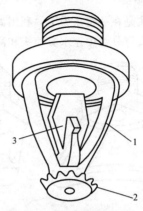

图 5-7　易熔元件洒水喷头

1—支架；2—溅水盘；3—锁片

(二)开式喷头

开式喷头有开式洒水喷头、水幕喷头和水雾喷头三种形式。

1. 开式洒水喷头

开式洒水喷头是无释放机构的洒水喷头，其喷水口是敞开的。按其安装形式可分为直立式和下垂式两种，按结构可分为单臂和双臂两种，如图5-8所示。

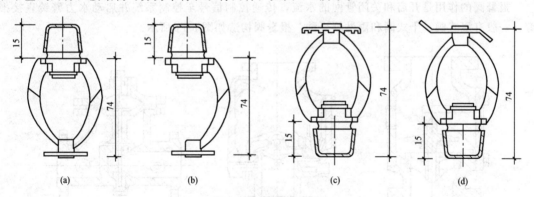

图 5-8　开式洒水喷头

(a)直立式；(b)下垂式；(c)单臂；(d)双臂

2. 水幕喷头

水幕喷头是开口的喷头，可将水喷洒成水帘状，成组布置时可形成一道水幕。按构造和用途不同可分为窗口式和檐口式两种，如图5-9所示。

· 141 ·

3. 水雾喷头

水雾喷头是在一定压力下,利用离心或撞击原理将水分解成细小水滴以锥形喷出的喷水部件。水雾喷头可分为中速水雾喷头和高速水雾喷头两种,如图 5-10 所示。

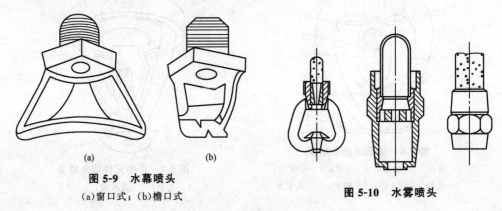

图 5-9 水幕喷头
(a)窗口式;(b)檐口式

图 5-10 水雾喷头

(三)报警阀

报警阀的作用是开启和关闭管网的水流,传递控制信号至控制系统并启动水力警铃直接报警,一般有湿式阀、干式阀和雨淋阀三种。报警阀构造如图 5-11 所示。

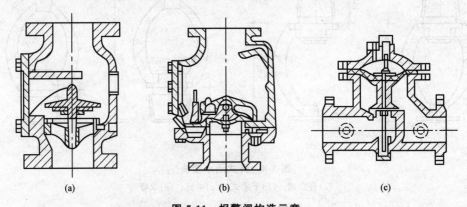

图 5-11 报警阀构造示意
(a)座圈型湿式阀;(b)差动式干式阀;(c)隔膜型雨淋阀

(1)湿式阀用于湿式系统,按结构形式不同有座圈型湿式阀、导阀型湿式阀和蝶阀型湿式阀。

(2)干式阀用于干式系统。其阀瓣将阀门分成出口侧与系统管路和喷头相连两部分，内充压缩空气，进口侧与水源相连。干式阀利用两侧气压和水压作用在阀瓣上的力矩差控制阀瓣的封闭和开启。

(3)雨淋阀在自动喷水灭火系统中用于预作用系统，此外，还用于雨淋喷水灭火系统、水幕系统和水喷雾系统。雨淋阀可用自动控制系统控制，也可手动控制开启。

(四)报警控制装置

报警控制装置是指在自动喷水灭火系统中起监测、控制、报警作用，并能发出声、光等信号的装置，主要由报警控制器、监测器和报警器等组成。

1. 报警控制器

报警控制器的基本功能主要包括接收信号、输出信号和监控系统自身工作状态。报警控制器根据功能和系统应用的不同，可分为湿式系统报警控制器、雨淋和预作用系统报警控制器。

2. 监测器

常见的监测器有水流指示器、阀门限位器、压力监测器等，它们能分别对管网内的水流、阀门的开启状态和消防水池、水箱和水位等进行监测，并能以电信号的方式向报警控制器传送状态信息。

水流指示器安装于湿式喷水灭火系统的配水干管或支管上，利用插入管内的金属或塑料桨片，随水流而动作。当喷头喷水灭火或管道发生意外损坏，有水流过装有水流指示器的管道时，因水的流动而引起叶片移动，经过一定的延迟时间后，可及时发出区域、分区水流信号，送至消防控制室，指示出发生火灾或系统故障的具体部位。

阀门限位器用于监视闸阀的开启状态，当部分或全部关闭时，即向系统的报警控制器发出报警信号。

压力监测器在自动喷水灭火系统中常用作稳压泵的自动开关控制器件。

3. 报警器

报警器是用来发出声响报警信号的装置，包括水力警铃和压力开关。

(1)水力警铃是一种靠压力水驱动的撞击式警铃，由警铃、铃锤、转轴、水轮机、输水管等组成。当报警阀打开消防水源后，压力水由输水管通过导管从喷头喷出，冲击水轮转动，使铃锤不断击响警铃报警。

(2)压力开关是一种利用水压或气压驱动的电气开关，通常与水力警铃一起安装使用。在水力警铃报警的同时，依靠警铃管内水压的升高自动接通电触点，完成电动警铃报警，向消防控制室传送电信号或启动消防水泵。

(五)附件和配件

附件和配件是提高自动喷水灭火系统的灭火效能或施工安装、使用及维修所必需的部件和专用工具，包括传动装置、延迟装置、快开装置、压力调节装置等。

(1)传动装置用于远距离多路控制,一般用手动启动器。手动启动器主要是火警紧急按铃。它可以直接与自动喷水灭火系统的报警控制器或消防水泵接通。

(2)延迟装置主要是延迟器。它的作用是缓冲和延时,消除因水源压力波动引起的水力警铃误报。延迟器只用于湿式系统,它是一个罐式容器,安装在湿式报警阀与水力警铃之间的管路上。当湿式报警阀因压力波动瞬间开启时,水首先进入延迟器,这时因进入延迟器的水量很少,会很快从延迟器底部泄水孔排出,水就不会进入水力警铃,从而起到防止误报警的作用。只有当水连续通过湿式报警阀,使它完全开启时,水才能很快充满延迟器,并由顶部的出口流向水力警铃,发出报警信号。

(3)快开装置用于干式系统,可以起到加快排气过程、缩短阀门开启时间和提高系统灭火效果的作用。

(4)压力调节装置在系统中起调节、平衡系统管路水压的作用。

单元四 火灾的防火排烟

一、火灾烟气的控制

1. 隔断或阻挡

墙、楼板、门等都具有隔断烟气传播的作用。为了防止火势蔓延和烟气传播,建筑中必须划分防火分区和防烟分区。

(1)防火分区。防火分区是指用防火墙、楼板、防火门或防火卷帘等分隔的区域,可以将火灾限制在一定局部区域内,不使火势蔓延。当然,防火分区的隔断同样也会对烟气起隔断作用。在建筑物中应合理地进行防火分区,每层应做水平分区,垂直方向也要做分区。

水平防火分区的分隔物,主要依靠防火墙,也可以利用防火水幕带或防火卷帘加水幕。防火墙是指由非燃烧材料组成,直接砌筑在基础上或钢筋混凝土框架梁上,耐火极限不小于3 h的墙体。防火墙上尽量不开洞口,必须开设时,应设耐火极限不小于1.2 h的防火门窗。

竖直方向通常每层划分为一个防火分区,以耐火楼板为分隔。对于在两层或多层之间设有各种开口,如设有开敞楼梯、自动扶梯、中庭的建筑,应把连通部分作为一个竖向防火分区的整体考虑,且连通部分各层面积之和不应超过允许的水平防火分区的面积。

(2)防烟分区。防烟分区是指用挡烟垂壁、挡烟梁、挡烟隔墙等划分的,可将烟气限制在一定范围的空间区域。防烟分区是对防火分区的细分化,防烟分区内不能防止火灾的扩大。它是为了有利于建筑物内人员安全疏散与有组织排烟而采取的技术措施。防烟分区使烟气集中于设定空间,通过排烟设施将烟气排至室外。防烟分区范围是指以屋顶挡烟隔板、挡烟垂壁或从顶棚向下突出不小于500 mm的梁为界,从地板到屋顶或吊顶之间的规定空间。

防烟分区和防火分区的划分方法基本相同,即按每层楼面作为一个垂直防烟分区;每个楼面的防烟分区可在每个水平防火分区内划分出若干个。防烟分区不应跨越防火分区。每个防烟分区的面积不应超过 500 m²，对装有自动灭火设备的建筑物其面积可增大一倍。另外，还应注意竖井分区，如商场的中央自动扶梯处是一个大开口，应设置用感烟探测器控制的隔烟防火卷帘。

2. 排烟

排烟的部位有两类：着火区和疏散通道。着火区排烟的目的是将火灾发生的烟气排到室外，降低着火区的压力，不使烟气流向非着火区；疏散通道的排烟是为了排除可能侵入的烟气，以利于人员安全疏散及救火人员通行。排烟分为自然排烟和机械排烟。

（1）自然排烟。自然排烟有两种方式：一种是利用可开启外窗或专设的排烟口排烟；另一种是利用竖井排烟，如图5-12所示。

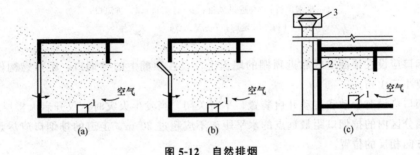

图 5-12 自然排烟
(a)利用可开启外窗排烟；(b)利用专设排烟口排烟；(c)利用竖井排烟
1—火源；2—排烟风口；3—避风风帽

自然排烟的优点是：不需电源和风机设备，可兼作平时通风用，避免设备的闲置；其缺点是：受室外风向、风速和建筑本身的密封性或热作用的影响，排烟效果不稳定。当开口部位在迎风面时，不仅降低排烟效果，有时还可能使烟气流向其他房间。

在高层建筑中除建筑物高度超过 50 m 的一类公共建筑和建筑高度超过 100 m 的居住建筑外，靠外墙的防烟楼梯间及其前室、消防电梯间前室和合用前室及净空高度小于 12 m 的中庭，可采用自然排烟方式。自然排烟窗、排烟口、送风口应设开启方便、灵活的装置。

（2）机械排烟。机械排烟方式是将火灾产生的烟气通过排烟风机排到室外。机械排烟可分为局部排烟和集中排烟两种方式。局部排烟方式是在每个需要排烟的部位设置独立的排烟风机直接进行排烟；局部排烟方式投资大，而且排烟风机分散，维修管理麻烦，所以很少采用。如采用时，一般与通风换气要求相结合，即平时可兼作通风排风使用。集中机械排烟就是把建筑物划分为若干个系统，每个系统设置一台大型排烟机，系统内的各个房间的烟气通过排烟口进入排烟管道引到排烟机直接排至室外，如图 5-13 所示。机械排烟的优点是：受室外风压影响小，能有效地保证疏散通路，使烟气不向其他区域扩散；其缺点是：有关设备要能耐受高温烟气的影响，管理维护相对较复杂。

对机械排烟设施的要求如下：

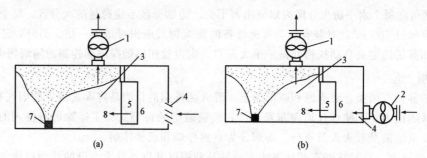

图 5-13 机械排烟方式
(a)自然进风,机械排烟;(b)机械进风,机械排烟
1—排烟风机;2—进风风机;3—排烟口;4—进风口;
5—门;6—走廊;7—着火点;8—火灾室

1)排烟口应设在顶棚上或靠近顶棚的墙面上,设在顶棚上的排烟口,距可燃构件或可燃物的距离不应小于 1 m。

2)排烟口应设有手动和自动开启装置,平时关闭。当发生火灾时,仅开启火楼层的排烟口。

3)防烟分区内的排烟口距最远点的水平距离不应超过 30 m。走道的排烟口应尽量布置在与人流疏散方向相反的位置。

4)在排烟支管和排烟风机入口处应设有温度超过 280 ℃时能自行关闭的排烟防火阀。

5)当任一排烟口或排烟阀开启时,排烟风机应能自行启动。

6)排烟风道必须采用不燃材料制作。安装在吊顶内的排烟管道,其隔热层应采用不燃材料制作,并应与可燃物保持不小于 1.50 m 的距离。

7)机械排烟系统与通风、空调系统宜分开设置。若合用时,必须采取可靠的防火安全措施,并应符合排烟系统要求。

8)设置机械排烟的地下室,应同时设置送风系统。

机械排烟系统由挡烟垂壁、排烟口、排烟道、排烟阀、排烟防火阀、排烟风机等组成。适用于不具备自然排烟条件或较难进行自然排烟的内走道、房间、中庭及地下室。带裙房的高层建筑防烟楼梯间及其前室,消防电梯间前室或合用前室,当裙房以上部分利用可开启外窗进行自然排烟,裙房部分不具备自然排烟条件时,其前室或合用前室应设置局部机械排烟设施。

3. 加压防烟

加压防烟是用风机把一定量的室外空气送入房间或通道内,使室内保持一定压力或门洞处有一定空气流速以避免烟气侵入。图 5-14 所示为加压防烟的两种情况。其中,图 5-14(a)所示为当门关闭时房间内保持一定余压值,空气从门缝或其他缝隙处流出,防止了烟气的侵入;图 5-14(b)所示为当门开启时送入加压区的空气以一定风速从门洞流出,阻止烟气流入。当流速较低时,烟气可能从上部流入室内。由上述两种情况分析可以看到,为了阻止烟气流入被加压的房间,必须达到:门开启时,门洞有一定向外的风速;门关闭时,房间内有一定余压值。《建筑设计防火规范(2018年版)》(GB 50016—2014)规定：前室、合用前室、消防电梯间前室、封闭避难层(间)余压值为25～30 Pa；防烟楼梯间为40～50 Pa。

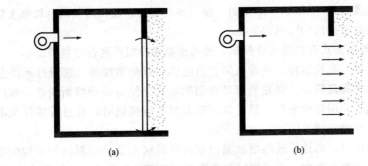

图 5-14 加压防烟示意
(a)门关闭时；(b)门开启时

根据《建筑设计防火规范(2018年版)》(GB 50016—2014)的规定，建筑的下列场所或部位应设置防烟设施。
(1)防烟楼梯间及其前室。
(2)消防电梯间前室或合用前室。
(3)避难走道的前室、避难层(间)。

建筑高度不大于50 m的公共建筑、厂房、仓库和建筑高度不大于100 m的住宅建筑，当其防烟楼梯间的前室或合用前室符合下列条件之一时，楼梯间可不设防烟系统。
(1)前室或合用前室采用敞开的阳台、凹廊。
(2)前室或合用前室具有不同朝向的可开启外窗，且可开启外窗的面积满足自然排烟口的面积要求。

楼梯间每隔2～3层设置一个加压送风口；前室应每层设一个。机械加压送风防烟系统中送风口的风速不宜大于7 m/s。加压送风口应采用自垂式百叶风口或常开双层百叶风口。当采用常开百叶风口时，应在其加压风机的压出管上设置止回阀。加压送风口应设手动和自动开启装置，并与加压送风机的启动装置连锁。

二、防火排烟设备及部件

1. 风机

防烟风机可以采用轴流风机或中、低压离心风机。风机位置应根据供电条件、风量分配均衡、新风入口不受火和烟威胁等因素确定。排烟风机可采用离心风机或采用排烟轴流风机。排烟风机应保证能在280 ℃时连续工作30 min，并应在其机房入口处设有当烟气温度超过280 ℃时能自动关闭的排烟防火阀。

2. 防火阀

防火阀应用于有防火要求的风管上，一般安装在风管穿越防火墙处，平时处于常开状态。发生火灾时，当温度超过 70 ℃ 或 280 ℃ 时，温度熔断器动作使阀门关闭，切断火势和烟气沿风管蔓延的通路，进而联动送(补)风机关闭。

(1) 防火阀的控制方式有热敏元件控制、感烟感温器控制及复合控制等。

1) 热敏元件控制。有易熔环、热敏电阻、热电偶和双金属片等，它通过元件在不同温度下的状态或参数变化来实现控制。采用易熔环控制时，火灾使易熔环熔断脱落，阀门在弹簧力或自重力作用下关闭；采用热敏电阻、热电偶、双金属片等控制时，通过传感器及电子元件控制驱动微型电动机工作将阀门关闭。

2) 感烟感温器控制。其是通过感烟感温控制设备的输出信号控制执行机构的电磁铁、电动机动作，或控制气动执行机构，实现阀门在弹簧力作用下的关闭或电动机转动使阀门关闭。

3) 复合控制方式为上述两种控制方式的组合。

(2) 防火阀的关闭驱动方式有重力式、弹簧力驱动式(或称电磁式)、电动机驱动式及气动驱动式等四种。

3. 排烟阀

排烟阀结构与防火阀类似，应用于排烟系统的风管上，平时处于关闭状态。火灾发生时，感烟探测器会发出火警信号，控制装置使排烟阀打开，通过排烟口排烟。

4. 排烟防火阀

排烟防火阀结构与防火阀类似，适用于排烟系统管道上或风机吸入口处，兼有排烟阀和防火阀的功能，平时处于关闭状态。需要排烟时，其动作和功能与排烟阀相同，可自动开启排烟。当管道气流温度达到 280 ℃ 时，阀门的易熔金属熔断而自动关闭，切断气流，防止火势蔓延。

5. 防火门

防火门是指在一定时间内能满足耐火稳定性、完整性和隔热性要求的门，是建筑物防火分隔措施之一。通常用在防火墙上、疏散楼梯间出入口或管井开口部位。按其耐火极限分为甲、乙、丙三级。防火门分为手动型和自动型。手动型防火门一般为常闭状态，平时或发生火灾时，人员都可以手动开启通过；自动型防火门平时处于开启状态，人员可以自由通过。发生火灾时，可以通过手动或自动控制来关闭。自动控制是由火灾探测器或联动控制盘来发送控制信号。防火门关闭后，应有关闭信号反馈到控制盘或消防控制中心。

重点保护建筑中的电动防火门应在现场自动关闭，不宜在消防控制室集中控制。为了实现现场控制，防火门两侧应设有专用的感烟探测器组成探测控制电路。

6. 挡烟垂壁

挡烟垂壁是指建筑物内大空间防排烟系统中作烟区分隔的装置，用不燃烧材料制成，分为固定式和活动式两种。

7. 防火卷帘

防火卷帘是一种活动的防火分隔物，一般用钢板、无机布等材料制作，以扣环或铰接的方法组成，平时卷起在门窗上口的转轴箱中，起火时将其放下展开，用来阻止火势从门窗洞口蔓延。

单元五　消防系统其他设备设施

一、消防电梯

消防电梯属于消防系统的应急避难装置，它是具有耐火封闭结构、防烟室和专用电源，在火灾情况下供消防队使用的电梯。《建筑设计防火规范(2018年版)》(GB 50014—2014)规定，下列建筑应设置消防电梯：建筑高度大于 33 m 的住宅建筑；一类高层公共建筑和建筑高度大于 32 m 的二类高层公共建筑、五层及以上且总建筑面积大于 3 000 m^2（包括设置在其他建筑内五层及以上楼层）的老年人照料设施；设置消防电梯的建筑的地下或半地下室，埋深大于 10 m 且总建筑面积大于 3 000 m^2 的其他地下或半地下建筑(室)。

当建筑物起火后，非消防电梯必须全部招回首层，若火灾发生在首层则应停于较近层，待人员撤离后应锁上停止使用，而消防电梯则由消防队员操纵投入灭火救援战斗。消防队员动控制按钮，或将专用钥匙插入切换开关（通常设于首层电梯门旁），消防电梯也能回到首层供消防队员使用。

为了防止烟火侵入电梯井道及轿厢之中，消防电梯必须设前室进行保护。前室既是消防队员开展灭火战斗的基地，又是被救护伤员的暂时避难场所。因此，前室兼有保护、基地及避难三重作用。

二、防火门

防火门属于消防系统的减灾装置，它能防止火势在建筑物内部的通道蔓延，保证消防疏散通道的安全。目前，国内防火门主要分为三类：木质防火门、钢质防火门和无机防火门。

防火门按使用状态可分为常开式和常闭式两种。常开式防火门平时呈开启状态，发生火灾时自动关闭。在疏散楼梯间，应设置常开式防火门。发生火灾时，通过各种传感器控制闭门器关门。

完整的防火门配件包括闭门器、顺序器和释放器。闭门器能够随时关闭门扇，顺序器能让双扇和多扇防火门按顺序关闭，若防火门与消防报警联控器连接，则需要安装释放器。发生火灾时，联动系统控制释放器动作，让防火门处于常闭，当人员通过后又将门自动关闭。

特别要注意用于疏散通道的防火门应具有在发生火灾时迅速关闭的功能，且向疏散方向开启，不能装锁和插销。

三、应急照明

应急照明属于消防系统的应急装置。完善的事故照明与紧急疏散指示标志能为火灾逃生提供良好的条件。按照规定，救生通道必须设置事故照明与紧急疏散指示系统。

应急照明、疏散指示灯具一般由充电器、镇流器、应急转换器、电池、光源、灯具等部分组成。其中，应急转换器的作用是把电池提供的低压直流电，变换成足够高的交流电源，使灯顺利地启动并正常工作。

应急照明系统的电池容易损坏，主要原因有电池保险断开、寿命到期、充放电不当等，其中充放电不当是主要因素。应急照明电池目前多用镍镉电池，其中正极为镍，负极为镉，由于镉有记忆效应，新电池使用前应先充电约 20 h，一般须经 2～3 次充放电才能达到最佳容量。为延长电池组使用寿命，应在使用过程中隔一段时间对电池进行一次放电。

四、火灾监控系统设备设施

火灾监控系统是以火灾为监控对象，为及时发现和通报火情，并采取有效措施控制和扑灭火灾而设置在建筑物内的自动消防设施。它由火灾自动报警系统和联动控制灭火系统两个子系统组成。因为联动控制灭火子系统的主要作用是为了方便人员疏散和有效地灭火，所以，通常将它划归为自动控制灭火部分。其工作原理是：火灾探测器监测感受到火灾信息后，转换成电信号形式送往报警控制器，由控制器处理、运算和判断。当确认发生火灾时，在火灾自动报警控制器上发出声、光报警及数字显示火灾区域或房间的号码，并打印报警时间、地点。同时，使所有消防联动控制灭火子系统动作，如关闭建筑物空调系统，启动有关部位的排烟风机和正压送风机，启动疏散指示系统和火灾事故广播，监控电梯回降首层等，指挥人员疏散到安全区域，利用消防专用电话向消防部门报警，同时，启动消防水泵和喷淋泵灭火等。

火灾自动报警系统用于尽早探测初期火灾并发出警报，主要控制对象包括：火灾探测器、火灾自动报警控制器、火灾警报装置、信号线路及具有其他辅助功能的装置等。

消防联动控制灭火系统可在接收到火警信号时实现自动或手动启动相关消防设备并显示其状态。其主要控制对象包括：火灾报警控制器、自动灭火系统的控制装置、室内消火栓系统的控制装置、防烟排烟系统及通风空调系统的控制装置、常开防火门及防火卷帘的控制装置、电梯回降控制装置、火灾应急广播、火灾警报装置、火灾应急照明与疏散指示标志控制装置等的部分或全部。

五、消防控制中心

消防控制中心是设置火灾自动报警控制设备和消防联动控制设备的专门场所，用于接收、显示、处理火灾报警信号，控制有关的消防设施。消防控制中心的设备由火灾报警控制器、消防联动控制装置以及消防通信设备等组成。

现代化建筑的消防控制中心，应设置显示屏和控制台，以便消防人员了解大楼各种自动灭火系统的运作情况，对大楼的灭火救灾活动进行有效的指挥。显示屏有逐点显示和分区显示两种显示方式。逐点显示能显示出火灾的具体位置，而分区显示只能显示出火灾区域地段。为简化线路、减少设备，消防中心通常采用分区显示方式。

消防控制中心的面积、位置、建筑耐火性能、通风、电气线路等应符合现行国家标准《建筑设计防火规范(2018年版)》(GB 50016—2014)的规定。一般应满足以下要求：消防控制中心应设置在建筑物的首层，距通往室外出入口不应大于 20 m，内部和外部的消防人员应能容易找到、可以接近，并应设在交通方便和发生火灾时不易延燃的部位。不应将消防控制中心设于厕所、锅炉房、浴室、汽车库、变压器室等的隔壁和上、下层相对应的房间。有条件时，宜与防盗监控、广播通信设施等用房相邻近。应适当考虑长期值班人员房间的朝向。消防控制中心的面积一般应在 15 m² 以上，为了防止烟、火危及消防控制室工作人员的安全，消防控制室的门应有一定的耐火能力，并应向疏散方向开启。为了便于消防人员扑救火灾时联系工作，应在入口处设置明显的标志牌或标志灯，标志灯电源应从消防电源上接入，以保证标志灯电源可靠。另外，根据消防控制室的功能要求，火灾自动报警系统、火灾自动灭火装置、电动防火门、防火卷帘、消防电话及火灾应急照明、火灾应急广播等系统的信号线和控制线路均要送入消防控制室。消防控制室与值班室、消防水泵房、备用发电机房、变配电室、通风空调机房、排烟机房、消防电梯机房，以及其他与消防联动控制有关的且经常有人值班的机房和灭火控制系统的操作装置处或控制室，应设置固定的对讲电话或专用电话分机，并应设置可向当地公安消防部门直接报警的外线电话。消防控制中心不应穿过与其无关的电气线路及其他管道，也不可装设与其无关的其他设备。

六、消防电源及传输导线

消防控制中心、消防水泵、消防电梯、防排烟设施、火灾自动报警、自动灭火装置、火灾事故照明、疏散指示标志、电动防火门窗、卷帘、阀门等消防用电，按建筑防火等级要求，一类建筑按一级负荷要求供电，二类建筑按二级负荷要求供电。

消防中心应设两路专线电源供电，自动切换，互为备用。为了确保消防用电的可靠性，还应设置备用的镍镉蓄电池组。火灾事故照明和疏散指示标志可用电池作备用电源，但其连续供电时间不应小于 20 min。火灾报警器采用蓄电池作备用电源时，电池容量应可供火灾报警器在监视状态下工作 24 h 后，能在报警器不超过 4 路时处于最大负荷条件下，以及容量超过 4 路时处于 1/3 最大负荷(但不少于 4 回路同时报警)下工作 30 min。

火灾自动报警系统的传输导线采用铜芯绝缘导线或铜芯电缆，其电压等级不应低于交流 250 V。线芯截面面积的最小值为 1 mm(穿管敷设的绝缘导线)、0.75 mm(线槽敷设的绝缘导线)和 0.5 mm(多芯电缆)。

所有消防系统的管线，应选用防火耐热的铜芯绝缘导线，并采用钢管暗敷。绝缘导线应采用穿金属管、硬质塑料管、半硬质塑料管或封闭式线槽保护式布线。消防控制、通信和报警线路应穿金属管保护暗敷在非燃烧体结构内，其保护层厚度不小于 3 cm。必须明敷时，金属管上应采取防火保护措施。不同系统、不同电压、不同电源类别的线路，不得共管敷设。弱电线路和强电线路的竖井宜分别设置，条件不允许时也应分置在竖井两侧。

单元六 消防系统管理与维护

一、物业消防设施管理范围

1. 同一建筑物由两个以上单位管理或者使用的责任划分

同一建筑物由两个以上单位管理或者使用，应当明确各方的消防安全责任。具体形式可以由建筑物的管理、使用各方共同协商，签订协议书，明确各自消防安全工作的权利、义务和违约责任。

对共用的疏散通道、安全出口、建筑消防设施和消防车通道，要求进行统一管理，并要求责任人具体实施管理。统一管理的具体方法，既可以由各个管理单位或使用人成立消防安全组织来进行管理，也可以委托一家单位负责管理，或者共同委托物业管理企业进行统一管理。

2. 物业管理公司应当履行的消防安全管理职责

物业管理公司应当对管理区域内的共用消防设施进行维护与管理。同时，物业管理公司提供的消防安全防范服务，除对共用消防设施进行维护与管理外，还应当包括对共用部位开展防火检查、巡查，进行消防安全宣传教育等预防火灾工作。

二、消防系统设备间运行环境要求

1. 消防中心

（1）门外开，金属门应保持完好，防腐油漆定期翻新；门外应有明显的"消防中心""非值班工作人员严禁入内"的标志牌。

（2）墙身只允许悬挂"规章制度""操作规程""紧急事故处理程序"的标志牌。地板应无垃圾、积尘。

（3）消防中心严禁堆放杂物，以保证在紧急情况下有足够的指挥人员的活动空间。

（4）报警主机后面的维修通道应保持畅通。

（5）所有设备的柜顶、柜内无积浮尘，不得在机柜内放置与运行设备无关的杂物。

（6）各分类末端设备的电源插座应安装为永久的、容量足够的固定插座，不宜采用电源插板代替，更不得一个电源插板带三个以上的末端设备。电池组表面应保持清洁，箱体完好，无生锈。

（7）应急灯齐备完好，室内照明无故障。

2. 气体灭火设备间

（1）气瓶间严禁堆放杂物。

（2）门铰无松动，门锁完好，门外应有"BTM气瓶间"明显标志。

（3）墙身只允许悬挂"操作规程"标志牌。

（4）气瓶组瓶体支架无积尘、无生锈；压力表清晰，抄读方便；管网上不得悬挂其他不相关物件；管道及其支架油漆无剥落、生锈；对应的瓶体上在适当位置应悬挂该气体瓶"保护范围"

的标志牌。

(5) 应急灯齐备完好，室内照明无故障。

(6) 报警主机、联动屏、紧急广播控制屏应无积尘。供电设备电源箱的箱顶、箱内无积尘，箱内完好，无生锈，箱内走线有序，不凌乱。

3. 消防水泵房

(1) 加压水泵、气压罐、湿式报警阀底座无松动、无泄漏；泵体、气压罐身、地脚螺栓无生锈、无脱漆；悬挂标有技术参数的标志牌。

(2) 闸阀明杆加黄油，无渗漏、无生锈；悬挂标有功能、状态、技术参数、上级阀门位置等内容的标志牌。

(3) 管道油漆无剥落，标有工作介质流向指示。

(4) 控制箱应无积尘，外表无缺陷、无生锈；功能标示清楚；指示灯、电流表、压力表无故障；表面清晰，便于抄读；箱内走线有序，不凌乱。

4. 室外消火栓

(1) 水泵接合器房门无破损，门铰无松动，门锁完好；门外有"消防水泵接合器"的标志牌。

(2) 水泵接合器无渗漏，配件齐全；防腐油漆无剥落；接合器悬挂供水楼层范围标志牌；设备房内严禁堆放杂物。

(3) 室外消火栓防腐油漆无剥落，配件齐全；四周 3 m 范围内不应有阻挡物和障碍物。

三、消防管理的基本制度

物业管理部门要结合建筑物的实际情况，严格建立以下消防管理制度：

(1) 消防中心值班制度。消防控制中心要建立 24 h 值班制度，并要求值班人员要具有消防基本知识，而且对建筑物内的消防设备有充分的了解，并懂得火灾事故处理程序。同时，值班人员要有高度的责任心和判断事物的敏锐性。

(2) 防火档案制度。物业管理部门要建立防火档案制度，对火灾隐患、消防设备状况、重点消防部位、前期消防工作概况等要记录在案，以备随时查阅，还要根据档案记载的前期消防工作概况定期进行研究，不断提高防火、灭火的水平和效率。

(3) 防火岗位责任制度。要建立各级领导负责的逐级防火岗位责任制度，上至公司领导，下至消防员，都要对消防负有一定的责任。

四、消防系统保养周期和项目

1. 月度维护保养

消防系统月度维护保养项目如下：

(1) 消火栓泵和喷淋泵：手/自动运行、消防中心启动、返回信号、记录启/停压力、主备电源投入。

(2)湿式报警阀：响水力警铃、报警返回信号、记录压力。
(3)加压排烟机：手动运行、消防中心启动、返回信号、机前风阀自动开启、主备电源投入。
(4)减压阀和雨淋阀：检查并记录上端、下端压力，调校偏差的下端压力。
(5)各层手动报警按钮和消防箱封条和配置：检查报警按钮玻璃、消防箱封条。
(6)防火卷闸：手动运行下降上升、消防中心启动下降、下降返回信号、运行状况。
(7)气体灭火系统：检查电源指示、系统运行、气瓶压力。
(8)消防主机、联动柜和广播柜：自动检测、列表打印检查和记录被封闭烟感号码和原因，测试按钮灯和信号灯，测试传声器，备用电源测试。

2. 季度维护保养

消防系统季度维护保养项目如下：

(1)消火栓泵喷淋泵：控制电箱检查和清洁除尘、清洁水泵设备主泵故障自动转换。
(2)加压排烟风机：控制电箱检查和清洁除尘、机前风阀加润滑油、清洁风机房和设备。
(3)BTN气体灭火系统、减压阀房和煤气房：清洁BTN房和设备卫生。
(4)防火卷闸：控制电箱检查和清洁除尘、卷闸电动机清洁除尘、检查运行有无异响、调校限位位置。
(5)消防中心设备：控制柜检查和清洁除尘、清洁设备卫生。

3. 半年维护保养

消防系统半年维护保养项目如下：

(1)BTN气体灭火系统模拟测试：控制电箱清洁除尘、1区报警响警钟、2区报警响警笛并亮闪灯、延时灯亮及延时启动时间、易熔片信号灯亮、瓶头阀动作、主机模拟盘显示、消防中心显示、备用电池手动试验、烟感开路故障测试。
(2)各层端子箱：控制电箱检查和清洁除尘。
(3)消火栓泵和喷淋泵、加压排烟风机：轴承加润滑油、上黄油，检查轴承运行有无异响。
(4)设备层消防闸阀：螺杆上黄油。
(5)消防指令电梯回降：消防中心控制电梯已回降。
(6)各层送风排烟阀和防火阀：消防中心控制打开、返回信号、加油润滑。
(7)联动部分功能测试：各层停非消防电、报警按钮、警铃、消防电话和消防广播检测备用电源。
(8)消火栓试验、感烟、感温探测器抽查测试：测试探测器，消防喷淋管末端排水，观察消防中心返回信号。
(9)消防管井：检查管井管道、打扫卫生。
(10)自动报警主机的自检、检测备用电情况。

4. 年度维护保养

消防系统年度维护保养项目如下：

(1)各层送风排烟阀和防火阀：加润滑油。

(2)各层消火栓箱:箱内清洁除尘,卷盘排水试压,水带腐烂程度,接扣、水枪、闸阀完好。

(3)消火栓泵和喷淋泵:控制箱接线口紧线;电动机紧线检测运行电流;检测绝缘电阻;水泵密封处理。

(4)加压排烟风机:控制箱接线口紧线;电动机紧线检测运行电流;检测绝缘电阻;检查、调校皮带。

(5)BTN气体灭火系统:控制箱接线口紧线,主机测试,检查市电、备用电。

(6)防火卷闸:控制箱接线口紧线、卷闸电动机接口紧线、调校链条、加润滑油。

(7)各层端子箱:控制电箱检查线路、紧线。

(8)消防中心设备:控制柜检查、紧线;检查各种指示灯、按钮。

(9)消火栓泵和喷淋泵、消防设备减压阀:清洗Y形隔滤网。

五、消防系统维护管理

(一)室内消火栓给水系统维护管理

消火栓箱应经常保持清洁、干燥、防止锈蚀、碰伤或其他损坏,并定期进行全面的检查维修。检查内容包括以下内容。

(1)消火栓和消防卷盘供水闸之间不应有渗漏现象。

(2)消防水枪、水龙带、消防卷盘及全部附件应齐全良好,消防卷盘应转动灵活,报警按钮、指示灯及控制线路功能正常,无故障。

(3)消火栓箱及箱内配装的消防部件的外观应无破损,涂层无脱落,箱门玻璃完好无缺。

(4)消火栓、供水阀门及消防卷盘等所有消防部件转动部位应定期加注润滑油。

(二)自动喷水灭火系统维护管理

自动喷水灭火系统投入使用后,主管单位应建立日常检测、维护、管理制度,确保系统随时处于准工作状态。实践证明,由于一些使用单位平时忽视了对系统的管理维护及检测试验工作。火灾发生后,系统不能启动或灭火效果不佳,从而造成了巨大损失。因此,必须重视系统的日常维护管理和检测试验工作。自动喷水灭火系统的日常维护管理工作内容及要求见表5-1。

表5-1 自动喷水灭火系统的日常维护管理工作内容及要求

序号	维护管理部位	维护管理工作内容及要求	维护周期
1	水源	测试供水能力,符合设计要求	每年
2	蓄水池、高位水箱	检测水位及消防储备水不被他用措施挪用,正常	每月
3	消防气压给水设备	检测气压、水位符合工作条件要求	每月
4	设置储水设备的房间	检查室温,不低于5℃	寒冷季节每天
5	储水设备	检查结构材料完好、无锈蚀	每两年
6	电动消防水泵	启动试运转正常;水量、水压符合要求	每月

续表

序号	维护管理部位	维护管理工作内容及要求	维护周期
7	内燃机驱动消防水泵	启动试运转正常;水量、水压符合要求	每星期
8	报警阀	放水试验,启动性能正常	每季度
9	水源控制阀、报警控制装置	目测巡检完好状况及开闭位置正确	每日
10	系统所有控制阀门、电磁阀	检查铅封、锁链完好,状况正常	每月
11	室外阀门井中控制阀门	检查开启状况正常	每季度
12	水泵接合器	检查完好状况	每月
13	水流指示器	试验报警正常	每两月
14	喷头	检查完好状况、清除异物,重要场所还应定期实测动作性能	每月

(三)防火排烟系统维护管理

1. 防火排烟系统维护管理制度

防火排烟系统是一个复杂的、自动化程度高的系统,除依靠拥有高技术素质和高度责任心的操作运行人员进行运转管理外,还要依赖于科学的管理制度。

通风与防火排烟系统的管理要建立以下规章制度。

(1)岗位责任制:规定配备人员的职责范围和要求。

(2)巡回检查制度:明确定时检查的内容、路线和应记录项目。

(3)交接班制度:明确交接班要求、内容及手续。

(4)设备维护保养制度:规定设备和仪表的检查、保养周期,检查的内容和要求等。

(5)清洁卫生制度:明确人员的配备和要求等。

(6)安全保卫和防火制度。

(7)制定安全操作规程。

另外,还应有执行制度时的各种记录,如运行记录、交接班记录、设备维护保养记录、事故记录等。

2. 防火排烟系统维护管理内容

防火排烟系统的维护包括清理灰尘、巡回检查、仪表检验和系统检修。

(1)要经常清洗、更换过滤器,并不得污染滤料,安装过滤器要严密、不漏风;对于循环使用的泡沫塑料滤料,要在干净的环境中进行清洗和晾干,并测定其效率,不合格的应更换;要经常打扫风机箱,定期上漆防锈,保持通风系统洁净,必要时对风管内部进行打扫;对消声器的材料要定期清洗或更换,保持材料干净;经常检查堵漏,减少系统漏风,定期测定空气的含尘量。

(2)巡回检查的内容:挡烟垂壁的外观,送风阀外观,风机、水泵和电动机的工作状态,轴承的温度,传送带松紧度;排烟阀外观、排烟窗外观;风机箱和风管内的防锈油漆是否脱落,水阀门是否严密，开关是否灵活；管道及设备保温是否损坏，风道阀门是否工作正常，电气导线的接头是否松动、发热。

(3)单项检查的内容：风机控制柜；排烟系统的功能；送风加压系统的功能；测试风速、风压值；电动排烟阀的启闭功能；电动挡烟垂壁的控制功能。对发现的问题要做到及时记录、上报，认真分析原因，并寻找解决办法，及早解决问题。若不能立即解决，必须及时联系相关部门或单位共同处理，并采取必要的补救措施，确保系统正常运行。

(四)气体灭火系统维护管理

定期对气体灭火系统进行检查和维护是保持气体灭火系统能发挥预期作用的关键，要坚持定期检查与试验，发现问题或故障应及时解决或修复。

气体灭火系统启动喷射灭火剂后，应及时恢复功能，包括充装灭火剂，增压，更换密封件和对已破坏的零部件及喷嘴防尘罩进行修复，将所有阀门和控制开关复位等。

已投入使用的气体灭火系统应具备要求审核的全部文件资料及竣工验收报告，系统的操作规程和系统的检查、维护记录图表。定期检查和维护包括日常维护、月检和年检。

(五)干粉灭火器维护管理

干粉灭火器维护管理的主要检查项目内容如下：

(1)灭火器应避免高温、潮湿和有严重腐蚀的场合，防止干粉灭火剂结块、分解。应放置在通风、干燥、阴凉并取用方便的地方，环境温度为$-5\ ℃\sim +45\ ℃$。

(2)每半年检查干粉是否结块，储气瓶内二氧化碳气体是否泄漏。检查二氧化碳储气瓶，应将储气瓶拆下称重，检查称出的质量与储气瓶上钢印所标的数值是否相同，如小于所标值7g以上的，应送维修部门修理。如为储压式，则检查其内部压力显示表指针是否指在绿色区域。如指针已在红色区域，则说明已发生泄漏，无法使用，应尽快送维修部门检修。

(3)灭火器一经开启必须再充装。再充装时，绝对不能变换干粉灭火剂的种类，即碳酸氢钠干粉灭火器不能换装磷酸铵盐干粉灭火剂。

每次再充装前或灭火器出厂3年后，应进行水压试验。对灭火器筒体和储气瓶应分别进行水压试验。水压试验压力应与该灭火器上标签或钢印所示的压力相同。经水压试验合格后才能再次充装使用。

(4)维护必须由经过培训的专人负责，修理、再充装应送专业维修单位进行。

| 课堂提问 |

1. 自动喷水灭火系统的消防气压给水设备维护周期为( )。
A. 每年　　　　　　B. 每季度　　　　　　C. 每月　　　　　　D. 每日
答案：C

2. 干粉灭火器应( )检查干粉是否结块，储气瓶内二氧化碳气体是否泄漏。
A. 每年　　　　　　B. 每半年　　　　　　C. 每月　　　　　　D. 每日
答案：B

| 实践与训练 |

一、实训内容

1. 组织学生实地勘察建筑消防系统的构成。
2. 熟悉建筑消防系统设备设施。
3. 掌握建筑消防系统管理与维护。

二、实训步骤

1. 学生分组，实地勘察某建筑消防系统。可根据不同的使用功能的建筑进行分组，如针对小区、写字楼、商场或医院来分组，或根据不同的消防子系统进行分组，学生分别负责消火栓给水系统、防、排烟系统、自动喷水灭火系统等。

2. 实物拍照，查资料，列表，查找相关建筑消防系统设备设施，弄清各种设备的名称、作用和类型等信息。

3. 每组将调查结果做成PPT演示并讲解，教师点评。

模块五 学生实训考核表

姓名		班级		小组	
实训模块		消防系统			
考核内容	分值	自评	小组互评	教师评价	
不迟到早退，出勤情况良好，任劳任怨，勇于实践，态度谦逊，勤学多问	20				
在实训过程中，能理论联系实际，较好地完成实训任务	20				
能较好地完成实物拍照列表记录	20				
在小组合作中，具有良好的沟通、协作能力	20				
小组PPT演示成果完整、翔实，PPT讲解清楚、流畅	20				
评价汇总	100				
考核总分					

注：总评成绩＝自评成绩×30％＋小组评价×20％＋指导教师评价×50％

模块小结

本模块主要介绍了消防系统的结构与组成，室内消火栓给水系统组成、类型和布置要求，自动喷水灭火系统的分类和主要组件，火灾的防火排烟，消防系统其他设备设施，物业消防设施管理范围，消防系统设备间运行环境要求，消防管理基本制度，消防系统保养周期和项目，消防系统维护管理等内容。通过本模块的学习，学生应对消防系统有系统的认识，能够进行日常的维护与管理。

思考与练习

一、填空题

1. 建筑高度大于_____m的住宅建筑和建筑高度大于_____m的非单层公共建筑，且高度不大于_____m的，为高层民用建筑；建筑高度大于_____m的为超高层建筑。
2. 火灾自动报警系统主要由_____和_____等组成。
3. 报警阀的作用是开启和关闭管网的水流，传递控制信号至控制系统并启动直接报警，一般有_____、_____和_____三种类型。
4. 报警控制器的基本功能主要包括_____、_____和_____。

二、简答题

1. 简述火灾的特点。
2. 简述低层建筑室内消火栓给水系统的分类。
3. 简述室内消火栓给水系统的布置要求。
4. 简述报警器的种类和作用。
5. 简述物业消防设施管理范围。
6. 简述气体灭火设备间运行的环境要求。
7. 简述消防管理的基本制度。
8. 简述消防系统年度维护保养的项目。
9. 简述室内消火栓给水系统维护管理的内容。

模块六　空调系统

知识目标

了解空气环境的基本衡量参数，空气处理方法；熟悉空调系统的组成与分类，空调系统的主要空气处理设备、空气输配设备、制冷设备；掌握空调系统的管理与维护。

能力目标

能够正确使用空气处理设备、空气输配设备、制冷设备；能够对空调系统进行科学的管理与维护。

素质目标

具有严谨的工作作风；具有谦虚务实的职业素养。

案例导入

中央空调通风管藏污纳垢，上班族吹出军团菌肺炎

20××年7月，一位中年男性陈先生因持续高热来医院看病，在进行肺部检查时医生发现其右侧肺叶有一大片阴影，这令陈先生感到很诧异，他从来不吸烟，而且有自己独立的办公室，不可能受到"二手烟"、粉尘的"毒害"，到底是什么让他的肺部出现阴影呢？经诊断，他患的是军团菌肺炎，肺叶里已经布满了军团菌，如果不及时治疗，可能有生命危险。

据了解，陈先生所在的办公大楼已经使用了10余年，空调的通风管道多年无人清理，甚至每个办公室的空调通风口也从未清洗，中央空调制冷系统成了军团菌最容易藏匿的地方，这些军团菌随冷风吹出，浮游在空气中，人吸入后会出现上呼吸道感染及发热症状，严重者可致呼吸系统衰竭和肾衰竭。

据美国环保机构统计，暖气通风装置和空调系统是室内助长细菌、产生化学污染的主要因素，美国每年用于治疗大楼疾病的医药费及员工缺勤、产量降低、利润减少等造成的损失超过1000亿美元，有些物业服务企业还因此遭到投诉和索赔。目前许多国家都规定，要根据不同使用场合经常对空调系统内部进行清洁性检查，根据检查结果决定建筑通风与空调系统是否需要清洗。

国内的中央空调清洗行业刚刚起步，无论是清洗设备还是清洗技术都还不成熟，从业人员

资质参差不齐,清洗质量也很难保证。2003年至今,国家有关部门已经先后发布《空调通风系统清洗规范》(GB 19210—2003)、《空调通风系统运行管理标准》(GB 50365—2019)和《公共场所集中空调通风系统卫生规范》(WS 394—2012),规范建筑通风与空调系统的清洗。相信在不久的将来,国内的中央空调清洗行业可以和国际标准接轨。

问题:上面的案例给我们哪些启示?

单元一 空调系统概述

一、空气环境的基本衡量参数

1. 温度

温度是衡量空气冷热程度的指标,国内通常以摄氏温度 t(℃)表示,有时也用开氏温度 T(或称为绝对温度)(K)表示。两者的换算关系如下:$T=t+273$。空气温度的高低,对于人体的舒适和健康影响很大,也直接影响某些产品的质量。一般来说,人体舒适的室内温度,冬季宜控制在 18 ℃~22 ℃,夏季控制在 24 ℃~28 ℃。

2. 湿度

湿度即空气中水蒸气的含量,湿度有以下几种表示方法:绝对湿度、含湿量、饱和绝对湿度、相对湿度。湿度通常用相对湿度来表示,相对湿度可理解为单位容积空气中含有水蒸气质量的实际值与同温度下单位容积空气所能包含的水蒸气质量的最大值之比,用符号"φ"表示,φ 值越小,说明空气越干燥,吸收水蒸气的能力就越强;φ 值越大,表示空气越潮湿,吸收水蒸气的能力就越弱。通常认为,令人舒适的相对湿度为 40%~60%,但这个范围在不同地区对不同人群会有所变化。

3. 清洁度

(1)空气的新鲜程度。通常用换气次数这个指标来衡量。换气次数是指单位时间房间的送风量与房间体积之比。

(2)空气的洁净程度。空气的洁净程度是指空气中的粉尘及有害物的浓度。舒适性空调系统通常可采用下列标准进行判断:空调房间的绝大多数人对室内空气表示满意,并且空气中没有已知的污染物达到了可能对人体健康产生严重威胁的程度。

4. 气流速度(v)

人对空气流动的感觉不仅取决于空气流速的大小,而且与气温的高低、人的工作活动量、人体暴露在流动空气中的面积以及空气流动是否变化有关。一般规定,舒适性空调的室内平均流速为:夏季不大于 0.3 m/s;冬季不大于 0.2 m/s。

二、空调系统的组成

空调工程是采用技术手段把某种特定空间内部的空气环境控制在一定状态下,使其满足人体舒适或生产工艺的要求,包括对空气的温度、湿度、流速、压力、清洁度、成分及噪声等的控制。室外气温变化、太阳辐射通过建筑围护结构对室温的影响、外部空气带入室内的有害物,以及内部空间的人员、设备与工业过程产生的热、湿与有害物都可以影响以上参数。因此,需要采用人工的方法消除室内的余热、余湿,或补充不足的热量与湿量,清除空气中的有害物,并保证内部空间有足够的新鲜空气。

空气调节的基本手段是将室内空气送到空气处理设备中进行冷却、加热、除湿、加湿、净化等处理,然后送入室内,以达到消除室内余热、余湿、有害物或为室内加热、加湿的目的;通过向室内送入一定量处理过的室外空气的办法来保证室内空气的新鲜度。

常用的以空气为介质的集中式空调系统由空气处理、空气输送、空气分配及辅助系统四个基本部分组成,如图6-1所示。

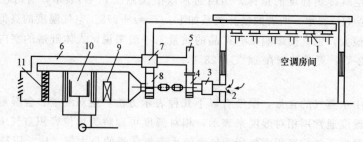

图6-1 集中式空调系统示意
1—送风口;2—回风口;3、7—消声器;4—回风机;5—排风口;6—送风管道;
8—送风机;9—空气加热器;10—喷水室;11—空气过滤器

1. 空气处理部分

集中式空调系统的空气处理部分包括各种空气处理设备,其中主要有过滤器、一次加热器、喷水室、二次加热器等。利用这些空气处理设备对空气进行净化过滤和热湿处理,可将送入空调房间的空气处理到所需的送风状态。各种空气处理设备都有现成的定型产品,称为空调机(或空调器)。

2. 空气输送部分

空气输送部分主要包括送风机、排风机、风管系统及必要的风量调节装置。空气输送部分的作用是不断将空气处理设备处理好的空气有效地输送到各空调房间,并从空调房间内不断地排除室内的空气。

3. 空气分配部分

空气分配部分主要包括设置在不同位置的送风口和回风口,其作用是合理地组织空调房间的空气流动，保证空调房间内工作区(一般是 2 m 以下的空间)的空气温度和相对湿度均匀一致，气流速度不致过大，以免对室内的工作人员和生产产生不良影响。

4. 辅助系统部分

辅助系统是为空调系统处理空气提供冷(热)工作介质的部分，该系统可分为空调制冷系统和空调用热源系统两部分。

(1)空调制冷系统。在空调制冷系统中，无论是喷淋室还是制冷器，都需要温度较低的冷水作为工作介质。而处理空气用的冷水一般都是由空调制冷系统制备出来的。目前使用的空调制冷系统都是由定型的计算机控制运行的整体式机组，称作空调用冷水机组。

(2)空调用热源系统。空调中加热空气所用的工作介质一般是水蒸气，而加热空气用的水蒸气一般由设置在锅炉房内的锅炉产生。锅炉产生的蒸汽首先被输送到分气缸，然后由分气缸分别送到各个用户如空调、采暖等。蒸汽在各用户的用气设备中凝结放出汽化潜热而变成凝结水，凝结水再由凝结水管回到软水箱。储存在软水箱里的软化水(一部分是凝结水)由锅炉给水泵加压注入锅炉经重新加热变为蒸汽，这样周而复始、循环不断地产生用户所需要的蒸汽。

三、空调系统的分类

(一)按设备的布置情况分类

空调系统按空气处理设备的布置情况，可分为集中式空调系统、半集中式空调系统和全分散式空调系统。

1. 集中式空调系统

集中式空调系统是将所有空气处理设备包括冷却器、加热器、过滤器、加湿器和风机等均设置在一个集中的空调机房内，处理后的空气经风道输送分配到各空调房间。集中式空调系统的优点是可以严格地控制室内温湿度，进行理想的气流分布，并能对室外空气进行过滤处理。集中式空调系统一般应用于大空间的公共建筑，处理空气量大，有集中的冷源和热源，运行可靠，便于管理和维修。集中式空调系统的缺点是机房占地面积较大，空调风道系统复杂、布置困难。

2. 半集中式空调系统

半集中式空调系统除有集中的空调机房和集中处理一部分空调系统需要的空气外，还设有分散在空调房间内的末端空气处理设备。末端空气处理设备的作用是在空气送入空调房间之前，对来自集中处理设备的空气和室内一部分回风做进一步的补充处理，以符合各空调房间的空气调节的要求。

半集中式空调系统的优点是：可根据各空调房间负荷情况自行调节，只需要新风机房，机房面积较小；当末端装置和新风机组联合使用时，新风风量较小，风管较小，利于空间布置。其缺点是：对室内温湿度要求严格时，难以满足；水系统复杂，易漏水。半集中式空调系统适用于层高较低且主要由小面积房间构成的建筑物的空调设计(如办公楼、旅馆饭店)。

3. 全分散式空调系统

全分散式空调系统又称局部机组系统，是将冷、热源和空气处理设备及空气输送设备（风机）集中设置在一个箱体内，使之形成一个紧凑的空气调节系统。因此，局部机组空调系统不需要专门的空调机房，可根据需要灵活、分散地设置在空调房间内某个比较方便的位置。

常用的全分散式空调系统有窗式空调器、立柜式空调器、壁挂式空调器等。该系统使用灵活，安装方便，节省风道。

(二)按承担负荷的介质分类

空调系统按承担负荷的介质可分为全空气系统、全水系统、空气—水系统和制冷剂系统。

1. 全空气系统

全空气系统是指空调房间的空调负荷全部由经过空气处理设备处理的空气来承担的系统，如图6-2(a)所示。

在炎热的夏天，室内空调热负荷与湿负荷都为正值的时候，需要向空调房间内送入冷空气，用以吸收室内多余的热量和多余的湿量后排出空调房间；而在寒冷的冬天，室内的空调负荷为负值（室内空气的热量通过空调房间的维护结构传给室外的空气）时，则需要向空调房间内送入热空气，送入空调房间的热空气既要在空调房间内放出热量，同时又要吸收空调房间内多余的湿量，这样才能保证空调房间内的设计温度与设计相对湿度。

由于全空气系统全部由空气来承担空调房间的空调负荷，如果承担的空调面积过大，则空调系统总的送风量也会较大，从而会导致空调系统的风管断面尺寸过大，占据较大的有效建筑空间。为减小风道的断面尺寸，只有采用高速空调系统，但风速过大时，会产生较大的噪声，同时形成的流动阻力也会加大，运行消耗的能量也要增加。

2. 全水系统

全水系统是指空调房间的热湿负荷全由水作为冷热介质来负担的空气调节系统，如图6-2(b)所示。由于水的比热比空气大得多，在相同条件下只需较少的水量，从而使输送管道占用的建筑空间较小。但这种系统不能解决空调房间的通风换气问题，室内空气质量较差，一般较少采用。

3. 空气—水系统

空气—水系统是全空气系统与全水系统的综合应用，它既解决了全空气系统因风量大导致风管断面尺寸大而占据较多有效建筑空间的矛盾，也解决了全水空调系统空调房间的新鲜空气供应问题。因此，这种空调系统特别适合大型建筑和高层建筑，如图6-2(c)所示。

4. 制冷剂系统

制冷剂系统是将制冷系统的蒸发器直接置于空调房间以吸收余热和余湿的空调系统，如图6-2(d)所示。其优点在于冷、热源利用率高，占用建筑空间少，布置灵活，可根据不同的要求自由选择制冷和供热。

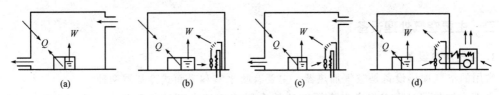

图 6-2 空调按承担负荷的介质分类
(a)全空气系统；(b)全水系统；(c)空气—水系统；(d)制冷剂系统

单元二 空调系统的空气处理设备

一、空气处理方法

空气调节就是对空调房间的空气参数进行调节，因此，对空气进行处理是空调必不可少的过程。对空气的处理主要包括热湿处理与净化处理两大类。空气热湿处理的过程可分为加热、冷却、加湿及除湿。所有实际的空气处理过程都是上述几种单过程的组合，例如，夏季最常用的冷却除湿过程就是降温与除湿过程的组合，喷水室内的等焓加湿过程就是加湿与降温过程的组合。在实际空气处理过程中，有些过程往往不能单独实现，如降温有时总伴随除湿或加湿。

(1)加热。单纯加热过程的主要实现途径是用表面式空气加热器、电加热器加热空气。如果用高于空气温度的水喷淋空气，则会在加热空气的同时使空气的湿度同时升高。

(2)冷却。采用表面式空气冷却器或用低于空气温度的水喷淋空气均可使空气温度降低。如果表面式空气冷却器的表面温度高于空气的露点温度，或喷淋水的水温等于空气的露点温度，则可实现单纯的降温过程；如果表面式空气冷却器的表面温度或喷淋水的水温低于空气的露点温度，则空气在冷却过程中还会被除湿。如果喷淋水的水温高于空气的露点温度，则空气在被冷却的同时还会被加湿。

(3)加湿。加湿过程主要是通过向空气加入蒸汽来实现，此外，还可以利用喷水室喷循环水加湿。通过直接向空气喷入水雾(高压喷雾、超声波雾化)可实现等焓加湿过程。

(4)除湿。可用表面式空气冷却器与喷冷水的方法对空气进行减湿，也可使用液体或固体吸湿剂来进行除湿。液体除湿是通过某些盐类水溶液对空气中水蒸气的强烈吸收作用来对空气进行除湿的，主要是根据要求的空气处理过程的不同(降温、加热还是等温)用一定浓度和温度的盐水喷淋空气。固体除湿是利用有大量孔隙的固体吸附剂(如硅胶)对空气中的水蒸气进行表面吸附来除湿。由于吸附过程近似为一个等焓过程，故空气在干燥过程中温度会升高。

(5)空气过滤。空调系统处理的空气是来源于室外新风和室内回风两者的混合物，新风中因室外环境有尘埃的污染，室内空气则因人的生活、工作等而被污染。空气中所含的灰尘除对人体有危害外，对空气处理设备(如加热、冷却器等设备)的传热也较为不利，所以，要在对空气进行热、湿处理前，用过滤器除去空气中的悬浮尘埃。

二、主要空气处理设备

1. 空气加热设备

常用的空气加热设备是空气加热器,主要有喷水室和表面式冷却器两种。

表面式加热器是由多根带有金属肋片的金属管连接在两端的联箱内,热媒在管内流动并通过管道表面及肋片放热,空气通过肋片间隙与其进行热交换,从而达到加热空气的目的,如图 6-3 所示。表面式加热器是空调工程中最常用的空气处理设备,其优点是:结构简单、占地少、水质要求不高、水侧的阻力小。

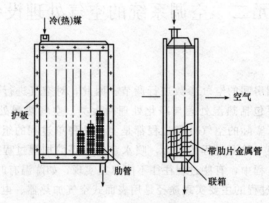

图 6-3 表面式加热器

除表面式加热器外,有时为满足送风的特殊要求,可在空气处理过程中采用电加热器进行空气加热处理。其加热均匀、迅速,效率高,结构紧凑,控制方便。

电加热器是指电流通过电阻丝并使其发热而加热空气的设备,在小型空调冬季空气处理或恒温湿及精度要求较高的大型空调局部空气加热中,常采用电加热器对空气进行加热处理。如安装在空调房间的送风支管上,作为控制房间温度的辅助加热器。电加热器分为裸线式和管式两种。裸线式电加热器的优点是:结构简单、热惰性小、加热迅速;其缺点是:电阻丝容易烧断,安全性差,使用时必须有可靠的接地装置。管式电加热器的优点是:加热均匀,热量稳定,使用安全;其缺点是热惰性大,构造复杂。

2. 空气冷却设备

空气冷却设备常用于夏季冷却空气处理,主要有喷水室和表面式冷却器两种。

喷水室的空气处理方法是向流过的空气直接喷淋大量水滴,被处理的空气与水滴接触,进行热湿交换,从而达到要求的状态。喷水室由喷嘴、水池、喷水管路、挡水板及外壳等组成,如图 6-4 所示。在喷水室横断面上均匀地分布着许多喷嘴,而冷冻水经喷嘴以水珠的形式喷出,充满整个喷水室间。当被处理的空气经前挡水板进入喷水室后,全面与水珠接触,它们之间进行热湿交换，从而改变了空气状态。经水处理后的空气由后挡水板析出所夹带的水珠，再进行其他处理，最后在通风机的作用下送入空调房间。喷水室喷水降温的优点是：能够实现多种空气处理过程，具有一定的空气净化能力，耗费金属最少，容易加工；其缺点是：不但占地面积大，对水质要求高，水系统复杂，水泵电耗大，而且要定期更换水池中的水，清洗水池，耗水量比较大。目前，它一般只在纺织厂、卷烟厂等以调节湿度为主要任务的场所大量使用。

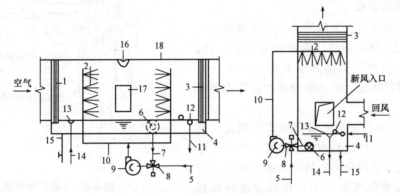

图 6-4　喷水室的构造

1—前挡水板；2—喷嘴与排管；3—后挡水板；4—底池；5—冷水管；6—滤水器；
7—循环水管；8—三通混合阀；9—水泵；10—供水管；11—补水管；12—浮球阀；
13—溢水器；14—溢水管；15—泄水管；16—防水灯；17—检查门；18—外壳

表面式冷却器简称表冷器，它的构造与表面式加热器构造相似，它是由铜管上缠绕的金属翼片所组成排管状或盘管状的冷却设备，管内涌入冷冻水，空气在管表面通过进行热交换冷却空气。因为冷却水的温度一般为 7℃～9℃，所以，夏季有时管表面温度低于被处理空气的露点温度就会在管表面产生凝结水滴，使其完成一个空气降温去湿的过程。其优点是：结构简单、运行安全可靠、操作方便；其缺点是必须提供冷冰水源，不能对空气进行加湿处理。表冷器在空调系统中被广泛使用。

3. 空气加湿设备

对空气加湿的方法有很多，如喷水室加湿、喷蒸汽加湿及喷雾加湿等。

(1)喷蒸汽加湿。喷蒸汽加湿是将蒸汽直接喷入空气中对空气进行加湿。常用的喷蒸汽加湿设备有干蒸汽加湿器、电热加湿器等。

1)干蒸汽加湿器。如图 6-5 所示，为避免蒸汽喷管内产生凝结水，避免蒸汽接入管内的凝结水流入蒸汽喷管，在蒸汽喷管外设蒸汽保温套管。加湿蒸汽先经蒸汽喷管外的套管进入分离筒分离凝结水，然后再经调节阀孔进入干燥室，最后才到蒸汽喷管中去，以此保证喷出"干燥"的蒸汽。

2)电热加湿器。电热加湿器利用电能产生蒸汽，并直接混入空气中，有电热式和电极式两种。电热加湿器结构紧凑，且加湿量容易控制，但加湿量小，耗电量较大，因而多在小型独立式空调系统(如各种立柜式空调机组)中采用。

(2)喷雾加湿。喷雾加湿设备是将常温的水喷成雾状直接进入空气中的加湿设备。利用高速喷出的压缩空气引射出水滴,并使水雾化而进行加湿的方法称为压缩空气喷雾加湿。

4. 空气除湿设备

对于空气湿度比较大的场合,往往需对空气进行减湿处理,可以用空气除湿设备降低湿度,使空气干燥。空气的减湿方法有加热通风法减湿、冷却除湿机减湿、吸湿剂减湿和转轮除湿机减湿等。

(1)加热通风法减湿是指向空调房间送入热风或直接在空调房间进行加热来降低室内空气相对湿度的方法。实践证明,当室内的含湿量一定时,空气的温度每升高 1 ℃,相对湿度约降低

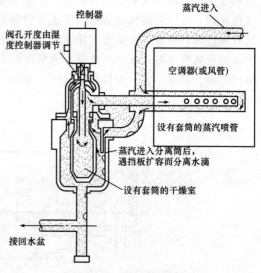

图 6-5 干蒸汽加湿器

5%。但空气的等湿升温过程并不能减少含湿量,只能降低相对湿度,即不能真正除湿。如果加热的同时又送以热风,则可把水分带出室外,这就能达到真正减湿的目的。这种方法的优点是:方法简单、投资少、运行费用低;其缺点是:相对湿度控制不严格。

(2)冷却除湿机减湿是利用制冷设备来除掉空气中水分的方法。冷却除湿机一般做成机组的形式,它由制冷压缩机、蒸发器、冷凝器、储液器、过滤干燥器、电磁阀、膨胀阀和风机组成。

冷却除湿机的优点是:除湿性能稳定可靠,管理方便,只要有电源的地方就可以使用,特别适用于需要除湿升温的地下建筑;其缺点是:初投资和运行费用高,噪声大。冷却除湿机宜在温度为 15 ℃~35 ℃、相对湿度 50%以上的条件下工作,不宜用在温度 4 ℃以下的场合。如果温度过低,蒸发器表面会结霜,影响传热,增大空气流通的阻力,除湿能力降低。

(3)吸湿剂减湿是指利用吸湿剂的作用,使空气中的水分被吸湿剂吸收或吸附的过程,有固体吸湿剂和液体吸湿剂之分。

常用的固体吸湿材料有硅胶、铝胶和活性炭等。因为固体吸湿剂在吸湿达到饱和后将失去吸湿作用,所以,采用固体吸湿方法时必须设置一套完整的吸湿及再生系统(通常利用干燥器使吸湿剂脱水再生),并要求吸湿和再生系统之间能自动转换。

常用的液体吸湿材料有氯化锂、三甘醇及氯化钙水溶液等。液体吸湿剂吸收水分后,溶液浓度降低,吸湿能力下降,因此,需对吸湿后的溶液加热浓缩,去除水分,提高浓度后继续使用。使用液体吸湿法时应采取防止盐类腐蚀设备的措施。

(4)转轮除湿机减湿工作原理如图 6-6 所示。在转轮除湿机内部,转轮以 8~12 r/h 的速度缓慢旋转,当潮湿空气进入转轮的处理区域时,空气中水分子被转轮内的吸湿剂吸收,变成干的空气。同时在再生区域,另一路空气先经过再生加热器后变成高温空气(一般为 100 ℃~140

℃)并穿过吸湿后的转轮,使转轮中已吸附的水分蒸发,从而恢复了转轮的除湿能力;同时,再生空气因蒸发了转轮的水分而变成湿空气,被再生风机排到室外。

5. 空气净化设备

空调的任务之一是保证被处理的空气有一定的洁净度,因此在空调系统中,必须设置各种形式的空气净化处理设备。空气净化包括除尘、消毒、除臭及离子化等,其中,除尘是最常见的空气净化工作,除尘最常用的方法就是

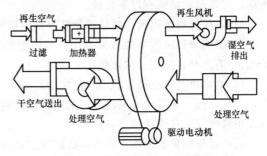

图 6-6　转轮除湿机工作原理

空气过滤。空气过滤主要是将大气中有害的微粒(包括灰尘、烟尘)和有害气体(烟雾、细菌、病毒)通过过滤设备处理,从而降低或排除空气中的微粒。

空气过滤器按作用原理可分为金属网格浸油过滤器、干式纤维过滤器和静电过滤器三种,按照过滤灰尘颗粒直径的大小可分为初效、中效和高效过滤器三种。

(1)初效过滤器主要用于过滤粒径大于 $5.0\ \mu m$ 的大颗粒灰尘。

(2)中效过滤器主要用于过滤粒径大于 $1.0\ \mu m$ 的中等粒子灰尘。

(3)高效过滤器主要用于过滤粒径小于 $1.0\ \mu m$ 的粒子灰尘。

实践表明,过滤器不仅能过滤掉空气中的灰尘,还可以过滤掉细菌。

空调空气净化工作原理

初、中效过滤器材料多数采用化纤无纺布滤料,亚高效过滤器多数采用聚丙烯超细纤维滤料,高效过滤器采用超细玻璃纤维滤纸。对大多数舒适性空调系统来说,设置一道初效过滤器,将空气中大颗粒灰尘过滤掉即可。对某些空调有一定的洁净要求,但洁净度指标还达不到最低级别洁净室的洁净度要求时,可在这种系统中设置两道过滤器,第一道为初效过滤器,第二道为中效过滤器。而对于空气洁净度要求较高的空调系统,应从工艺的特殊要求出发,除设置上述两道空气过滤器外,在空调送风口前需再设置第三道过滤器,即高中效、亚高效或高效过滤器。

| 课堂提问 |

下列关于空气过滤器的说法正确的是(　　)。

A. 初效过滤器主要用于过滤粒径大于 $5.0\ \mu m$ 的大颗粒灰尘

B. 初效过滤器主要用于过滤粒径小于 $5.0\ \mu m$ 的大颗粒灰尘

C. 中效过滤器主要用于过滤粒径大于 $2.0\ \mu m$ 的中等粒子灰尘

D. 中效过滤器主要用于过滤粒径小于 $1.0\ \mu m$ 的中等粒子灰尘

答案:A

6. 空气消声设备

空调系统的消声措施主要包括减少系统噪声的产生和在系统中设置消声设备(消声器)两个

方面。可采取的措施有以下几种。

(1)选用低噪声风机,并尽量使其工作点接近最高效率点。

(2)适当降低风道中的气流速度。对一般消声要求的系统,主风道中的气流速度不宜超过 8 m/s,有严格消声要求的系统不宜超过 5 m/s。

(3)电动机与风机最好采用直接传动,如无法做到,则采用带式传动。将风机安在减振基础上,并且在进、出气口与风道之间采用柔性连接(软接);在空调机房内和风道中粘贴吸声材料,以及将风机安装在单独的小室内等。

消声设备的种类很多,按消声的原理主要有以下几类:

(1)阻性消声器。阻性消声器将多孔松散的吸声材料固定在气流管道内壁,当声波传播时,将激发材料孔隙中的分子振动,由于摩擦阻力的作用,声能转化为热能而消失,从而起到消减噪声的作用,如图 6-7(a)所示。这种消声器对于高频和中频噪声有良好的消声性能,但对低频噪声的消声性能较差,适用于消除空调通风系统及以中、高频噪声为主的各种空气动力设备的噪声。

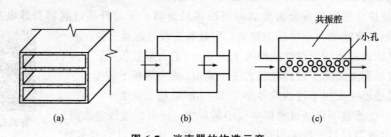

图 6-7　消声器的构造示意
(a)阻性消声器;(b)抗性消声器;(c)共振消声器

(2)抗性消声器。抗性消声器的气流通过截面突然改变的风道时,将使沿风道传播的声波向声源方向反射回去而起到消声作用。如图 6-7(b)所示,这种消声器对低频噪声有良好的消声作用。

(3)共振消声器。共振消声器中小孔处的空气与共振腔内的空气构成一个弹性振动系统。当外界噪声的振动频率与该弹性振动系统的固有频率相同时,引起小孔处的空气柱强烈摩擦,声能就因克服摩擦阻力而消耗。如图 6-7(c)所示,这种消声器有消除低频噪声的性能,但频率范围很窄。

(4)宽频带复合式消声器。宽频带复合式消声器是上述几种消声器的综合体,以便集中它们各自的性能特点以弥补单独使用时的不足。如阻性、抗性复合式消声器和阻性、共振复合消声器等。这些消声器对于各种频率的噪声均有良好的消声作用。

7. 空调系统减振设备

空调系统中的通风机、水泵、制冷压缩机等设备产生的振动,会传至支撑结构(如楼板或基础)或管道,并引起后者振动。这些振动有时会影响人的身体健康或影响产品的质量,甚至还会危及支撑结构的安全。空调系统减振的措施如下。

(1)为减弱风机等设备运行时产生的振动,可将风机固定在钢筋混凝土板上,下面再安装减振器,如图6-8(a)所示;有时,也可将风机固定在型钢支架上,下面再安装减振器,如图6-8(b)所示。

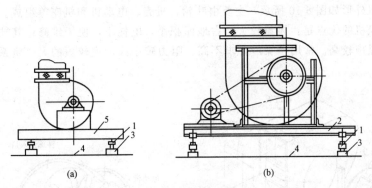

图6-8 风机隔振台座示意
(a)风机固定在钢筋混凝土板上;(b)风机固定在型钢支架上
1—减振器;2—型钢支架;3—混凝土支墩;4—支承结构;5—钢筋混凝土板

钢筋混凝土台座的质量较大,台座振动小,运行比较平稳,但制作复杂,安装也不太方便;型钢台座质量轻,制作、安装方便,应用比较普遍,特别是当设备设置在楼层或屋顶时,较多采用这种台座,但台座振动较前者大。

(2)管道振动是由于运行设备的振动及输送介质(气体、液体)的振动冲击所造成的。为减少管道振动时对周围的影响,除在管道与运行设备的连接处采用软接头外,还要每隔一定距离设置管道隔振吊架或隔振支承。在管道穿过墙、楼板(或屋面)时,采用软接头连接。

单元三 空调系统的空气输配设备

空调系统的空气输配设备主要包括风机、风道、风阀及水泵等。

一、风机

风机是输送空气的机械,常用的风机有离心式风机、轴流式风机和贯流式风机。一般来说,风机运行时的实际风量随风机实际上所需的阻力的上升而下降,而风机的电耗及噪声也随风机的压头和风量的增加而增加。同一台风机,如果运行的转速提高,风机所能提供的风量和压头也随之提高。因此,风机的选择一般要考虑它的额定风量、全压、功率、转速、效率和噪声水平。

1. 离心式风机

离心式风机由叶轮、机壳、风机轴、进气口、排气口、电动机等组成,其结构如图6-9所示。当叶轮在电动机带动下随风机轴一起高速旋转时,叶片之间的气体在离心力作用下径向甩出,同时在叶轮的进气口形成真空,外界气体在大气压力作用下被吸入叶轮内,以补充排出的气体，由叶轮甩出的气体进入机壳后被压向风道，如此源源不断地将气体输送到需要的场所。

2. 轴流式风机

轴流式风机外形如图 6-10 所示，主要由叶轮、机壳、电动机和机座等组成。与离心式风机相比，轴流式风机的优点是：风量较大，占地面积小，电耗小，便于维修；其缺点是：产生的风压较低，且噪声较高。常用于噪声要求不高、阻力较小或风道较短的大风量系统，如纺织车间的空调系统。

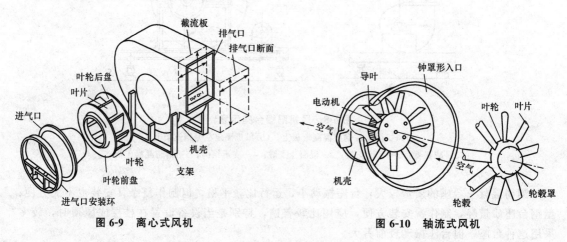

图 6-9 离心式风机　　　　图 6-10 轴流式风机

3. 贯流式风机

贯流式风机具有小风量、低噪声、安装简易的特点，它不像离心式风机在机壳侧板上开口使气流轴向进入风机，而是将机壳部分敞开，使气流直接沿径向进入风机，气流横穿叶片两次，且进、出风口均为矩形，与建筑物的配合十分方便。

二、风道

通风管道是通风系统的重要组成部分，其作用是输送气体，根据其制作材料的不同可分为风管和风道两种。在工程中采用较多的是风道，以下主要介绍风道。

1. 材料

一般空调通风工程中采用的是薄钢板涂漆或镀锌薄钢板制作的风道。钢板的厚度为 0.5～1.2 mm，风道的截面积越大，采用的钢板越厚。输送腐蚀性气体的风道可采用塑料或玻璃钢。软风管一般是由铝制成的波纹状圆管。

在民用和公用建筑中，为节省钢材和便于装饰，常利用建筑空间或地沟敷设钢筋混凝土风道、砖砌风道和预制石棉水泥风道等，其表面应抹光，要求高的还要刷漆。要注意的是土建风道往往存在漏风问题。地下水水位较高时，则需要对地沟风道做防水处理。

2. 截面与形状

风道的形状一般为圆形或矩形。圆形风道强度大，节省材料，但占用有效空间大，其弯管与三通需较长距离；矩形风道占有效空间小，易于布置，明装较美观，因此，空调管多采用矩形风道。此外，还有软风道可任意弯曲伸直，安装方便，截面多为圆形或椭圆形。

3. 布置要求

(1) 风道的布置应尽量减少其长度和不必要的拐弯。
(2) 空调箱集中设在地下室内，一般由主风道直上各楼层再于各楼层内水平分配。
(3) 吊顶内水平风管所需空间净高为风道高度加 100 mm。
(4) 如果空调机房设在空调房间的同一楼层上，则主风道可直接从机房引出，在走廊吊顶内延伸。

三、风阀

通风系统中的阀门称为风阀，主要用来调节风量、平衡系统、防止系统火灾。常用的风阀有闸板阀、蝶阀、止回阀和防火阀。

(1) 闸板阀多用于通风机的出口或主干管上，其特点是严密性好，但占地面积大。
(2) 蝶阀多用于分支管上或空气分布器前，可调节风量。这种阀门只要改变阀板的转角就可以调节风量，操作简便。由于它的严密性较差，故不宜用于关断。
(3) 当风机停止运转时，止回阀可阻止气流倒流。它有垂直式和水平式两种。止回阀必须动作灵活，阀板关闭严密。
(4) 防火阀的作用是：当发生火灾时，能自动关闭管道，切断气流，防止火势蔓延。防火阀是高层建筑空调系统中不可缺少的部件。比较高级的防火阀可通过风道内的感烟探测器控制，在发生火灾时可实现瞬时自行关闭。

单元四　空调系统的制冷设备

一、空调系统制冷的工作原理

1. 压缩式制冷

压缩式制冷是利用"液体汽化时要吸收热量"的物理特性，通过制冷剂的热力循环，以消耗一定量的机械能作为补偿条件来达到制冷的目的。

压缩式制冷系统由制冷压缩机、冷凝器、膨胀阀和蒸发器四个主要部件组成，并用管道连接，从而构成一个封闭的循环系统，如图 6-11 所示。

制冷剂在压缩式制冷机中历经蒸发、压缩、膨胀和蒸发四个热力过程。

(1) 蒸发。在蒸发器中，低压低温的制冷剂液体吸取其中被冷却介质（如冷水）的热量，蒸发成为低压低温的制冷剂蒸气（每小时吸收的热量 Q_0，即制冷量）。

(2) 压缩。低压低温的制冷剂蒸气被压缩机吸入，并压缩成为高压高温气体（压缩机消耗机械功 AL）。

(3) 膨胀。高压高温气体进入冷凝器中被冷却水冷却，成为高压液体[放出热量 $Q_k (Q_k = Q_0 + AL)$]，再经膨胀阀减压后，成为低温低压的液体。

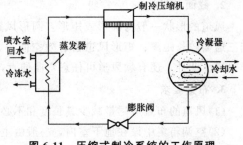

图 6-11　压缩式制冷系统的工作原理

(4) 蒸发。低湿低压的液体最终在蒸发器中吸收冷却介质（冷冻水）的热量而汽化。如此不断地循环，液态制冷剂不断从蒸发器中吸热而获得冷冻水，并成为空调系统的冷源。

因为冷凝器中所使用的冷却介质（水或空气）的温度比被冷却介质（水或空气）的温度高得多，所以，上述制冷过程实际上就是从低温物质

氟利昂制冷系统

夺取热量而传递给高温物质的过程。由于热量不可能自发地从低温物体转移到高温物体，故必须消耗一定量的机械能（AL）作为补偿条件，正如要求使水从低处流向高处时需要通过水泵消耗电能才能实现一样。

2. 吸收式制冷

吸收式制冷以水为制冷剂、溴化锂溶液为吸收剂。利用溴化锂溶液在常温下（特别是在温度较低时）吸收水蒸气的能力很强，而在高温下又能将其释放出来的特性，以及利用制冷剂在低压下汽化时要吸收周围介质的热量特性来实现制冷目的。

吸收式制冷机组主要由发生器、冷凝器、蒸发器和吸收器四大主要部分组成，工作原理如图 6-12 所示，其工作过程由四个热交换设备组成制冷剂循环与吸收剂循环两个环路。

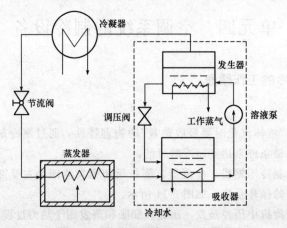

图 6-12　吸收式制冷机组工作原理

左半部为制冷剂循环,由冷凝器、蒸发器和节流阀组成。高压气态制冷剂在冷凝器中向冷却水放热被冷凝成液态后,经节流阀减压后进入蒸发器。在蒸发器内,制冷剂液体被汽化为低压制冷剂蒸汽,同时吸取被冷却介质的热量产生制冷效应。

右半部为吸收剂循环,主要由吸收器、发生器和溶液泵组成。在吸收器中,液态吸收剂吸收蒸发器产生的低压气态制冷剂而形成的制冷剂—吸收剂溶液,经溶液泵升压后进入发生器,在发生器中该溶液被加热至沸腾,其中,沸点低的制冷剂汽化,形成高压气态制冷剂,又与吸收剂分离。然后,前者进入冷凝器液化,后者则返回吸收器再次吸收低压气态制冷剂。

吸收式制冷机组按其结构可分为单筒、双筒、多级等几种形式。比较常用的双筒吸收式制冷机组是将发生器、冷凝器置于一个(上)筒体,蒸发器、吸收器放在另一个(下)筒体内,以保证系统的严密性。一般情况下,吸收式制冷机组出厂时是一个组装好的整体,溴化锂溶液管道、制冷剂及水蒸气管道、抽真空管道及电气控制设备均已装好,现场施工时只连接机外的水蒸气管道、冷却水管道和冷冻水管道即可。

二、制冷系统中的主要设备

1. 制冷压缩机

制冷压缩机的主要作用是从蒸发器中抽吸气态制冷剂,以保证蒸发器中有一定的蒸发压力,同时提高气态制冷剂的压力,使气态制冷剂能在较高的冷凝温度下被冷却剂冷凝液化。常用的制冷压缩机有离心式、螺杆式和活塞式。

2. 节流阀

节流阀的作用是对由冷凝器来的高压液态制冷剂进行节流降压,并保证冷凝器与蒸发器之间的压力差,以便使蒸发器中的液态制冷剂在要求的低压下蒸发吸热,达到降温制冷的目的。同时,使冷凝器中的气态制冷剂在给定的高压下放热冷凝,还可调整进入蒸发器的制冷剂的流量。

3. 冷凝器

冷凝器的作用是将压缩机排出的高温高压的气态制冷剂冷却并使其液化。冷凝器根据所使用的冷却介质的不同,可分为水冷式冷凝器、风冷式冷凝器、蒸发式冷凝器和淋激式冷凝器等类型。

4. 蒸发器

蒸发器的作用是使由节流阀来的低温低压的液态制冷剂吸收周围的介质(空气、水等)的热量汽化,同时,周围介质因失去热量而导致温度下降,从而达到制冷的目的。

5. 制冷机房

设置制冷设备的房屋称为制冷机房或制冷站。小型制冷机房一般附设在主体建筑内,制冷设备也可设在空调机房内。

制冷机房的设备布置原则如下:

(1)制冷系统一般应由两台以上的制冷机组组成,但不宜超过六台。制冷机的型号应尽量统一,以便维护管理。大、中型制冷系统宜同时设置一或两台制冷量较小的制冷机组,以适应低负荷运行时的需要。

(2)机房内的设备布置应保证操作、检修的方便,同时,要尽可能使设备布置紧凑,以节省占地面积。设备上的压力表、温度计等应设在便于观察的地方。

(3)机房内各主要操作通道的宽度必须满足设备运输和安装的要求。

(4)制冷机房应设有为主要设备安装维修的大门及通道,必要时可设置设备安装孔。

单元五 空调系统管理与维护

一、空调系统的制度管理

空调系统是一个复杂的、自动化程度高的系统,它的正常运转除要求配备高技术素质及高度责任心的操作运行人员外,还依赖科学的管理制度。具体要求如下。

1. 建立各项规章制度

要做好空调系统的管理工作,就必须制定以下制度:

(1)岗位责任制:规定配备人员的职责范围和要求。

(2)巡回检查制度:明确定时检查的内容、路线和应记录的项目。

(3)交接班制度:明确交接班的要求、内容及程序。

(4)设备维护保养制度:规定设备各部件、仪表的检查、保养、检修、检定周期、内容和要求。

(5)清洁卫生制度。

(6)安全、保卫、防火制度。

2. 制定操作规程

设备操作规程是按风机及其辅助设备使用说明书并与制造厂商一起制定出来的。其一般包括以下内容:

(1)空调机操作规程。

(2)制冷机操作规程。

(3)冷却塔操作规程。

(4)水处理设备操作规程。

(5)水泵操作规程。

(6)换热器操作规程。

(7)其他设备操作规程。

3. 执行制度时应具备的记录

(1)运行记录。

(2)交接班记录。

(3)水质化验记录。

(4)设备维护和保养记录。

二、空调系统的运行环境要求与运行管理

(一)中央空调系统设备间运行环境要求

1. 中央空调系统主机房、二次冷冻泵及热交换器机房

(1)在对外部可能形成噪声影响的机房,应在门、墙和天花板处做好吸声降噪措施。

(2)地面宜做防尘的油漆处理,并应做好疏水、防水处理。

(3)冷却系统、冷冻水系统的管道上应喷上明显的字样,并用不同的颜色标示出其介质流向,如"冷却上水管""冷却回水管""冷冻上水管""冷冻回水管"等。

(4)所有阀门都应挂上用比较耐用的材料做成的标志牌。标志牌内应有对应设备的有关技术数据和在系统内的功能、正常状态下的规定状态等内容。

(5)主机台架应高于地面,在Y形过滤器和防水阀门位置的地面应有良好的排水明沟。

(6)属于冷冻水系统的设备、管道,其保温应该是良好的;冷冻水泵及冷却水泵泵轴的轴向漏水应有专门的排水通道;泵基础、泵台架应保持清洁、干燥。

2. 新风机房和空气处理机(风柜)房

(1)设备房门应外开,门槛应为不低于10 cm高的防水地槛;基座四周应设置排水明沟,地漏完好;新风进口、回风百叶应洁净无尘。

(2)设备房内的维修照明完好,应设置有维修用的专用插座。

3. 排风机房

(1)机身应喷涂防锈漆。

(2)风机机座和风管支撑件应做防潮防腐处理,用水泥制作的机座墩,应用专用的地板漆进行覆盖。

(3)应悬挂排风机的标志牌。

(4)设备和设备附件及房间的墙身、天花板应保持清洁、干燥。

(5)带电、旋转部件和进(出)风口应有安全警示标志。

(二)空调系统的运行管理

空调系统的运行管理主要是对系统的运行进行调节。由于室内本身的热、湿负荷是变化的,室外的气象参数一年四季也大不相同,空调系统不可能都按满负荷运行。所以,为保证室内温、湿度的要求,必须根据负荷的变化进行运行调节。空调系统的运行应注意以下几个环节。

1. 开车前的检查

开车前要做好运动准备工作，检查风机、水泵等运转设备有无异常，冷热水温度是否合适；给测湿仪表加水，打开系统的阀门，并检查供水、供电、供气设备是否正常。

2. 室内外空气参数的测定

室内外空气参数的测定主要测定室内外空气的温度和湿度，室内外的气象参数决定空调系统的运行方案。

3. 开车

开车即启动风机、水泵、电加热器和其他各种空调设备，使空调系统运转。开车时要注意安全，防止触电。启动设备时，只能在一台设备运转稳定后才允许启动另一台设备，以防供电线路因启动电流太大而跳闸。风机启动时要先启动送风机，后启动回风机，以防室内出现负压。风机启动完毕，再启动电加热器等设备。设备启动完毕，再巡视一次，观察各种设备运转是否正常。

4. 运行

开车后空调系统便投入使用，值班人员要精神集中，不许擅离职守，不许大声喧闹。认真按规定做好运行记录，读数要准确，填写要清楚。应随时巡视机房，对刚维修过的设备要更加注意。掌握设备运转情况，监督各种自动控制仪表，保证其动作正常，发现问题应及时处理，出现重大问题要立即报告。要仔细观测和分析实际运行与所确定方案是否相符。要随时调节、控制好各空气参数。

5. 停车

停车就是停止空调系统的运行，关闭各种空调设备。操作时应先关闭加热器，再关闭回风机，最后关停送风机。值班人员检查无异常情况后，方可离开。

三、空调系统维护保养周期和项目

1. 月度维护保养项目

空调系统月度维护保养项目如下：

(1)各层新风机和风柜机房：检查机房照明、风机运行状况；清洗尘网、清理排水沟地漏。

(2)各层排风机：检查风机运行状况。

(3)空调机房送风机和排风机：检查运行状况。

(4)空调机房和电房：检查空调机房和电房的照明情况，检查电源电压和电流，打扫卫生。

(5)冷冻管井管道：检查有无漏水、锈蚀。

2. 季度维护保养项目

空调系统季度维护保养项目如下：

(1)主机房和机房：电动机水泵轴承上黄油，检查轴承运行有无异响，清洁管道机房，电柜、电箱清洁除尘。

(2)空调主机机房的送风机和排风机：检查电动机风机轴承有无异响，轴承上黄油，清洁风机房和设备，控制箱清洁除尘。

(3)冷却塔：冷却塔更换轴链黄油，连杆轴承上黄油，检查轴承运行有无异响，清洁管道、冷却塔平台，调校水位控制器，电柜清洁除尘。

(4)各层新风机和风柜机房：新风机、风柜上黄油，检查轴承运行有无异响，清洁新风机和风柜机房，控制箱清洁除尘。

(5)各层公共盘管风机：检查风口、电动阀，清洗尘网。

(6)业主(用户)房间盘管风机：清洗尘网。

(7)主机房电房：电柜清洁除尘，检测电缆接口运行温度，检测开关接口运行温度。

3. 半年维护保修项目

空调系统半年维护保修项目如下：

(1)空调管井：检查管井管道，打扫卫生。

(2)各层排风机：检查风道、风机轴承运行有无异常，调校风口百叶。

4. 年度维护保养项目

空调系统年度维护保养项目如下：

(1)空调系统：更换冷冻水和冷却水。

(2)主机房和机房：闸阀螺杆上黄油，修补设备保温层，清洗Y形隔滤网，设备除锈油漆，控制箱、水泵电动机接口紧线。

(3)冷却塔：冷却塔电动机接口紧线，更换冷却塔减速箱机油，设备除锈、刷漆。

(4)主机房电房：控制箱进线口紧线。

(5)空调机房的送风机和排风机：控制箱接线口紧线、电动机紧线、检测运行电流、检查并调校皮带。

(6)各层新风机和风柜机房：设备除锈、刷漆，修补设备保温层，电柜电动机紧线，检查控制线路，检查并调校皮带，清洗翅片。

(7)空调分体机：压缩机、开关箱除尘、紧线；清洁翅片、打扫室外室内机；检测运行状况。

(8)各层公共盘管风机：清洁除尘，开关紧线，检查电动机、轴承。

(9)各层排风机：控制箱接线口紧线，检测运行电流。

| 课堂提问 |

下列属于空调系统年度维护保养项目的是(　　)。

A. 各层排风机：检查风机运行状况

B. 各层公共盘管风机：检查风口、电动阀，清洗尘网

C. 空调管井：检查管井管道，打扫卫生

D. 主机房电房：控制箱进线口紧线

答案：D

四、空调系统维护

(一)空调机组的维护

空调机组的维护主要包括空调机组的检查及清扫，一般在停机时进行，主要检查机组内过滤网、盘管、风机叶片及箱底的污染、锈蚀程度和螺栓坚固情况，对机组要进行彻底清扫，并在运转处加注润滑油，对损坏的部件要及时更换。内部检查后进行单机试车，同时检查电流、电动机温升、设备的振动及噪声等是否正常。单机试车结束后进行运行试车，注意送、回风温度是否正常，各种阀门、仪表运行是否正常。组合式空调机组的常见故障及处理方法见表 6-1。

表 6-1 组合式空调机组的常见故障及处理方法

现象	部位	故障原因	处理方法
机组漏水	排水口	集水盘排水口堵塞	清理排水口
		集水盘内积水太深，排水管水封落差不够	整改水封，加大落差，使排水畅通
		风速过大	加大挡水板通风面积，适当降低风速
		风量过大	适当降低风机转速
		挡水板四周的挡风板破损或脱落	加装挡风板并做好密封
	换热器	集水管保温不良	重新保温
		集水管漏水	修补集水管
		换热器铜管破裂	修补换热器铜管
	集水盘	集水盘、集水管保温不良	做好集水盘、集水管的保温
		集水盘漏水	补焊集水盘
无风	电动机	电源未接通、电源缺相或电动机烧毁	检查电源，如电动机烧毁则更换电动机
	风机	轴承卡死或烧毁	更换轴承或风机
		皮带断裂	更换传动皮带
风量偏小	风机	风机反转	将三相电源的任意两相互换接线
	系统	换热器翅片表面积尘	清洗换热器
		设备漏风	用密封条(胶)堵漏
		过滤器积尘过多	清洗或更换过滤器

续表

现象	部位	故障原因	处理方法
风量偏大	风机	风机压力偏高、风量偏大	降低风机转速或更换风机
	系统	过滤器损坏漏风	更换过滤器
		设备负压段或进风管漏气严重	做好密封处理
机组表面凝露	箱体	保温不良	重做保温
		箱体漏风	做好密封处理
		保温破损或老化	除去原保温，重做保温
		保温厚度不够	重做保温
机组噪声、振动值偏高	风机	风机轴与电动机轴不平行	调节两轴至平行
		风机蜗壳与叶轮摩擦，发出异常声音	调节蜗壳与叶轮正常位置
		风机蜗壳与叶轮变形	更换蜗壳与叶轮
		叶轮的静、动平衡未做好	更换叶轮或重做静、动平衡
		风机轴承有问题	更换轴承
	电动机	轴承有问题或质量不好	更换轴承或更换电动机
	隔振系统	减振器选用、安装不当	重新选配、调整减振器
		风机与支架、轴承座与支架连接松动	固紧螺栓、螺母
	箱体	隔声效果差	加固或更换箱体壁板
风机轴承温升过高	轴承	轴承里无润滑脂	加注润滑脂
		润滑脂质量不佳	清洗轴承、加注润滑脂
		轴承安装歪斜	调节轴安装位置，调节轴承游隙，锁紧内外圈
		轴承磨损严重	更换轴承
电动机电流过大或温升过高	电动机	风机电流量过大	适当降低风机转速
		电动机冷却风扇损坏	修复冷却风扇
		输入电压过低	电压正常后运行
		轴承安装不当或损坏	调整或更换轴承
		密封圈未压紧或损坏	压紧或更换密封圈
风机传动皮带磨损严重	皮带轮	风机轴与电动机轴不平行，且两皮带轮端面不在同一平面内	先将两轴调平行，再将两皮带轮端面调至同一平面
	皮带	皮带质量差	调换成质量好的皮带

续表

现象	部位	故障原因	处理方法
制冷能力偏小	冷媒	冷媒温度偏高	调节冷水温度达到设计要求；管道保温若有问题，则整改保温（冷冻水出水温度一般为 7 ℃）
		冷媒温度合格，流量偏小	检查水泵性能、管道阻力，查看有无堵塞现象，若存在问题，则整改管道或更换水泵
	风量	风量偏小引起冷量偏小	适当加大风量

(二)风机盘管的维护

对于空气过滤器，要根据其表面污垢情况维护，一般每月用水清洗一次；盘管要根据肋片管表面的污垢情况和传热管的腐蚀情况维护，一般每半年清洗一次；风机可根据叶轮沾污灰尘及噪声情况维护，每半年对叶轮清理一次；滴水盘可根据其排水情况维护，每半年对防尘网和水盘清扫一次；风管可根据实际情况进行修理。

(三)换热器的维护

换热器的维护需要对表面翅片进行清洗和除垢，可采用压缩空气吹污、手工或机械除污或化学清洗等方法。

(四)风机的维护

风机的维护工作包括小修和大修两个部分。

(1)小修一般包括：清洗、检查轴承；紧固各部分螺栓；调整皮带的松紧度和联轴器的间隙及同轴度；更换润滑轴及密封圈；修理进出风调节阀等。

(2)大修除包括小修内容外还包括：解体清洗，检查各零部件；修理轴瓦，更换滚动轴承；修理或更换主轴和叶轮，并对叶轮的静、动平衡进行校验等。

风机主轴的配合超出公差要求应予以更换。叶轮磨损常用补焊修复。补焊时应加支撑，以防变形，焊后应做静平衡试验，大功率风机叶轮还应做动平衡试验。若磨损变形严重，应予更换。叶轮的前盘板、后盘板及机壳的磨损、裂纹，一般通过焊补修复，不能修复者应予以更换。

修复好或准备更换的零部件，应进行外形尺寸的复核和质量的检查，合格后再清洗干净，依次将轴套、轴承、轴承座、皮带轮、密封装置、叶轮与主轴固定好，再装配吸入口、各管道阀门。装配时不要遗漏挡油盘、密封圈、平键等小零件。调整各部间隙时应特别注意叶轮与蜗壳的间隙，电动机与联轴器的同轴度应满足使用要求。

(五)制冷机组的维护

因为蒸汽压缩式冷水机组的自动化程度较高，且有自动安全保护措施，所以，在维护管理过程中，要防止制冷剂泄漏，在氨制冷机房中要有可靠的安全措施，例如，事故报警装置、事故排风装置等。溴化锂吸收式机组在运行时易结晶，机组内真空度易破坏，运行管理复杂，因而，要对此制定专门的维护保养计划。

| 实践与训练 |

一、实训内容

1. 机组的检查及清扫。
2. 风机盘管的维护。
3. 换热器的维护。
4. 离心式风机的保养与检修。

二、实训步骤

1. 联系物业服务企业，将学生分成小组，每个小组交叉安排实训内容。
2. 由物业服务企业专业人员和实训指导教师现场指导学生，按预先安排内容分组实训。
3. 学生实训结束，写实训报告和体会，教师按实训报告和物业服务企业专业人员现场评定判断实训效果。

模块六　学生实训考核表

姓名		班级		小组	
实训模块		空调系统			
考核内容	分值	自评		小组互评	教师评价
不迟到早退，出勤情况良好，任劳任怨，勇于实践，态度谦逊，勤学多问	20				
在实训过程中，能理论联系实际，较好地完成实训任务，具有一定的实践能力	30				
在小组合作中，具有良好的沟通、协作能力	20				
能较好地完成实训报告，实训报告条理清晰、内容详实、体会深刻	30				
评价汇总	100				
考核总分					

注：总评成绩＝自评成绩×30％＋小组评价×20％＋指导教师评价×50％

空调工程施工图及
识读及案例

冷水机运行中常见的
"老大难"问题，如何解？

制冷系统的运行
维护方法详解

模块小结

本模块主要介绍了空气环境的基本衡量参数，空调系统的组成和分类，主要空气处理设备、空气输配设备、制冷设备，空调系统的制度管理，空调系统的运行环境要求与运行管理，空调系统维护保养周期和项目，空调系统维护等内容。通过本模块的学习，应对空调系统有系统的认识，能进行日常的维护与管理。

思考与练习

一、填空题

1. 常用的以空气为介质的集中式空调系统由_____、_____、_____及_____四个基本部分组成。
2. 空调系统按空气处理设备的布置情况，可分为_____、_____和_____。
3. 常用的空气加热设备是_____，主要有_____和_____两种。
4. 空气冷却设备常用于夏季冷却空气处理，主要有_____和_____两种方法。
5. 制冷剂在压缩式制冷机中历经_____、_____、_____和_____四个热力过程。

二、简答题

1. 简述空调系统中空气处理的方法。
2. 简述空气过滤器的分类。
3. 什么是离心式风机？
4. 简述风道的布置要求。
5. 什么是制冷机房？其布置原则是什么？
6. 简述中央空调系统主机房、二次冷冻泵及热交换器机房运行环境要求。
7. 空调系统季度维护保养项目有哪些？
8. 简述风机的维护。

模块七　电梯系统

知识目标

熟悉电梯的分类与构造、设置原则，自动扶梯的布置与构造；掌握电梯设备安全管理与运行管理，自动扶梯的维护。

能力目标

能够掌握电梯主要构造及其功能；能够掌握自动扶梯的构造及其功能；能够对电梯运行中的突发事件进行有效的处理。

素质目标

具有吃苦耐劳、踏实肯干的工作态度；具有良好的实践执行能力。

案例导入

电梯操作与管理不当

北京市某刀具厂有一台按钮选层自动门电梯，层门机械锁经常与轿厢门上的开门刀碰擦，一直未彻底修复，经常带病运行。有一天，电梯驾驶员脱岗，三名工人乘梯从五楼至一楼。

经过三楼时，电梯突然发生故障，停止运行。轿厢门打不开，呼叫又无人听到，三人当中有一人从安全窗爬了出去。盖好安全盖后，他一只脚踏在轿厢顶上，另一只脚踏在三楼层门边进行检查修理。此时，电梯突然上升，将此工人轧在轿厢与三楼层门之间，使其当场死亡。

问题：
1. 此工人进行的电梯操作与维修有哪些不当之处？
2. 该厂对电梯的管理存在哪些问题？

单元一　电梯的分类与构造

电梯是指沿固定导轨自一个高度运行至另一个高度的升降机，是一种置于建筑物内的竖向交通工具。随着城市化进程的加快，作为高层建筑中主要竖向交通工具的电梯得到普遍应用。

电梯的类型、数量及电梯厅的位置对高层建筑人员的疏散起着重要作用。

一、电梯的分类

1. 按使用性质分类

电梯根据不同的用途可分为客梯、货梯、客货电梯、观光电梯、病床电梯、消防电梯及其他专用电梯。

(1)客梯。客梯是为运送乘客而设计的电梯,主要用于宾馆、饭店、办公楼、大型商店等客流量大的场合。这类电梯为了提高运送效率,其运行速度比较快,自动化程度也比较高,轿厢的尺寸和结构形式多为宽度大于深度,以便乘客能畅通地进出;而且客梯的安全设施齐全,装潢美观。

(2)货梯。货梯是为运送货物而设计的、通常有人看管的电梯,主要用于两层楼以上的车间和各类仓库等场合。这类电梯的装潢不太讲究,自动化程度和运行速度一般比较低,而载质量和轿厢尺寸的变化范围则比较大。

(3)观光电梯。观光电梯是一种供乘客观光用的、轿厢壁透明的电梯。其一般被安装在高大建筑物的外壁,供乘客观赏建筑物周围的外景。

(4)病床电梯。病床电梯是为医院运送病床而设计的电梯,其特点是轿厢窄而深,常要求前后贯通开门。

(5)消防电梯。消防电梯是在火警情况下能使消防员进入使用的电梯,非火警情况下可作为一般客梯或客货梯使用。

消防电梯轿厢的有效面积应不小于 1.4 m^2,额定载质量不得低于 630 kg,厅门口宽度不得小于 0.8 m,并要求以额定速度从最低一个停站直驶运行到最高一个停站(中间不停层)的运行时间不得超过 60 s。

(6)建筑施工电梯。建筑施工电梯指建筑施工与维修用的电梯。

(7)自动扶梯。自动扶梯用于商业大厦、火车站、飞机场,供顾客或乘客上、下楼用。

(8)自动人行道(自动步梯)。自动人行道用于档次规模要求很高的国际机场、火车站。

(9)特种电梯。除上述常用的几种电梯外,还有为特殊环境、特殊条件、特殊要求而设计的电梯,如防爆电梯、防腐电梯等。

2. 按行驶速度分类

电梯按行驶速度可分为高速电梯、中速电梯和低速电梯。

(1)高速电梯。速度大于 2 m/s 的电梯为高速电梯。

(2)中速电梯。速度为 1~2 m/s 的电梯为中速电梯。

(3)低速电梯。速度在 1 m/s 以内的电梯为低速电梯。

消防电梯的常用速度大于 2.5 m/s,客梯速度随层数增加而提高。目前,世界上已有 9 m/s 的超高速电梯投入使用。

3. 按拖动方式分类

电梯按拖动方式不同可分为以下几类。

(1)交流电梯。交流电梯是指曳引电动机是交流异步电动机的电梯,有交流单速电梯、交流双速电梯、交流调速电梯和交流高速电梯四类。

1)交流单速电梯:曳引电动机为交流单速异步电动机,梯速 $v \leqslant 0.4$ m/s,例如杂物梯等。

2)交流双速电梯:曳引电动机为电梯专用的变极对数的交流异步电动机,梯速 $v \leqslant 1$ m/s,提升高度 $h \leqslant 35$ m。

3)交流调速电梯:曳引电动机为电梯专用的单速或多速交流异步电动机,电动机的驱动控制系统在电梯的启动—加速—稳速—制动减速(或仅是制动减速)的过程中采用调压调速或涡流制动器调速或变频变压调速的方式,梯速 $v \leqslant 2$ m/s,提升高度 $h \leqslant 50$ m。

4)交流高速电梯:曳引电动机为电梯专用的低转速的交流异步电动机,其驱动控制系统为变频变压加矢量变换的 VVVF 系统,梯速 $v > 2$ m/s,一般提升高度 $h \leqslant 120$ m。

(2)直流电梯。直流电梯是指曳引电动机是电梯专用的直流电动机的电梯,有直流快速电梯和直流高速电梯两类。

1)直流快速电梯。直流快速电梯的曳引电动机经减速箱后驱动电梯,梯速 $v \leqslant 2.0$ m/s。目前,由直流发电机供电给直流电动机的一种直流快速梯已被淘汰,现在使用的直流快速电梯多是晶闸管供电的直流快速电梯,一般提升高度 $h \leqslant 50$ m。

2)直流高速电梯。直流高速电梯的曳引电动机是电梯专用的低转速直流电动机。电动机获得供电的方式是直流发电机组供电或是晶闸管供电,梯速 $v > 2.0$ m/s,一般提升高度 $h \leqslant 120$ m。

(3)液压电梯。液压电梯的升降是依靠液压驱动的,有柱塞直顶式和柱塞侧顶式两类。

1)柱塞直顶式液压梯。这是一种液压缸柱塞直接支撑在轿厢底部,通过柱塞的升降而使轿厢升降的液压梯,梯速 $v \leqslant 1$ m/s,一般提升高度 $h \leqslant 20$ m。

2)柱塞侧顶式液压梯(俗称"背包"式)。这是一种油缸柱塞设置于轿厢旁侧,通过柱塞升降而使轿厢升降的液压梯,梯速 $v \leqslant 0.63$ m/s,一般提升高度 $h \leqslant 15$ m。

(4)齿轮齿条式电梯。这种电梯无须曳引钢丝绳,其电动机及齿轮传动机构直接安装在电梯轿厢上,依靠齿轮与固定在构架上的齿条之间的啮合来驱动轿厢上下运行。建筑工程用的电梯(又称为施工升降机)即为此种电梯。

(5)螺旋式电梯。螺旋式电梯通过螺杆旋转带动安装在轿厢上的螺母使轿厢升降。

4. 按控制方式分类

根据控制方式不同,电梯可分为以下几类。

(1)手柄操纵控制电梯。手柄操纵控制电梯由司机操纵轿厢内的手动开关,一般用于载货电梯。

(2)按钮控制电梯。按钮控制电梯通过操纵层门外侧按钮或轿厢内按钮发出指令,使电梯停靠、运行。

(3)信号控制电梯。信号控制电梯是由电梯司机操纵轿厢运行的电梯,它是能将层门外上下召唤信号、轿厢内选层信号和其他各种专用信号加以综合分析判断的电梯,因而自动控制程度较高。

(4)集选控制电梯。集选控制电梯自动控制程度更高,可将层门外上下召唤信号、轿厢内选层信号和其他各种专用信号加以综合分析判断后,自动决定轿厢运行。该电梯一般均设"有/无司机"操纵转换开关,如遇人流高峰或有特殊需要,可转换为有司机操纵,而成为信号控制电梯。在其他情况下,作正常行驶时,可转为无司机操纵。

(5)并联控制电梯。并联控制电梯是将两或三台电梯集中排列,共同接收层门外召唤信号,按规定顺序自动调度,确定其运行状态的电梯。一般一部为基梯,一部为自由梯,第三部为备用梯。基梯启动后,自由梯自动启动至基站等待,应答与其同方向的所有召唤,相反的方向由基梯应答。此种运行方式可节省乘客的候梯时间。

(6)群控制电梯。群控制电梯是多台电梯进行集中排列,并共用层门外按钮,按规定集中调度和控制的电梯。此种方式利用负载自动计量装置及计算机管理系统,根据不同时段客流量选择运行电梯,增加电梯的运输能力,提高效率,缩短乘客的候梯时间,适于配用在需三台以上电梯的高层建筑中。

(7)智能控制电梯。智能控制电梯应用先进的计算机技术,根据厅外召唤,给梯群中每部电梯做试探性分配,以心理性等候时间最短为原则,避免乘客长时间等候和将厅外呼梯信号分配给满载性较大的电梯而使乘客失望,提高了分配的准确性,保障了电梯的运行效率。

二、电梯的构造

(一)电梯的工作原理

载人电梯和运货电梯虽然具有不同的形式与结构,但主要组成部分的作用都是相同的。

(1)电梯的主要传动部分——升降机械电动机带动曳引钢绳与悬吊装置,依靠对重装置和其他活动部件带动轿厢在井道内上下移动。

(2)电梯的轿厢两侧装有导靴,导靴从三个方向箍紧在导轨上,以使轿厢和对重装置在水平方向准确定位。一旦发生运行超速或曳引钢绳拉力减弱的情况,安装在轿厢上(有的在对重装置上)的安全钳启动,牢牢地将轿厢卡在导轨上,避免事故发生。如果轿厢和对重装置的控制系统发生故障时急速坠落,为了避免其与井道地面发生碰撞,在井坑下部设置了挡铁和弹簧式缓冲器,以缓和其着地时的冲击。

(二)电梯的基本结构

电梯是机电一体化产品。其机械部分好比是人的躯体,电气部分相当于人的神经,控制部分相当于人的大脑。各部分通过控制部分调度,密切协同,使电梯可靠运行。目前使用的电梯绝大多数为电力拖动、钢丝绳曳引式结构。图 7-1 所示为曳引电梯的基本结构示意。

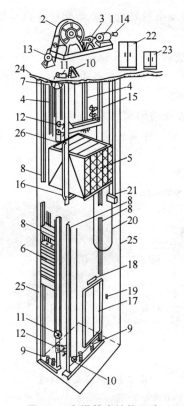

图 7-1 电梯基本结构示意

1—主传动电动机；2—曳引机；3—制动器；4—牵引钢丝绳；5—轿厢；6—对重装置；7—导向轮；
8—导轨；9—缓冲器；10—限速器(包括转紧绳轮、安全绳轮)；11—极限开关(包括转紧绳轮、传动绳索)；
12—限位开关(包括向上限位、向下限位)；13—层楼指示器；14—球形速度开关；15—平层感应器；
16—安全钳及开关；17—厅门；18—厅外指层灯；19—召唤灯；20—供电电缆；21—接线盒及线管；
22—控制屏；23—选层器；24—顶层地坪；25—电梯井道；26—限位器挡块

从电梯的空间位置使用看，由四个部分组成：依附建筑物的机房、井道；运载乘客或货物的空间——轿厢；乘客或货物出入轿厢的地点——层站。即机房、井道、轿厢、层站。

从电梯各构件部分的功能上看，可分为八个部分：曳引系统、导向系统、轿厢、电梯门系统、质量平衡系统、电力拖动系统、电梯控制系统和电梯安全保护系统。

1. 曳引系统

现代电梯广泛采用曳引驱动方式，如图 7-2(a)所示。曳引机是曳引驱动的动力，钢丝绳挂在曳引机的绳轮上，一端悬吊轿厢，另一端悬吊对重装置。曳引机转动时，由钢丝绳与绳轮之间的摩擦力产生曳引力来驱使轿厢上下运动。为使井道中的轿厢与对重各自沿井道中导轨运行且不相蹭，曳引机上设有导向轮使二者分开。轿厢与对重装置的重力使曳引钢丝绳压紧在曳引轮槽内产生摩擦力。电动机带动曳引轮转动，驱动钢丝绳拖动轿厢和对重作相对运动，从而完成垂直运送任务。

(1)曳引机。曳引机是电梯轿厢升降的主拖动机械，一般由曳引电动机、电磁制动器、齿轮减速器(无齿轮曳引机无此装置)、曳引轮、底座等组成。曳引机通常有齿轮曳引机和无齿轮曳引机之分，如图7-2(b)、(c)所示。

(2)曳引钢丝绳。两端分别连接轿厢和对重(或者两端固定在机房上)，承受着电梯的全部悬挂质量，在电梯运行中绕着曳引轮、导向轮或反绳轮作单向或交变弯曲。因此，钢丝绳应具有较大的安全系数。

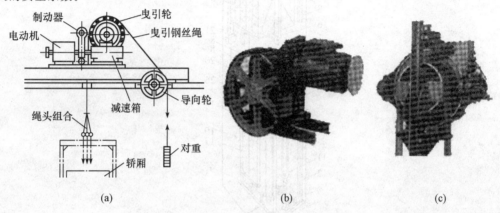

图 7-2 电梯曳引系统

(a)曳引系统示意图；(b)有齿轮曳引机(实物图)；(c)直流永磁无齿轮曳引机(实物图)

(3)导向轮。将曳引钢丝绳引向对重或轿厢的钢丝绳轮，安装在曳引机架或承重梁上。

(4)反绳轮。反绳轮是指设置在轿厢顶部和对重顶部位置的动滑轮，以及设置在机房里的定滑轮，用以构成不同的曳引绳传动比，数量可以是一个、两个或多个。

(5)制动器。制动器是安全装置，在正常断电或异常情况下均可实现停车。电磁制动器安装在电动机轴与蜗杆轴的连接处。

2. 导向系统

导轨和导靴是电梯轿厢和对重的导向部分。

(1)导轨。导轨是轿厢和对重借助导靴在导轨面上下运动的部件。电梯中大量使用的是T形导轨(另外还有L形、槽形等)，具有通用性强和良好的抗弯性能。

导轨长度一般为3～5 m，需用专门的连接板连接，不允许采用焊接和螺栓直接连接。

(2)导靴。电梯轿厢导靴被安装在轿厢上梁和轿底安全钳座的下面(与导轨接触处)，每个轿厢4套；对重导靴安装在上、下横梁两侧端部，每个对重4套。通常有固定式滑动导靴、弹性滑动导靴之分。图7-3为导轨与导靴配合示意。

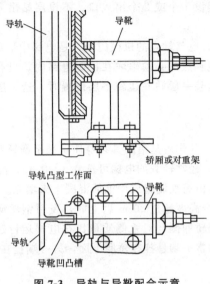

图 7-3 导轨与导靴配合示意

3. 轿厢

(1)轿厢的组成。轿厢一般由轿厢架和轿厢体组成。高度不小于 2 m，宽度和深度由实际载质量而定，国标规定，载客电梯轿厢额定载质量约为 350 kg/m² (其他电梯有不同规定)。

轿厢架是固定和悬吊轿厢的框架，它是轿厢的主要承载构件，由上梁、立梁、下梁、拉条组成。

轿厢体由轿厢底、轿厢壁、轿厢顶、轿厢门组成。轿顶上强度应能支撑两个维修人员的质量；为了维修方便，轿顶还设有轿顶检修盒，包含系列开关；轿箱门一般是封闭门，可分为中分、双折中分、双折单方向旁开门。

(2)轿厢内操纵箱通常设置以下功能：运行状态控制、定向启动、开关门、选层、直驶、急停、报警(警钟按钮)、厅外召唤显示、检修控制、照明控制、风扇控制、超载指示灯和超载警钟、轿内层楼指示器(显示轿厢在运行中所处的楼层位置)、平层感应器。

4. 电梯门系统

电梯门系统包括轿厢门、层门、开门机、门联锁、关门防夹装置。门区是电梯事故高发区，也是电梯监督检验和安全管理的重点。

(1)自动开门机。自动开门机装在轿厢靠近轿门处，由电动机通过减速装置(齿轮传动或蜗轮传动或带齿胶带传动)带动曲柄摇杆机构去开、关轿门，再由轿门带动层门开关。

(2)轿厢门。轿厢门是随着轿厢一起运动的门，通过轿厢门上的开门刀插入该层门门锁内，使门联锁首先断开电气开关，然后将层门一起联动着打开或关闭，轿厢门是主动门。

(3)层门。层门是电梯在各楼层的停靠站，也是供乘客或货物进出电梯轿厢通向各层大厅的出入口。可根据需要在每层楼设 1 个或 2 个出入口。不设层站出入口的楼层在电梯工程中称为盲层，层门是被动门。

(4)门联锁。门联锁是带有电气触点的机械门锁，是电梯中最重要的安全部件之一。电梯安全规范要求所有厅门锁的电气触点都必须串联在控制电路内。只有在所有层的层门都关好后电梯才能启动运行。当轿厢到达某一层站并达到平层位置时，这一层的层门才能被轿厢门上的开门刀拨开。

5. 质量平衡系统

(1)对重。又称为平衡重，其作用是借助其自身质量来平衡轿厢质量加上轿厢额定载质量的 40%～50%（即电梯平衡系数，经常轻载的电梯可选 0.4～0.45，经常重载的可选 0.5），以改善曳引机的曳引性能。对重块可由铸铁制造或用钢筋混凝土来填充。

(2)补偿装置。当电梯提升高度超过 30 m 以上时，曳引钢丝绳和随行电缆的质量不能再忽略不计。补偿装置是为了保证轿厢侧与对重侧质量比在电梯运行过程中不变，减小曳引机的输出功率而设置的。补偿装置通常一端悬挂在轿厢下面，另一端挂在对重装置下部。

6. 电力拖动系统

电力拖动系统由曳引电动机、供电系统、调速装置、速度反馈装置构成，其作用是对电梯实行速度控制。

7. 电梯控制系统

(1)控制屏(柜)。控制屏(柜)安装在机房中，是电梯实行电气控制的集中部件。在操纵装置的指令下，控制屏(柜)上的元件发挥预期作用，使电动机运转或停止、正转或反转、快速或慢速，以及达到预期的自动性能和安全动作。

(2)选层装置。选层装置能起到指示和反馈轿厢位置、决定运行方向、发出加减速信号等作用。选层装置有多种形式，如机械选层器、电气选层器和电子(电脑)选层器。

(3)召唤按钮盒。一般是安装在厅门(层门)外离地面 1.3～1.5 m 右侧墙壁上，而集选、群控电梯是把按钮箱装在两台电梯的中间位置。

(4)层楼指示器。用以显示轿厢的运行方向和所处的层站。

(5)随行电缆。轿厢内外所有电气开关、照明、信号控制线等都要与机房控制柜连接，轿内按钮也要与机房控制柜连接，所有这些信号都需要通过电梯随行电缆传输。随行电缆在轿厢底部固定牢靠并接入轿厢。

8. 电梯安全保护系统

电梯安全保护系统由机械安全装置和电气安全装置两大部分组成。其中，部分机械安全装置需要电气方面的配合和联锁才能实现其安全功能。

(1)超速(失控)保护装置。它由限速器和安全钳两部分组成，二者必须成对使用、联合动作才能发挥作用，是电梯中最重要的安全装置之一。

限速器是限制轿厢(或对重)速度的装置，安全钳则是使轿厢(或对重)停止运动的装置。在轿厢或对重故障下落超速时，限速器先动作，断开安全钳电气安全开关，切断曳引机电源，之后拉起安全钳拉杆使安全钳钳头将轿厢卡在井道导轨上，使轿厢不致下坠，从而起到电梯超速时的安全保护作用。

凡是由钢丝绳悬挂的轿厢均需设安全钳。安全钳分为以下两种：瞬时式安全钳（用于低速梯）和滑移式安全钳（用于高速梯）。安全钳设在轿厢下横梁上，限速器通常安装在机房内或井道顶部。

(2)终端保护装置（超越上下极限工作位置的保护装置）。为防"冲顶""蹲底"现象，在井道中常设置减速开关、限位开关和极限开关。

1)减速开关（强迫减速开关）——安装在电梯井道内顶层和底层附近，是第一道防线。

2)限位开关（端站限位开关）——电梯有上、下限位开关各1个，安装在上下减速开关后面。上限位开关动作后，如下面楼层有召唤，电梯能下行；下限位开关动作后，如上面楼层有召唤，电梯也能上行。

3)极限开关（终端极限开关）——电梯安全保护装置中最后一道电气安全的保护装置。其有机械式和电气式两种。机械式常用于慢速载货电梯，是非自动复位的；电气式常用于载客电梯中（该开关动作后电梯不能再启动，排除故障后在电梯机房将此开关短路，慢车离开此位置之后才能使电梯恢复运行）。

国标规定：极限开关必须在轿厢或对重未触及缓冲器之前动作。

(3)撞底（或冲顶）保护装置——缓冲器。缓冲器是电梯机械安全装置的最后一道措施。当电梯在井道下部运行时，由于断绳或其他故障，下部限位开关不起作用，轿厢就要向底坑掉落蹲底。这时，设置在底坑的缓冲器可以减缓轿厢与底坑之间的冲击，使轿厢停止运动。缓冲器有弹簧缓冲器和液压缓冲器两种，弹簧缓冲器是一种蓄能型缓冲器，常用于低速电梯；液压缓冲器是耗能型缓冲器，常用于快速与高速电梯中。

(4)电磁制动器。也称电磁抱闸，它得电松闸、失电抱闸，是电梯安全装置中最重要的一种。在轿厢超速、越位、超载溜车或其他原因造成坠落等危急情况下都需要电磁制动器动作。

(5)平层感应装置。当电梯轿厢按轿内或轿外指令运行到站进入平层区时，平层隔磁（或隔光）板即插入感应器中，切断干簧感应器磁回路（或遮挡电子光电感应器红外线光线），接通或断开有关控制电路，控制电梯自动平层。平层感应装置安装在轿顶上，平层隔磁（隔光）板安装在每层站平层位置附近井道壁上。

(6)超载与称载装置。超载与称载装置是为了防止电梯发生超载事件，确保电梯运行的安全。当轿厢载员达到额定载荷的110%时，称重机构动作，切断电梯控制电路使电梯不关门、不运行；同时点亮超载信号灯，超载蜂鸣器响。常用的超载装置类型有轿底式称重装置、轿顶式称重装置、机房称重式称重装置。

(7)盘车手轮和松闸扳手。它们是结构简单但能在电梯困人情况下通过人工操作对乘客进行安全解救的重要工具。

(8)安全窗。安全窗是当轿厢因故停在两个楼层中间且轿厢又无法移动而设置的紧急救助出人口。为防止启用安全窗时,电梯突然启动运行而造成人身伤害事故,安全窗具有打开即切断控制回路的功能。

(9)限速钢丝绳张紧保护。可防止电梯在超速保护装置失灵的情况下运行。

(10)急停开关。在轿顶、底坑、机房处检修电梯时,关闭急停开关就可切断电源。在轿厢里遇到紧急情况只要按下急停按钮或扳动急停开关,即可及时停车。可根据需要分别安装在轿厢操纵盘、轿顶操纵盒及底坑内和机房控制柜上。

(11)过载短路及相序保护装置。防止电动机因超载、电路短路或供电线路出现相序错误或缺相而被烧毁。当运行中出现以上情况则可立即切断控制回路。

(12)报警装置。轿厢内与外界联系的警铃、电话等安全保护装置。

三、电梯的设置原则

电梯的设置应考虑安全可靠、方便用户的原则。电梯由于运行速度快,可以节省人们的交通时间,在高层住宅、大型宾馆、医院、商店、写字楼等均应设置。一般来说,一部电梯的服务人数在400人以上,服务面积450~500 m²。在住宅开发建造中,为满足日常使用,电梯的设置原则如下:

(1)7层及7层以上的住宅,其入口层楼面距室外设计地面高度超过16 m的,必须设置电梯。

(2)12层及12层以上的高层住宅,每栋楼设置电梯不应少于两台,塔式住宅应设两台以上,其中,需配置一台可容纳担架的电梯。

(3)高层住宅电梯宜每层设站,当住宅电梯非每层设站时,连续不设站的层数不应超过两层。塔式和通廊式高层住宅电梯宜成组集中布置。单元式高层住宅每单元只设一部电梯时,应采用联系廊连通。

单元二 自动扶梯的布置与构造

自动扶梯是一种可以连续运送乘客的装置。自动扶梯比直升电梯的运送能力大,能连续输送人员,可以逆转,停运时可作普通楼梯使用。自动扶梯的缺点是:乘客停留时间长、能量损失大、造价高。

一、自动扶梯的布置

自动扶梯的布置排列有平行排列、连续交叉排列、连贯排列和"X"交叉排列四种,如图7-4所示。

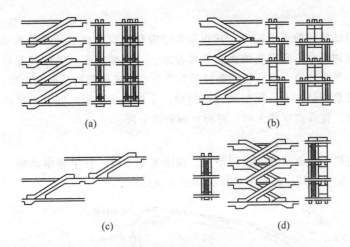

图 7-4 自动扶梯的布置排列方式

(a)平行排列；(b)连续交叉排列；(c)连贯排列；(d)"X"交叉排列

在设计自动扶梯时，按其受载情况和使用时间长短可分为普通型和交通运输型两种。交通运输型自动扶梯每周运行时间约为 140 h，而且在任何 3 h 的时间间隔内，持续重载时间不少于 0.5 h，其荷载应达到规定振动荷载的 100%。因此，必须要求自动扶梯经久耐用。

二、自动扶梯的构造

自动扶梯的结构包括支承部分、驱动系统、运载系统、扶手系统、电气控制系统和安全保护系统等，如图 7-5 所示。

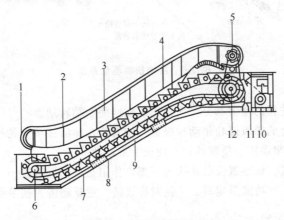

图 7-5 自动扶梯的构造

1—扶手传动滚轮；2—扶手带；3—栏板；4—铝合金梯级；5—扶手驱动链轮；6—从动张紧链轮；
7—金属构架；8—牵引导轨；9—牵引链条；10—动力装置；11—机房盖板；12—梯级牵引链轮

1. 金属桁架

金属桁架即自动扶梯的支承部分，其作用在于安装和支承自动扶梯的各个部件，承受各种载荷，以及将建筑物两个不同层高的地面连接起来。一般端部驱动及中间驱动自动扶梯的导轨系统、驱动装置、张紧装置，以及扶手装置等都安装在金属桁架的里面和上面。

桁架架设在建筑物结构上，用型钢焊接而成。一般分成三段，即上水平段框架、倾斜段框架、下水平段框架。提升高度较大时，可再对倾斜段分段。

2. 驱动系统

驱动系统由主机、主驱动轴、主驱动链、扶手带驱动链、扶手带驱动轴、梯级链张紧装置等组成，如图 7-6 所示。其功能是驱动梯级和扶手带运动。

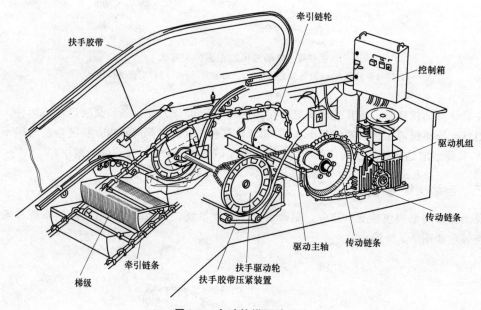

图 7-6　自动扶梯驱动系统

(1)主机。主机是扶梯的动力部分，通过主驱动链使主轴转动。

(2)主驱动轴。轴上的梯级链轮带动梯级链，使安装在梯级链条上的梯级运动；轴上的扶手带驱动链以相同的方式驱动扶手带驱动轮，使扶手带运动。

(3)梯级链张紧装置。该装置安装在扶梯下部，作用是拉紧梯级链。

(4)自动润滑装置。其功能是定时、定量对梯级链、主驱动链、扶手带驱动链等运动部件进行润滑。

3. 运载系统

运载系统由梯级、梯级链、导轨、地板和梳齿板等组成，其功能是运送乘客。

(1)梯级。梯级也称为梯级踏板，就是自动扶梯的阶梯。它实际上是一个结构形式特殊的四轮小车，有两只主轮和两只辅轮。梯级是自动扶梯中数量最多的部件，一台扶梯质量的好坏，主要取决于梯级的结构和质量。

(2)梯级链。梯级链是自动扶梯的牵引机构，将主机的动力传送给梯级，使梯级沿着导轨运动。一台自动扶梯一般有两根构成闭合环路的梯级链。梯级链的驱动装置一般设在上水平梯级区段的末端，也就是所谓的端部驱动式。

(3)导轨。导轨是梯级运动的导向，并起到支撑梯级及梯级链的作用。由支承梯级工作的工作导轨和使梯级回转的返回导轨、防止梯级在工作时脱轨的压轨及相应的支撑件组成。导轨不仅要满足结构设计要求，还应光滑、平整、耐磨，并满足一定的精度要求。

(4)地板与梳齿板。地板为乘客在扶梯两端提供站立平台，同时又是机房的盖板。梳齿板位于梯级的出入口。梳齿板上的梳齿与梯级的齿槽相啮合，保证梯级在回转时的安全性。

4. 扶手系统

扶手系统是供梯级上的乘客作扶手用，特别是在出入扶梯的期间，它由扶手护栏、扶手驱动装置、扶手带等组成。

(1)扶手护栏。其作用是保护乘客和支撑扶手带，由围裙板、内盖板、护壁板、外盖板及外装饰板组成。按结构可分为全透明无支撑式、半透明有支撑式及不透明有支撑式等。

(2)扶手驱动装置。常见的扶手驱动装置有两种结构形式，一种是传统使用的摩擦轮驱动形式，另一种是压滚驱动形式。

(3)扶手带。它是供人扶手的部件，与梯级同步运行。按胶带内部衬垫不同分为多层织物衬垫胶带、织物夹钢带胶带和织物夹钢丝绳胶带(我国生产的自动扶梯多采用这种结构)。

5. 电气控制系统

电气控制系统主要由电控柜、控制按钮、开关等组成，实现对扶梯的运行控制。有继电器控制、PLC控制和微机控制三种。

(1)电控柜。电控柜安装在扶梯的上部机房，负责向主机供电并控制扶梯运行。

(2)控制按钮、开关。主要由钥匙开关、紧急停止按钮组成，安装在扶梯上下端部。钥匙开关用于开关扶梯，急停按钮用于在紧急情况下使扶梯停止。

6. 安全保护系统

安全保护系统的功能是当自动扶梯处于不安全状态时，安全装置可使之停止。安全装置一般分为必备安全装置和辅助安全装置两类。

(1)必备安全装置。

1)工作制动器。工作制动器又称机电式制动器，是保证自动扶梯正常停车用的装置。其可在通电时释放打开，使自动扶梯正常运转；一旦断电立即制动，使自动扶梯停止运转。

2)紧急制动器。采用链条传动的自动扶梯，应设紧急制动器，以防自动扶梯超速运转或链条断裂等意外情况发生，确保乘客安全。

3)牵引链条伸长或断裂保护装置。只要牵引链条因磨损或其他原因而变长，就会碰到此开关,从而切断电源使自动扶梯停止运转。

4)梯级塌陷保护装置。一般自动扶梯的塌陷保护装置共有两套,分别装在梯路上、下曲线段处。若加固梯级损坏而下陷,保护装置会使自动扶梯停止运转。

5)速度监控装置。速度监控装置的作用,就是当自动扶梯的运行速度超过额定速度或低于额定速度时,及时切断电源。

6)梳齿板保护装置。其作用是一旦乘客的高跟鞋、伞尖或其他异物嵌入梳齿,梳齿板就要前移。当移到一定的距离时,梳齿板下方的斜块就要撞击开关,从而切断电源。

7)扶手胶带入口防异物保护装置。扶手胶带的端部下方入口处是事故的易发处,若不加装保护装置,就常会夹住异物或小孩的手。所以,此处应安装异物保护装置。

8)裙板保护装置。一旦异物进入裙板与梯级间的间隙,裙板就会发生形变,C型钢就会随之移动,到达一定位置后,碰击开关,断开电源,使自动扶梯停车。

9)梯级间隙的照明装置。自动扶梯在运行过程中,在梯路的上下水平区段与曲线区段的过渡处,梯级要形成阶梯或者阶梯消失。此时,若乘客的脚正好踏在两个阶梯之间,就会发生事故。为此,在上下水平区段的梯级下面各安装一个绿色荧光灯,可使乘客经过此处时,看见绿色的荧光灯,及时调整在梯级上的站立位置,避免事故发生。

10)过载短路及相序保护装置。防止电动机因超载、电路短路或供电线路出现相序错误或缺相而被烧毁。当运行中出现以上情况时可立即切断控制回路。

11)急停按钮。急停按钮是遇有紧急情况可立即停车的开关。紧急开关要装在醒目而又容易操作的地方,一般为红色,但旁边也要装有钥匙开关。只有打开钥匙开关,才能按动急停按钮。

(2)辅助安全装置。

1)辅助制动器,其在结构上和功能上与工作制动器完全相同。

2)机械锁紧装置,是在运输过程中或长期不用时用于锁紧驱动机组的装置。

3)梯级上的黄色边框是乘客乘梯的警示标识。

4)裙板上的安全刷,其作用是防止异物落入裙板。

5)扶手胶带同步监控装置,其作用是监视扶手胶带与梯级的同步运行情况。

单元三 电梯管理

一、电梯设备安全管理

高层建筑中的电梯设备给人们提供了方便、快捷和舒适的工作和生活环境。如果使用与管理不当,则有可能会危及乘梯人的生命安全,也会给物业服务企业造成重大的经济损失。因此,为防止电梯因使用不当造成损坏或引起伤亡事故,必须加强电梯的使用安全管理。电梯设备安全管理的主要内容包括电梯使用过程中的检查、安全教育、电梯司梯人员的操作安全管理、乘梯人员的安全管理等。

(一)电梯使用过程中的检查

1. 日常检查

电梯的日常检查是电梯维护管理人员必须经常进行的检查工作，主要检查以下方面：

(1)每周应对各层层门、门锁进行检查，当电梯正常工作时，如有任一层层门被开启，则电梯应停止运行或不能启动。层门关闭时用外力应不能将层门扒开。

(2)每周检查轿门的防护装置是否自动使门重新开启，当自动门在关闭过程中触及安全触板，轿门应能自动打开。

(3)对有消防专用功能的电梯，每周应对其功能进行检查。

(4)每周检查轿内警铃、对讲系统、电话等紧急报警装置，与建筑物内的管理部门应能及时应答紧急呼救。

(5)每周应检查备用电源的工作情况，正在运行的电梯如突然中断供电，备用电源应能使轿厢停靠在最近的楼层。

2. 季度检查

使用单位按季度对机房的主要设备进行一次全面的检查。检查内容主要包括曳引机运行时有无异常噪声、减速机是否漏油、减速箱及电动机的温升情况、制动器的可靠制动情况、限速器运转是否灵活可靠、控制柜内电气元件动作是否可靠、极限开关动作是否可靠等。

3. 年度检查

由使用单位组织的年度检查是针对电梯运行过程中的整机性能和安全设施进行全面的检查。整机性能检查主要包括乘坐舒适感，运行的噪声、振动、速度和平层准确度五个方面；安全设施检查主要包括超速保护、断相保护、缓冲装置等保护功能的检查。同时，还应进行电气设备的接地、接零的装置、设备耐压绝缘的检查。

4. 定期安全检查

定期安全检查是根据政府主管部门的规定，由负责电梯注册登记的有关部门或主管部门委派电梯注册或认证工程师进行的安全检查。检查的周期、内容由各地主管部门决定。对检查合格的电梯发给使用许可证，证书注明安全有效期并应悬挂在轿厢内，超过期限的电梯应禁止使用。定期检查的主要部件有门厅锁闭装置、钢丝绳、制动器、限速器、安全钳、缓冲器、报警装置等。对每一项检查内容均应出台试验及检验报告，合格后由主管部门存档并予以发证。

| 课堂提问 |

下列不属于电梯日常检查工作的是(　　)。
A. 每周对各层层门、门锁进行检查　　B. 每周检查减速机是否漏油
C. 每周检查轿内警铃、对讲系统、电话等紧急报警装置

D. 每周检查备用电源的工作情况

答案：B

(二)安全教育

由电梯管理员负责对电梯机房值班人员、电梯司梯人员和乘梯人员实施安全教育，使他们树立安全第一的思想观念，熟知电梯设备的安全操作规程和乘梯安全规则。

(三)电梯司梯人员安全操作管理

为了确保电梯的安全运行，司梯人员均应持证上岗，并应制定相应的司梯人员安全操作守则。

(1)保证电梯正常运行，坚持正常出勤，不得擅离岗位，提高服务质量。

(2)电梯不带病运行、不超载运行。

(3)操作人员操作时不吸烟、不闲谈等。

(4)执行司机操作规程。

1)每次开启层门进入轿厢内，必须做试运行，确定正常时才能载人。

2)电梯运行中发生故障时，立即按停止按钮和警铃，并及时要求修理。

3)遇停电或电梯未平层时禁止乘客打开轿厢门，并及时联系外援。

4)禁止运超大、超重的物品。

5)禁止在运行中打开层门。

6)工作完毕时，应将电梯停在基站并切断电源，关好层门。

(四)乘梯人员安全管理

制作电梯乘梯人员安全使用乘梯的警示牌，悬挂于乘客经过的显眼位置。警示牌要显而易见，并在显眼处张贴乘梯须知，警告乘梯人员安全使用电梯的常识，乘梯须知应做到言简意赅。

(五)电梯管理部门的职责

(1)全面负责电梯安全使用、管理方面的工作。

(2)建立健全电梯使用操作规程、作业规范及管理电梯的各项规章制度，组织制定电梯中修、大修计划和单项大修计划，并督促检查实施情况。

(3)搞好电梯的安全防护装置，设施要保持完好、可靠，确保电梯正常、安全运行。

(4)负责对电梯特种作业人员的安全技术培训工作。

(5)组织对电梯的技术状态做出鉴定，及时进行修改，消除隐患，对由于电梯管理方面的缺陷造成的重大伤亡事故负全责。

(6)搞好电梯安全评价，制定整改措施，并监督实施情况。

(六)电梯专职或兼职管理人员岗位职责

(1)收取控制电梯厅外自动开关门锁的钥匙、操纵箱上电梯工作状态转移开关的钥匙、操纵箱钥匙及机房门锁的钥匙。

(2)根据本单位的具体情况,确定司机和维修人员的人选并进行培训,保证每位司机和维修人员都要持证上岗。

(3)收集和整理电梯的有关技术资料,包括井道及机房的土建资料,安装平面布置图,产品合格证书,电气控制说明书,电路原理图和安装接线图,易损件图册,安装说明书,使用维护说明书,电梯安装及验收规范,装箱单和备品备件明细表,安装验收试验和测试记录,以及安装验收时移交的资料,国家有关电梯设计、制造、安装等方面的技术条件、规范和标准等。资料收集齐全后应登记建账,妥善保管。

(4)收订并妥善保管电梯备品、备件、附件和工具。根据随机技术文件中的备品、备件、附件和工具明细表,清理校对随机发来的备品、备件、附件和专用工具,收集电梯安装后剩余的各安装材料,并登记建账,合理保管。除此之外,还应根据随机技术文件提供的技术资料编制备品、备件采购计划表。

(5)根据本单位的具体情况和条件,建立电梯管理、使用、维护保养和修理制度。制定各工种岗位责任制、安全操作规程、管理规程、维保周期和内容,制定大修、中修计划,督促例行和定期维修计划的实施,并安排年检。

(6)熟悉收集到的电梯技术资料,向有关人员了解电梯在安装、调试、验收时的情况并认真检查电梯的完好程度。参与、组织电梯应急救援或困人演习预案的实施。

(7)完成必要的准备工作,而且相关条件具备后可交付使用,否则应暂时封存。封存时间过长时,应按技术文件的要求妥当处理。

(8)负责电梯的整改,在整改通知单上签字并反馈有关部门和存档。

二、电梯设备运行管理

电梯设备运行管理的主要内容包括:电梯设备的运行巡视监控管理,电梯运行中出现异常情况的管理,电梯机房的管理和电梯档案的管理等。

(一)电梯设备的运行巡视监控管理

1. 电梯机房

(1)电梯机房无漏水、渗水现象;地面刷专用地板漆(灰色)或铺防潮、防滑地砖;控制柜、主机周围画黄色警戒线。

(2)电梯机房门外开,并有锁紧装置;门上应有明显的"电梯机房""机房重地,闲人免进"标志牌。

(3)机房内不应存放无关的设备、杂物和易燃性液体,并应设置手提灭火装置。

(4)机房内应通风良好。当使用排风扇通风时,如安装高度较低时,应设防护网。曳引绳、限速器钢丝绳、选层器钢带穿过楼板孔四周应筑有不低于 10 cm 的永久性防水围栏。

(5)主机上方的承重吊钩不应有锈蚀现象,涂黄色油漆,并在吊钩所在的承重梁上用永久的方式标明最大允许载荷。

(6)盘车工具齐全,并应悬挂在对应主机附近的墙上,便于取用。在盘车的手轮或电动机的后端盖易于看到的位置，用明显的箭头标出盘车轮的转动方向与轿厢运动方向一致的标志。

(7)电梯机房内应设有详细说明，指出当电梯发生故障时应遵循的拯救操作规程，包括电梯困人的解救步骤。

(8)当同一机房内设置有数台曳引机时，各主开关与照明开关均应设置标明各开关所对应的电梯编号及对应控制设备名称的标志牌。

2. 轿厢

(1)轿厢照明正常，风扇运行可靠且无噪声和异常震动；操作面板、电话、对讲机、监视器、应急灯、警铃、超载报警等均使用良好。

(2)轿厢应悬挂标有本梯限载的标志牌、安全使用电梯规则，并有质量技术监督部门颁发的有效的年检合格证。

(3)层门和轿厢门地槛的导槽应保持清洁，无杂物、无砂砾。

巡视监控管理是由电梯机房值班人员实施的定时对电梯设备进行巡视、检查，发现问题及时处理的管理方式。电梯机房值班人员每日对电梯进行一次巡视，根据巡视情况填写《电梯设备巡视记录》，见表7-1。

表7-1 电梯设备巡视记录

巡视时间		检查结果	备注
电梯编号			
序号	运行监控项目		
1	机房温度、湿度		
2	曳引电动机温度、润滑油、紧固情况		
3	减速箱油位油色、联轴器紧固情况		
4	限速器、机械选层器运行情况		
5	控制柜的继电器工作情况		
6	制动器		
7	变压器、电抗器、电阻器		
8	对讲机、警铃、应急灯		
9	轿厢内照明、风扇		
10	厅外轿内指层灯及指令按钮		
11	层门及轿厢门踏板清洁		
12	开关门有无异常		
13	井道底坑情况		
14	各种标示物及救援工具情况		

续表

巡视时间		检查结果	备注
电梯编号			
15	电梯运行舒适感		
电梯值班员：		负责人：	

巡视中发现不良状况时，机房值班人员应及时采取措施进行调整。如果问题严重则及时报告公司工程部主管，协同主管进行解决。整修时应严格遵守电梯维修保养的相关规定。

(二)电梯运行中出现异常情况的管理

当电梯运行中出现异常情况时，司梯人员应保持清醒的头脑，以便寻求比较安全的解决方案。

1. 发生火灾时的处置

当楼层发生火灾时，电梯的机房值班人员应立即设法按动"消防开关"，使电梯进入消防运行状态；电梯运行到基站后，疏导乘客迅速离开轿厢；电话通知工程部并拨打"119"电话报警。井道或轿厢内失火时，司梯人员应立即停梯并疏导乘客离开，切断电源后用干粉灭火器等灭火，同时电话通知工程部，若火势较猛应拨打"119"电话报警，以便保证高层建筑内的人员和财产安全。

2. 电梯遭到水浸时的处置

电梯的坑道遭水浸时，应将电梯停于二层以上；当楼层发生水淹时，应将电梯停于水淹的上一层，然后断开电源总开关并立即组织人员堵水源，水源堵住后进行除湿处理，如热风吹干。用摇表测试绝缘电阻，当达到标准后，即可试梯。试梯正常后，才可投入使用。

3. 地震时的处置

感到地震时，应立即按最近目的层按钮或最近层停车关梯。停梯后，请乘客离开轿厢，不要再使用电梯。若被困电梯，则不要外逃，保持镇静等待救援。地震停止后，应对电梯进行检查。若发生的是三级及三级以下地震，则以低速(检修速度)下行至最底层端站，再以低速(检修速度)上行至最高层端站。若运行过程中无异常声响、振动及冲击，即可恢复正常运行。但要做几次全自动运行试验，确认正常后才能交给乘客使用。若有异常现象，应立即停梯，向相反方向运行至最近的层站停梯，并与电梯专业公司联系检查修复。四级及四级以上的地震，震后要与电梯专业公司或制造厂家联系，进行全面检查修复后，才能投入运行。

4. 电梯困人的处置

监控中心值班人员接到乘梯者报警或发现有乘客被困在电梯内，应一方面通过监控系统或对讲机了解电梯困人发生地点、被困人数、人员情况及电梯所在楼层，另一方面通过对讲机向保安部经理或当班领班汇报，请求派人或联系工程部前往解救。

保安部经理或当班领班接报后，应立即亲自到场或派员到场与被困乘客取得联系，安慰乘客，要求乘客保持冷静，耐心等待求援。尤其当被困乘客惊恐不安或非常急躁，试图采用撬门等非常措施逃生时，要耐心告诫乘客不要惊慌和急躁，不要盲目采取无谓的行动，以免使故障扩大，发生危险。注意在这一过程中，现场始终不能离人，要不断与被困人员对话，及时了解被困人员的情绪和健康状况，同时，及时将情况向公司总经理或值班领导汇报。

工程部人员接报后，应立即派人前往现场解救，必要时电话通知电梯维修公司前来抢修。若自己无法解救，应设法采取措施，确保被困乘客的安全，等待电梯维修公司的技工前来解救。

工程部技术人员在进行处置时，为防止轿厢突然移动，发生危险事故，应将该电梯的主电源切断。在进行处置被困乘客时，由机房控制柜或层站的轿厢位置指示器确认轿厢位置。若机房内无法确认轿厢位置时，可用专用钥匙小心开启层门，再用电筒观察确认轿厢在井道内的位置。

若轿厢停于接近层门位置，且高于或低于楼层不超过 0.5 m 时，用专用层门钥匙开启层门，在轿顶用人力开启轿厢门，协助乘客离开轿厢，并重新将门关妥。

若轿厢停于高于或低于楼层超过 0.5 m 时，应先将轿厢移至接近层门，再按上述方法接出乘客。移动轿厢的方法如下：

(1) 通知轿厢内乘客保持镇定，并说明轿厢随时可能会移动，不可将身体任何部分探出轿厢外，以免发生危险。如果此时轿厢门处于未完全闭合状态，则应将其完全关闭。

(2) 将盘车手轮装在电动机轴上。由一名技术人员控制盘车手轮，另一名技术人员手持释放杆，轻轻松开制动器，轿厢会由于自重而移动。若轿厢无法因自重而移动，应用盘车手轮使轿厢向正确方向移动。为了避免轿厢上升或下降太快发生危险，操作时应点动动作使轿厢逐步移动，直至轿厢到达平层区域。

在解救过程中，若发现被困乘客中有人晕厥、神志昏迷（尤其是老人或小孩），应立即通知医护人员到场，以便将被困人员救出后立即进行抢救。

救出被困者后，工程部应立即请电梯维修公司查明故障原因，修复后方可恢复正常运行。

5. 电梯突然停电的处置

电梯在运行中突然停电，如果预测停电在短时间内就可以恢复正常或备有发电机，则通过监控系统或对讲机向乘客说明，请他们在轿厢内耐心等待，不可强行走出轿厢。停电复原以后，应指示乘客再次按轿厢内的目的层按钮，即可恢复电梯正常运行；如果是长时间停电或线路故障，则应考虑盘车放人。盘车放人按上述电梯困人的处置方法进行。

(三) 电梯机房的管理

电梯机房值班人员在公司工程部电梯管理员的领导下工作。电梯管理员负责制定电梯机房的管理制度。机房值班人员应严格执行电梯机房管理制度。

(1)非机房工作人员不准进入机房,必须进入时应经过公司工程部经理的同意,在机房人员的陪同下进入机房,要随时上锁。

(2)机房应配足消防器材,禁放易燃易爆品。

(3)保持机房清洁,每周打扫一次机房卫生。

(4)正常时,按时交接班,并签署《电梯设备巡视记录》。

(5)当遇到接班人员未到岗时,交班人员不得离岗,应请示工程部电梯管理员寻求解决。

(6)电梯发生事故后未处理完的,应由交班人员继续负责事故的处理,接班人员协助处理。

(四)电梯档案的管理

为了解电梯的整体状况,工程部以高层楼宇为单位建立电梯档案。电梯档案包括《电梯的原理图和安装图》《电梯设备巡视记录》《电梯设备维修记录》等内容。档案中的《电梯设备巡视记录》由机房值班组长每月初整理成册,交工程部电梯管理员保管。

三、自动扶梯的维护

自动扶梯乘客较多,因此,必须加强自动扶梯的维护。自动扶梯可在保修期内找厂家维修,也可委托专门的保养公司维修,但同时必须培养自己的自动扶梯专业技术维护人员做好强制性保养和检修。自动扶梯的维护主要有以下几个方面。

1. 驱动装置的维护

驱动装置各部件的维修专业性很强,如发现异常响声、温升过快过高等异常现象,应找厂家或特约维修人员进行修理。

2. 曳引链的维护

曳引链是自动扶梯最大的受力部件,长期运行会使其受损严重,必须配备润滑系统进行润滑。驱动主轴和张紧轴一般用滚动轴承作为转动件,故也应对其实施润滑,如梯级主轮有脱胶、裂纹、破裂现象则必须停机,请厂家或特约维修人员更换。

3. 梯级的维护

自动扶梯出入口处1.5 m范围内应有使乘客清除鞋底杂物的设置;不允许乘客载货使用;踏板齿有折断时应及时更换;维修人员必须按照生产单位提供的文件进行检查,发现故障应及时排除。必要时应停机维修。

4. 安全装置的维护

各种保护装置在平时是不起作用的,但一旦发生故障必须能够立即起保护作用,故日常的保养显得格外重要。在例行检查时,必须保持各保护装置的卫生,逐个对安全保护装置机构进行检查,看其能否正常工作,电路反应是否正常。一旦发现故障,必须经专业人员进行故障处理后方可重新启动。

实践与训练

一、实训内容

1. 考察校园、住宅小区、办公楼、商业楼电梯的运行情况。
2. 熟悉有关电梯管理与维护的各种规章制度。

二、实训步骤

1. 分小组组织学生参观电梯和电梯机房,要求对轿厢和电梯机房中设备的型号、参数、状态进行记录并拍照。
2. 拟写电梯相关(管理)制度,如电梯机房管理制度、电梯管理服务规则、电梯维修保养操作规程等。

模块七 学生实训考核表

姓名		班级		小组	
实训模块		电梯系统			
考核内容	分值	自评		小组互评	教师评价
不迟到早退,出勤情况良好,任劳任怨,勇于实践,态度谦逊,勤学多问	20				
在实训过程中,能理论联系实际,较好地完成实训任务	20				
能较好地完成实物拍照列表记录	20				
能较好地拟写电梯相关(管理)制度	20				
在小组合作中,具有良好的沟通、协作能力	20				
评价汇总	100				
考核总分					

注:总评成绩=自评成绩×30%+小组评价×20%+指导教师评价×50%

模块小结

本模块主要介绍了电梯的分类、构造、设置原则，自动扶梯的构造，电梯设备安全管理、运行管理，自动扶梯的维护等内容。通过本模块的学习，应对电梯系统有系统的认识，并能进行日常的管理与维护。

思考与练习

一、填空题

1. 电梯按行驶速度可分为_____、_____和_____。
2. 导轨和导靴是电梯轿厢和对重的_____部分。
3. _____由曳引电动机、供电系统、调速装置、速度反馈装置构成，其作用是对电梯实行速度控制。
4. 电梯安全保护系统由_____和_____两大部分组成。
5. 自动扶梯的布置排列有_____排列、_____排列、_____排列和_____排列四种。
6. 运载系统由_____、_____、_____、_____和_____等组成，其功能是运送乘客。

二、简答题

1. 电梯按控制方式分类可分为哪几类？
2. 简述电梯的工作原理。
3. 简述自动扶梯的扶手系统。
4. 简述电梯司梯人员安全操作管理守则。
5. 简述电梯机房运行环境要求。
6. 简述地震时电梯的处置方法。
7. 简述自动扶梯的维护。

模块八　电气系统

知识目标

熟悉供配电系统、电气照明系统；掌握电气系统的管理与维护。

能力目标

能够区分建筑物用电负荷的分类及高层建筑的供电方式；能够科学地进行配电室布置；能够合理地选择低压配电装置；能够合理地选择各种灯具，并进行灯具的布置；能够制定合理的科学的电气系统管理制度；能够对供电系统、配电系统、电路照明常见事故进行合理的处理。

素质目标

提高学生的实践执行能力。

案例导入

强电井管理不善，安全隐患无穷

20××年4月14日中午，某项目维修前台连续接到三家业主报修家中停电，后经查看发现227号的3楼和9楼母线插件处（该项目使用铜排作为母线）有明显的短路电灼现象，于是及时向母线厂家报修。厂方对烧坏的母线插件拆开检查，发现插件内部很潮湿，分析是潮湿造成了三相短路。在排除了强电井存在渗水的原因以后，分析可能有人小便造成潮湿。该项目在业主入住时给业主配置有楼道水表井钥匙，由于水表井与强电井都使用通锁，业主往往打开楼道内强电井存放物品。

分析：1. 业主有强电井的钥匙，随时可以打开强电井存放物品，有业主可能打开门后不及时上锁，小孩有可能进去小便。强电井内使用铜排作母线，防护能力很低，如果小孩小便时尿在铜排上立刻会触电，后果将不堪设想。

2. 拥有强电井钥匙的业主数量较多，大部分业主不能意识到井道内存在触电危险，业主在强电井内存放物品可能碰到铜排，风险是巨大的。

启示：1. 对于专业物业服务企业，基本要求是识别客户身边的风险，及时排除，保障客户的生命财产安全不受威胁。业主长期持有强电井的钥匙，没有发现其中的巨大风险或没有及时采取措施，反映了物业管理人员对风险的麻木和迟钝。强电井内一旦发生触电事故，物业服务企业必须承担不可推脱的法律责任和道义责任。

2. 有时候采取措施规避风险需要成本投入，实际工作中物业服务企业对较大的成本投入存在顾虑，没有清楚判别风险的严重性。

单元一　供配电系统

一、电力负荷

(一)负荷类别

负荷类别主要以照明和非工业电力来区分，其目的是按不同电价核算电力支付费用。

(1)照明和划入照明的非工业负荷。照明和划入照明的非工业负荷包括民用、非工业用户和普通工业用户的生活、生产照明用电(家用电器、普通插座等)，空调设备用电等，总容量不超过 3 kW 的晒图机、太阳灯等。

(2)非工业负荷。非工业负荷包括商业用电、高层建筑内电梯用电，民用建筑中采暖风机、生活煤机和水泵等动力用电。

(3)普通工业负荷。普通工业负荷指总容量不足 320 kV·A 的工业负荷，如食品加工设备用电等。

(二)负荷容量

负荷容量以设备容量(或称装机容量)、计算容量(接近实际使用容量)或装表容量(电能表的容量)来衡量。

(1)设备容量是建筑工程中所有安装的用电设备的额定功率的总和。

(2)在设备容量的基础上，通过负荷计算，可以求出接近实际使用的计算容量。对于直接由市电供电的系统，需根据计算容量选择计量用的电能表，用户极限是在这个装表容量下使用电力。

(3)在装表容量小于等于 20 A 时允许采取单相供电。而一般情况下均采用三相供电，这样有利于三相负荷平衡和减少电压损失，同时为使用三相电气设备创造了条件。

(三)负荷级别

电力负荷是根据建筑的重要性和对其短时中断供电在政治上和经济上所造成的影响和损失来划分等级的，工业和民用建筑的供电负荷可分为三级。

动画：电力负荷分类

1. 一级负荷

一级负荷的界定范围如下：

(1)中断供电将造成人员伤亡者。

(2)中断供电将造成重大政治影响者。
(3)中断供电将造成重大经济损失者。
(4)中断供电将造成公共场所的秩序严重混乱者。

一级负荷应有两个独立电源供电,即双路独立电源中任一个电源发生故障或停电检修时,都不至于影响另一个电源的供电。对于一级负荷中特别重要的负荷,除双路独立电源外,还应增设第三电源或自备电源(如发电机组、蓄电池)。根据用电负荷对停电时间的要求,确定应急电源的接入方式。蓄电池为不间断电源,也称 UPS;柴油发电机组为自备应急电源,适用于停电时间为毫秒级。当允许中断供电时间为 1.5 s 以上时,可采用自动投入装置或专门馈电线路接入;对于允许 15 s 以上中断供电时间时,可采用快速自动启动柴油发电机组。

2. 二级负荷

二级负荷的界定范围如下:
(1)中断供电将造成较大政治影响者。
(2)中断供电将造成较大经济损失者。
(3)中断供电将造成公共场所秩序混乱者。

二级负荷一般应由上一级变电所的两端母线上引双回路进行供电,保证变压器或线路因发生常见故障而中断供电时能迅速恢复供电。

3. 三级负荷

凡不属一级负荷和二级负荷者为三级负荷。三级负荷对供电无特殊要求,可由单电源供电。

| 课堂提问 |

一级负荷供电要求(　　)。
A. 两个以上独立回路供电　　　　B. 两个以上独立电源供电
C. 无特殊要求　　　　　　　　　D. 一个独立电源供电
答案:B

二、电力系统

建筑用电一般都是电力系统供给的,一般建筑采用低压供电,高层建筑采用 10 kV 甚至 35 kV 供电。

电力系统包括发电厂、变电所、电力网和电能用户。电能用户所消耗的电能是电力系统中的发电厂供给的。发电厂多数建造在燃料、水力资源丰富的地方,而电能用户是分散的,往往又远离发电厂。因此,就必须设置输电线路和变电所等中间环节,将发电厂发出的电能输送给用户。

(1)发电厂。发电厂是将自然蕴藏的各种一次能源(如煤、水、风和原子能等)转换为电能(称二次能源),并向外输出电能的工厂。根据所利用能源的不同,发电厂可分为火力发电厂、水力发电厂、原子能发电厂、地热发电厂、潮汐发电厂、风力发电厂及太阳能发电厂等。在现代的电力系统中,各国都以火力发电厂和水力发电厂为主。

(2)变电所。变电所是接收电能、变换电压和分配电能的场所,由电力变压器和高低压配电装置组成。按照变压的性质和作用不同可以分为升压变电所和降压变电所两种。

仅用来接收和分配电能而不改变电压的场所称为配电场。

(3)电力网。电力网是指电力系统中各种不同电压等级的电力线路及其所联系的变电所。其任务是将发电厂生产的电能输送、变换和分配到电能用户。

电力网按其功能常分为输电网和配电网两大类。由 35 kV 及以上的输电线路和与其连接的变电所组成的电力网称为输电网,它是电力系统的主要网络,它的作用是将电能输送到各个地区或直接输送给大型用户;由 10 kV 及以下的配电线路和配电变压器所组成的电力网称为配电网,它的作用是将电能分配给各类不同的用户。

(4)电能用户。电能用户是所有用电设备的总称。

三、低压配电系统

建筑低压配电系统由配电装置(配电盘)及配电线路(干线及分支线)组成。常见的低压配电方式有放射式、树干式、混合式三种,如图 8-1 所示。

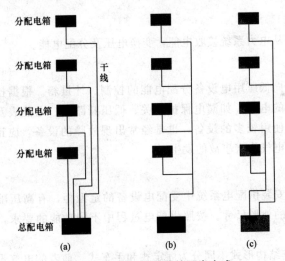

图 8-1 低压配电系统的配电方式
(a)放射式;(b)树干式;(c)混合式

1. 放射式

由总配电箱直接供电给分配电箱或负载的配电方式称为放射式,如图 8-1(a)所示。

放射式的优点是:各个负载独立受电,因而故障范围一般仅限于本回路。各分配箱与总配电柜(箱)之间为独立的干线连接,各干线互不干扰,当某线路发生故障需要检修时,只切断本回路而不影响其他回路，同时，回路中电动机启动引起的电压的波动，对其他回路的影响也较小。其缺点是：所需开关和线路较多，系统灵活性较差。

放射式配电适用于容量大、要求集中控制的设备，要求供电可靠性高的重要设备配电回路以及有腐蚀性介质和爆炸危险等场所的设备。

2. 树干式

树干式配电方式是一独立负荷或一集中负荷，按它所处的位置依次连接到某一条配电干线上的供电方式，如图8-1(b)所示。

树干式配电主要用于负荷集中且均匀分布、容量不大又无特殊要求的场所。其优点是节约有色金属和系统灵活性好；其缺点是当干线发生故障时，在此干线供电的所有受电设备都被切除，可靠性差。

3. 混合式

在实际工程中，照明配电系统不是单独采用某一种形式的低压配电方式，多数是综合形式，这种接线方式可根据负载的重要程度、负载的位置、容量等因素综合考虑。一般民用住宅所采用的配电形式多数为放射式与树干式二者的结合，即混合式，如图8-1(c)所示。

四、变配电室

变配电室的作用是从电力系统接收电能，变换电压及分配电能。

(一)低压配电箱

低压配电箱是直接向低压用电设备分配电能的控制、计量箱。根据控制和计量的要求，低压配电箱可以安装不同的电器，如漏电保护开关、低压断路器、电能表及各类开关插座等。低压配电箱是配电系统中使用较多的设备，也是经常出现故障的设备，应正确地安装和使用，以保障安全，减少或避免电气伤害事故的发生。

(二)配电柜

配电柜是用于成套安装供配电系统中受配电设备的定型柜，有高压配电柜和低压配电柜两大类。各类柜各有统一的外形尺寸。按照供配电过程中不同功能的要求，选用不同标准的接线方案。

(1)高压配电柜按其结构形式不同分为固定式和手车式。前者的电气设备为固定安装，要安装、维修各种设备，须在开启柜门后在柜内进行；手车式配电柜内的电气设备装在可用滚轮移动的手车上，手车的种类有断路器车、真空开关车、电流互感器车、避雷器车、电容器车和隔离开关车等。同类手车能互换，可方便、安全地拉出手车进行柜外检修。

(2)低压配电柜一般按其安装的方式不同分为固定式和抽屉式两种。固定式低压配电柜的所有电器元件都是固定安装，而抽屉式低压配电柜的某些电器元件按一次线路方案可灵活组合组装，按需要抽出或推入。固定式低压配电柜简单经济，应用广泛；抽屉式低压配电柜结构紧凑，安装灵活方便，安全防护性能好，应用也越来越多。

(三)变配电室布置

1. 变配电室的布置原则

变配电室的位置在其配电范围内应尽量布置在接近电源侧,并位于或接近于用电负荷中心,保证进出线路顺直、方便、最短,变配电所不应选在有剧烈振动的场所,不宜选在多尘、有水雾和有腐蚀性气体的场所,应选在上述污染源的上风侧。变配电所也不应选在贴近厕所、浴室或低洼地可能积水的场地,更不应选在有爆炸、火灾危险场所的正上方或正下方。

在多层建筑中,如该建筑对防火无特殊要求,当设置装有可燃性油的电气设备类变配电所时,可布置在非人员密集场所的该建筑物底层靠外墙侧。高层建筑的变配电室宜设在该建筑物的地下室或首层通风和散热条件较好的位置,但不能选在可能积水、受淹的场所。当建筑物的高度超过 100 m(超高层建筑)时,其变配电所可设在高层区避难所上部技术层内。

另外,一类高层主体建筑内不允许设置装有可燃性油的电气设备的变配电所;二类高层主体建筑则不宜装置上述电气设备,否则应当采用干式变压器并设在该类建筑首层靠外墙侧或地下室,并采取相应的防火技术措施。

2. 变配电室的总体布置要求

为了操作和检修的安全,变配电室的总体布置应满足以下要求。

(1)便于运行维护和检修。值班室一般应尽量靠近高低压配电室,如值班室与高压配电室靠近有困难,则值班室要通过走廊与高压配电室相通。

(2)要考虑运行的安全。变压器室的大门应避免朝向露天仓库。在炎热地区,变压器室应避免朝西开门,最好朝北开门。变配电所各室的大门都应朝外开,以利于紧急情况时的人员外出和处理事故。

(3)便于进出线。如果是架空进线,则高压配电室宜位于进线侧。变压器低压出线一般采用矩形螺母线,因此,变压器的安装位置(户内变配电所的变压器室)一般宜靠近低压配电室。

(4)注意节约用地和建筑费用。当变电所有低压配电室时,值班室可与低压配电室合并,但这时低压配电屏的正面或侧面离墙的距离大于或等于 3 m。

(5)高压电力电容器组应装设在单独的高压电容器室内,该室一般邻近高压配电室;而低压电力电容器则可装设在低压配电室内。

变电所总体布置方案应因地制宜、合理设计,应该对几个布置方案进行技术经济比较后再确定。

五、低压配电系统保护装置

配电线路是电力系统的重要组成部分,担负着电能输送与分配的任务。为保证线路的正常运行,线路应具备一定的保护装置,低压配电线路的保护包括短路保护、过负荷保护、接地故障保护和中性线保护。常用低压配电系统的保护装置主要有刀开关、熔断器、自动空气断路器、漏电保护器等。

(一)刀开关

按工作原理和结构,刀开关可分为胶盖闸刀开关、铁壳开关、隔离刀开关、熔断器式刀开关、组合开关等。

1. 胶盖闸刀开关

胶盖闸刀开关又叫作开启式负荷开关,图 8-2 所示为胶盖闸刀开关的外形结构示意。闸刀装在瓷质底板上,每相附有熔丝、接线柱,用胶木罩壳盖住闸刀,以防止切断电源时电弧烧伤操作者。胶盖闸刀开关主要作为一般照明、电热等回路的控制开关用。安有熔丝,也可作为短路保护用。小容量三相异步电动机的全压启动操作,也可用三相胶盖闸刀开关。

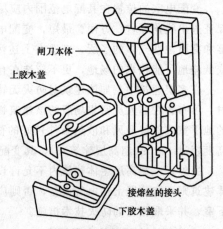

图 8-2 胶盖闸刀开关

2. 铁壳开关

铁壳开关又称封闭式负荷开关,主要由刀开关、熔断器和铁制外壳组成,其外形与结构如图 8-3 所示。

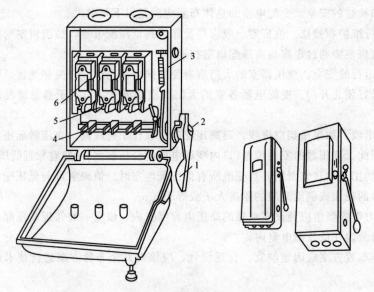

图 8-3 封闭式负荷开关

1—手柄;2—转轴;3—速断弹簧;4—闸刀;5—夹座;6—熔断器

铁壳开关适用于各种配电设备,既可供不频繁手动接通和分断负荷电路之用,还可作为线路末端的短路保护用。

3. 隔离刀开关

隔离刀开关外形与结构如图 8-4 所示。普通的隔离刀开关不可以带负荷操作，只有在和低压断路器配合使用时，低压断路器切断电路后才能操作刀开关。其主要用于交流额定电压 380 V、直流额定电压 440 V、额定电流 1 500 A 及以下装置中。

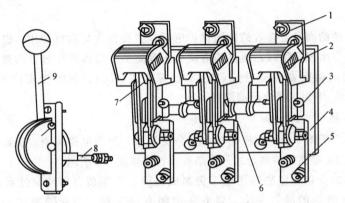

图 8-4　隔离刀开关外形与结构
1—上接线端子；2—钢栅片灭弧罩；3—闸刀；4—底座；5—下接线端子；
6—主轴；7—静触头；8—连杆；9—操作手柄

4. 熔断器式刀开关

熔断器式刀开关是由熔断器和刀开关组合而成，具有熔断器和刀开关的基本性能，在配电网络中用于过载和短路保护，以及正常供电情况下不频繁地接通和切断电路。熔断器式刀开关通常装于开关柜及电力配电箱内。图 8-5 所示为熔断器式刀开关结构示意及实物图。

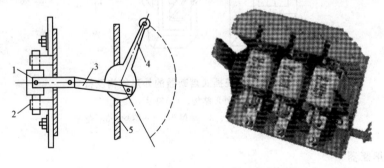

图 8-5　熔断器式刀开关结构示意及实物图
1—RT 型熔断器的熔管；2—HD 型刀开关的弹性触座；
3—连杆；4—操作手柄；5—配电屏面板

5. 组合开关

组合开关是一种多功能开关，不能用于频繁启停的电路中，经常用在接通或分断电路，切换电源或负载，测量三相电压，控制小容量电动机正、反转等的电路中，主要型号有 HZ10 系列等。

(二)熔断器

熔断器是最简便的而且是有效的短路保护电器，主要作为短路保护用，也可能起过负荷保护的作用。当线路中出现故障时，通过的电流大于规定值，熔体产生过量的热而被熔断，电路由此被分断。常用的熔断器有瓷插式(RCIA)、螺旋式(RL)、密闭管式(RM10)、填充料式(RT20)等多种类型，下面主要介绍前两种。

1. 瓷插式熔断器

瓷插式熔断器广泛用于保护与控制 380 V 分支线路、照明电路和中、小容量电动机电路当中的短路保护。RCIA 型瓷插式熔断器的外形结构及符号如图 8-6 所示。

瓷插式熔断器的瓷盖和瓷底均用电工瓷制成，磁盖上安装有熔丝，过载或短路时熔丝熔断。电线接在瓷底两端的静触头上。瓷底座中间有一空腔，与瓷盖突出部分构成灭弧室。RCIA 型瓷插式熔断器，以其结构简单、价格低廉、使用方便等优点，成为建筑工地常用的保护电器。

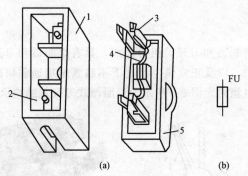

图 8-6 RCIA 型瓷插式熔断器的外形结构及符号
(a)外形结构；(b)符号
1—底座；2—静触头；3—动触头；4—熔丝；5—瓷盖

2. 螺旋式熔断器

螺旋式熔断器的外形结构如图 8-7 所示。

螺旋式熔断器主要用于电气设备的过载及短路保护。螺旋式熔断器由瓷帽、熔断管、保护圈及底座四部分组成。其熔断管内装有熔丝和石英砂，石英砂起熄灭电弧作用，管的上盖有指示器，指示熔丝是否熔断。螺旋式熔断器更换熔管时比较安全，填充料式的断流能力更强。

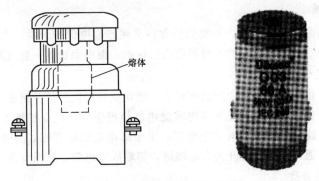

图 8-7　螺旋式熔断器的外形结构

在选择熔断器时,应特别注意以下两点:
(1)熔断器的额定电压必须大于或等于线路的工作电压。
(2)熔断器的额定电流必须大于或等于所装熔体的额定电流。

(三)自动空气断路器

断路器是指具有接通和分断电路作用,能提供短路、过载和失压保护的低压开关设备。空气开关是空气断路器的简称。

空气断路器是指断路器分断电路过程可能会产生电弧,而灭弧过程是在空气介质中完成的(电弧就是一种介质在电场中发生的击穿现象)。相应的有真空断路器(利用真空来消除电弧)、油断路器(利用油作为灭弧的介质)、六氟化硫断路器(以六氟化硫为介质)。

断路器主要由触头系统、灭弧系统、脱扣器和操作机构等部分组成。空气断路器的工作原理如图 8-8 所示。主触点通常是由手动的操作机构来闭合的。开关的脱扣机构是一套连杆装置。当主触点闭合后就被锁钩锁住。如果电路中发生故障,脱扣机构就会在有关脱扣器的作用下将锁钩脱开,于是,主触点在释放弹簧的作用下迅速分断。当电源电压恢复正常时,必须重新合闸后才能工作,以实现失压保护。

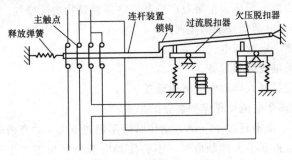

图 8-8　空气断路器的工作原理

(四)漏电保护器

漏电保护器是剩余电流动作保护装置的简称,又叫作漏电保护开关,主要是用来在设备发生漏电故障时,以及对有致命危险的人身触电进行保护。漏电保护器一般与断路器配合使用。

1. 漏电保护器的组成部分

漏电保护器主要由检测元件、中间放大环节、操作执行机构三部分组成。

在被保护电路工作正常,没有发生漏电或触电的情况下,漏电保护器不动作,系统保持正常供电。当被保护电路发生漏电或有人触电时,由于漏电电流的存在,当达到预定值时,使主开关分离脱扣器线圈通电,驱动主开关自动跳闸,切断故障电路,从而实现保护。

2. 漏电保护器的分类

按其保护功能和用途分类,一般可分为漏电保护继电器、漏电保护开关和漏电保护插座三种。

(1)漏电保护继电器。漏电保护继电器是指具有对漏电流检测和判断的功能,而不具有切断和接通主回路功能的漏电保护装置。

(2)漏电保护开关。它与其他断路器一样可将主电路接通或断开,而且具有对漏电流检测和判断的功能,一般与熔断器、热继电器配合使用。

(3)漏电保护插座。漏电保护插座是指具有对漏电流检测和判断并能切断回路的电源插座。漏电动作电流为 $6\sim30$ mA,常用于手持式电动工具和移动式电气设备的保护及家庭、学校等民用场所。

3. 漏电保护器的装设范围

(1)属于Ⅰ类的移动式电气设备及手持式电动工具(Ⅰ类电气产品,即产品的防电击保护不仅依靠设备的基本绝缘,而且包含一个附加的安全预防措施,如产品外壳接地)。

(2)生产用的电气设备。

(3)施工工地的电气机械设备。

(4)临时用电的电气设备。

(5)安装在户外的电气装置。

(6)机关、学校、宾馆、饭店、企事业单位和住宅等建筑物内除壁挂式空调电源插座外的其他电源插座或插座回路。

漏电保护器安装

(7)游泳池、喷水池、浴池的电气设备。

(8)安装在水中的供电线路和设备。

(9)医院中可能直接接触人体的电气医用设备。

(10)其他需要安装剩余电流动作保护装置的场所。

一般环境选择动作电流不超过 30 mA,动作时间不超过 0.1 s 的剩余电流动作保护装置(漏电保护器),这两个参数保证了人体触电时,不会使触电者产生病理性生理危险效应。在浴室、游泳池等场所剩余电流动作保护装置(漏电保护器)的额定动作电流不宜超过 10 mA。

4. 漏电保护器、漏电断路器、空气开关三者的区别

空气开关只能对线路过载进行保护，但是漏电保护器不仅能对线路过载起到保护的作用，而且当有人发生单线触电的时候可以迅速地分断电路起到避免发生触电危害的作用；漏电保护器动作的整定值可以整定得很小（一般为 mA 级）。漏电断路器是在断路器上加装漏电保护器件。

六、高层建筑供电

1. 高层建筑的负荷分级

一级负荷：消防用电设备，应急照明，消防电梯。

二级负荷：客用电梯，供水系统，公用照明。

三级负荷：居民用电等其他用电设备。

高层建筑存在着一级或二级负荷，为了保证供电可靠性，现代高层建筑均是采用至少两路独立的 10 kV 电源同时供电。具体数量应视负荷大小及当地电网条件而定。两路独立电源的运行方式，原则上是两路同时供电，互为备用。另外，还须装设应急备用柴油发电机组，要求在 15 s 内自动恢复供电，保证事故照明、计算机设备、消防设备、电梯设备等的事故用电。

2. 高层建筑常用的供电方案

高层建筑常用的供电方案如图 8-9 所示。

图 8-9(a) 所示为两路高压电源，正常"一用一备"供电方案，即当正常工作电源因事故停电时，另一路备用电源自动运行。其主要用于供电可靠性相对较低的高层建筑中。

图 8-9(b) 所示为两路电源同时工作方案，当其中一路发生故障时，由母线联络开关对故障回路供电。其主要用于高级宾馆和大型办公楼。

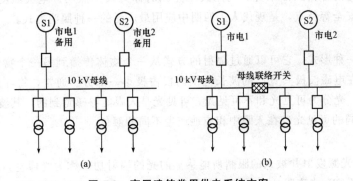

图 8-9 高层建筑常用供电系统方案

(a)"一用一备"供电方案；(b)双电源同时供电方案

目前，我国最常采用两路 10 kV 独立电源，对于规模较小的高层建筑，由于用电量不大，当地获得两个电源比较困难，附近又有 400 V 的备用电源时，可采用一路 10 kV 电源作为主电源，400 V 电源作为备用电源的"高压供电低压后备"的主接线方案，如图 8-10 所示。

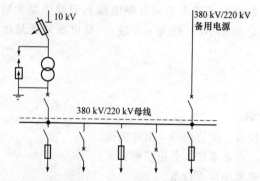

图 8-10　备用电源的"高压供电低压后备"主接线方案

单元二　电气照明系统

一、照明基础知识

（一）照明的基本概念

照明分为自然照明和人工照明两类，它是利用各种光源照亮工作和生活场所或个别物体的措施。利用太阳光的称为天然采光，利用人工光源的称为人工照明。电气照明具有灯光稳定、易于调节控制和安全等特点，是现代人工照明中应用最广泛的一种照明方式。

1. 光

光是能量的一种形式，它可以通过辐射的方式从一个物体传播到另一个物体。光的本质是一种电磁波，它在电磁波极其宽广的波长范围内仅占极小一部分。通常，将红外线、可见光和紫外线统称为光。光分为可见光和不可见光，可见光是人眼能够感觉到的，其波长范围在 380～760 nm。波长不同的可见光，在人眼中相应地产生不同的颜色。

2. 光的度量

（1）光通量。光源发射并被人的眼睛所能感觉的光的辐射功率称为光通量，通常用符号 ϕ 表示，其单位是光瓦(W)或流明(lm)。主要用来表示光源或发光体发射光的强弱。

（2）发光强度。发光强度简称光强，是指单位立体角内的光通量。发光强度是表示光源发光能力大小的物理量，通常用字母 I 表示，单位为坎德拉(cd)。

发光强度常用于说明光源发出的光通量在空间各方面或在选定方向上的分布密度。

(3)照度。光照度,其单位即通常所说的勒克斯(lx),表示被照物体表面单位面积上接收到的光通量。照度通常用字母 E 表示。照度是表示物体被照亮程度的物理量。能否看清一个物体,与这个物体的照度有关。

办公室、工厂等所有环境均有其各自的"适合的照度",一旦照度不足或者照度过高,会因此而导致作业效率低下、疲劳、视力降低等。当照度适中时,可提高工作效率,确保作业安全,因此,应重视照明管理。

工作场地必需的照度为 20~100 lx,晴朗夏天采光良好的室内光照度为 100~500 lx,中午露天地面的光照度为 10 000 lx。

(4)亮度。亮度是直接对人眼引起感觉的光量之一,它与被视物的发光或反光面积及反光强度有关。通常将被视物表面在某一视线方向或给定方向的单位投影面上所发出或反射的发光强度,称为该物体表面在该方向的亮度,亮度的单位是尼特(nit),通常用 L 表示。

光通量表示发光体发出的光能数量,发光强度表示光通量在空间的分布状况,照度衡量了被照面的照明情况,亮度则反映物体的明亮程度,它们从不同的角度反映了物体的光学特征。

(二)照明的种类

建筑物内的照明,根据建筑物的功能、生产工艺及装饰等各方面的不同要求,其照度的标准和灯光的布置也不相同,一般分为正常照明、应急照明、警卫值班照明、障碍照明和装饰照明等。

1. 正常照明

正常照明指在正常情况下使用的室内外照明。在所有居住的房间和供工作、运输、人行的走道及室外场地,均应设置正常照明。正常照明按照照明装置的分布特点,又分为一般照明、局部照明和混合照明等方式。

(1)一般照明。一般照明是为照亮整个工作场地(房间)而设置的照明,灯具布置基本均匀,同一场地(房间)的照度相同。这种照明方式适用于对光照方向无特殊要求、受条件限制,不适合装设局部照明的场所。

(2)局部照明。局部照明是单独为某个部位设置照明装置,以满足提高局部照度要求的一种照明方式。这种照明方式适用于局部地点要求照度高、有照射方向要求的场所,以及需要遮挡或克服反射眩光的场所。需要注意的是,在整个工作场所不得只有局部照明而无一般照明。

(3)混合照明。混合照明是在一般照明提供均匀照度的基础上,再在某部位设置局部照明,以提高其照度的一种照明方式。它适用于工作面需要较高照度且照射方向有一定要求的场所。

2. 应急照明

应急照明是在正常照明因故熄灭的情况下,供人们继续工作或人员疏散用的照明。它包括备用照明、安全照明和疏散照明。

(1)备用照明:正常照明因故熄灭后,供继续工作的照明。

(2)安全照明:确保处于危险中的人员安全的照明。

(3)疏散照明:发生事故时保证人员疏散的照明。

通常情况下，备用照明的照度不低于正常照明的10%，安全照明的照度不低于正常照明的5%，疏散照明的照度不低于0.5 lx。

3. 警卫值班照明

在值班室、警卫室、门卫室等地方所设置的照明称为警卫值班照明。它可利用正常照明的一部分，但应能单独控制，也可以利用事故照明的一部分或全部作为值班照明。

4. 障碍照明

在建筑物上装设用于障碍标志的照明称为障碍照明。例如装设在高层建筑物顶上作为飞行障碍标志的照明，装设在水上航道两侧建筑物上作为航道障碍标志的照明。这些照明应按照交通部门有关规定设置，尽量采用能透雾的红光灯具。

5. 装饰照明

建筑装饰照明不同于一般照明，它对艺术性、功能性要求较高。在照明工程设计中，以对宾馆酒店、广告、橱窗、舞厅、餐厅等场所进行装饰为主要目的的照明称为装饰照明。

(三)照明的质量

照明设计首先应考虑照明质量，在满足照明质量的基础上，再综合考虑投资少、安全可靠、便于维护管理等问题。照明质量包括以下内容。

1. 照度均匀

(1)空间均匀。相邻照明器之间的距离与照明器到工作面的距离(高度)之比称为照明器的距高比。只要布置照明器时使其距高比不大于允许距高比，则工作面上的照度就会比较均匀。照明器的允许距高比取决于照明器的配光特性。国际发光照明委员会规定，最小照度与平均照度之比不小于0.8，我国标准规定不得小于0.7。在灯具布置小于最大允许距高比的情况下，也应该满足上述要求。实际布置的灯具距高比比灯具最大允许距高比小得越多，说明光线相互交叉照射得越充分，相对均匀度也越好。

(2)时间均匀。任何照明装置的照度都不会始终不变。灯泡发光效率降低、灯具污染老化、房间内表面积灰等都会使照度降低。在我国，取最终维护照度为推荐照度，即取更换光源、清洗灯具之前的平均照度为推荐照度，以便在整个使用周期内得到高于照度标准的照度。在任何情况下，新照明装置和清洁室内的初始照度都不能作为照度推荐值使用。

如果被照面的亮度不均匀，使眼睛经常处于亮度差异较大的适应变化中，将会导致视觉疲劳。因此，布置时为了使照度均匀，灯具相互间的距离与对被照面高度之间的比例要选得恰当。

2. 照度合理

亮度反映眼睛对发光体明暗程度的感觉，原则上应规定合适的亮度，因为确定照度比确定亮度要简单得多，所以，在照明设计中一般规定照度标准。对人最舒适的照度平均值为2 000 lx左右。

3. 合适的亮度分布

当物体发出可见光(或反光)，人才能感知物体的存在，光线越亮，则人看得就越清楚。若亮度过大，人眼会感觉不舒服，超出眼睛的适应范围，则灵敏度下降，反而看不清楚。照明环境不仅应使人能清楚地观看物体，还要给人以舒适的感觉，所以，在整个视场（如房间）内各个表面都应有合适的亮度分布。

4. 光源的显色性

光源的显色性是指灯光对它照射的物体颜色的影响作用，光源对被照物体颜色的显现性质称为光源的显色性。光源显色性的优劣以显色指数来定量评价，显色指数是指在被测光源照射下物体的颜色与日光参照光源照射下该物体的颜色相符合的程度。显色指数越高，光源的显色性就越好，颜色失真越少。在需要正确辨认颜色的场所，应采用显色指数高的光源。如白炽灯、日光色荧光灯等。

5. 照度的稳定性

照度变化引起照明的忽明忽暗，不但会分散人们的注意力，给工作和学习带来不便，而且会导致视觉疲劳，尤其是 5～10 次/s 到 1 次/min 的周期性严重波动，对眼睛极为有害。因此，照度的稳定性应予以保证。

6. 限制眩光

当视野内出现高亮度或过大的亮度对比时，会引起视觉上的不舒服、烦恼或视觉疲劳，这种高亮度对比称为眩光。它是评价光环境舒适性的一个重要指标。当这种亮度或大亮度对比被人眼直接看到时，称为直接眩光；若是从视野内的光滑表面反射到眼睛，则称为反射眩光或间接眩光。眩光会使人感到不舒适、极不舒适以至影响视力。

为了限制眩光，可适当降低光源和照明器具表面的亮度。如对有的光源，可用漫射玻璃或格栅等限制眩光，格栅保护角一般为 30°～45°。

7. 消除频闪效应

交流供电的气体放电电源，其光通量会发生周期性的变化。最大光通量和最小光通量差别很大。使人眼发生很亮的闪烁感觉，即频闪效应。当观察转动物体时，若物体转动频率是灯光闪烁频率的整数倍时，则转动的物体看上去好像没有转动一样，因而造成错觉，容易发生事故。

二、常用电光源与照明灯具

（一）常用电光源

电光源按其发光原理的不同一般分为热辐射光源和气体放电光源两大类。热辐射光源是利用物体发热至白炽状后辐射发光的原理所形成的光源，如白炽灯、卤钨灯等；气体放电光源是利用击穿的气体持续放电，使电子、原子等碰撞而发光的原理所形成的光源，如荧光灯、高压汞灯等。

1. 白炽灯

白炽灯是第一代电光源的代表。它主要由灯丝、灯头、玻璃支柱和玻璃壳等组成，如图 8-11 所示。灯丝由高熔点的钨丝绕制而成，并被封入抽成真空状的玻璃壳内，主要依靠钨丝白炽体的高热辐射发光，构造简单，使用方便。

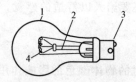

图 8-11　白炽灯的构造

1—玻璃壳；2—玻璃支柱；3—灯头；4—灯丝

当电流通过白炽灯的灯丝时，由于电流的热效应，灯丝达到白炽状（钨丝的温度可达到 2 400 ℃~2 500 ℃）而发光。但热辐射中只有 2%~3% 为可见光，发光效率低，平均寿命为 1 000 h，经不起振动。电源电压变化对灯泡的寿命和光效有严重影响，故电源电压的偏移不宜大于±2.5%。

2. 卤钨灯

卤钨灯是白炽灯的一种，由灯丝和耐高温的石英管组成（图 8-12）。灯丝由钨丝绕制，比白炽灯更密，因此，工作稳定性更高，灯管内除充入惰性气体外，还充入适量卤族元素，如碘和溴等。

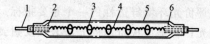

图 8-12　卤钨灯的构造

1—电极；2—封套；3—支架；
4—灯丝；5—石英管；6—碘蒸气

使用时，灯丝在高温下工作，蒸发出来的钨和卤素在管壁附近化合成卤化钨，使钨不会沉积在管壁上。当卤化钨向灯管中心扩散时，在灯丝高温作用下又分解成钨和卤素，从而在灯丝周围形成一层钨蒸气，使一部分钨又重新回到灯丝上，有效地抑制了钨的蒸发。钨丝、卤化钨不断循环，将蒸发的钨不断送回钨丝，不仅避免了管壁发黑，还能保证灯管在较高温度下工作，从而提高了灯丝的使用寿命和发光效率。

卤钨灯有碘钨灯和溴钨灯两种，溴钨灯比碘钨灯的发光效率高 4%~5%。

3. 荧光灯

荧光灯俗称日光灯，是应用很广泛的一种电光源。荧光灯主要由灯管、启辉器和镇流器组成（图 8-13）。

荧光灯发光效率高，为普通白炽灯的 2~5 倍，可达到 50~60 lm/W；节能，包括镇流器损耗在内，耗电仅仅是普通白炽灯泡的 1/5；使用寿命长，长达 2 000~10 000 h；光线柔和，发光面积大，亮度低，没有强烈眩光。荧光灯受环境温度影响大，最适宜 18 ℃~25 ℃ 的温度，环境温度过高或过低都会造成启辉困难和光效下降。荧光灯的缺点是有频闪效应，附件多，不宜频繁开关。

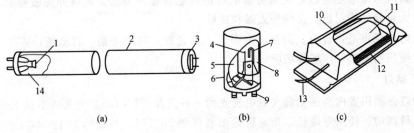

图 8-13 荧光灯的构造
(a)灯管；(b)启辉器；(c)镇流器

1—阴极；2—玻璃管；3—灯头；4—静触头；5—电容器；6—外壳；7—双金属片；
8—玻璃壳内充惰性气体；9—电极；10—外壳；11—线圈；12—铁芯；13—引线；14—水银

新型荧光灯采用电子镇流器取代了老式的铁芯线圈镇流器和启辉器，使荧光灯无频闪，启动电压宽，节电，灯管寿命延长。荧光灯的使用场合非常广泛，主要用于家庭、学校、商店等各类建筑物的室内照明。

4. 高压汞灯

高压汞灯也称高压水银灯，主要由灯头、石英放电管和玻璃外壳等部件组成，如图 8-14 所示。

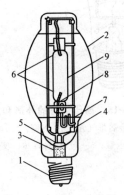

图 8-14 高压汞灯的构造

1—灯头；2—玻璃壳；3—抽气管；4—支架；5—导线；
6—主电极；7—启动电阻；8—辅助电极；9—石英放电管

石英放电管抽真空后，充入一定量的汞和少量的氩气，管内有钨制成的主电极和辅助电极，工作时管内有较高的压力，因此，称为高压汞灯。玻璃外壳的内壁涂有荧光粉。高压汞灯有普通型和反射型两种。反射型高压汞灯在其玻璃外壳内壁上部涂有铝反射层，具有定向反射功能，使用时不用安装灯罩。使用外整流器的高压汞灯必须按规格选用。高压汞灯的玻璃外壳温度很高,配用灯具应考虑散热问题,否则会影响灯泡性能和使用寿命。玻璃外壳破损后,灯仍能点亮,但会有大量紫外线射出,会灼伤人眼和皮肤。

高压汞灯的优点是:省电、耐振、寿命长、发光强;其缺点是:启动慢,需 4～8 min,显色性差,主要用在道路、广场等场所。

5. 高压钠灯

高压钠灯是利用管内高压钠蒸气放电发光的一种光源(图 8-15),发光效率达 120 lm/W,是照明光源里最高的;使用寿命长,光通量输出衰耗到 70% 时,寿命约为 12 000 h;节能,结构简单,坚固耐用;透雾性强,光色较好,为金白色。高压钠灯主要用于交通要道、机场跑道、航道、码头等要求高亮度和高光效的场所。

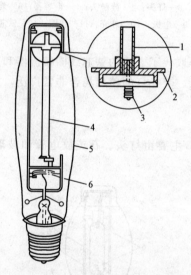

图 8-15 高压钠灯的外形和结构
1—金属排气管;2—铌帽;3—电极;
4—放电管;5—玻璃壳体;6—双金属片

6. 金属卤化物灯

金属卤化物灯是在高压汞灯的基础上为改善光色而发展起来的一种新型电光源。它不仅光色好,而且发光效率高。在高压汞灯内添加某些金属卤化物,靠金属卤化物的不断循环,向电弧提供相应的金属蒸气,于是,就会发出表征该金属特征的光谱线。常用的金属卤化物灯有钠铊铟灯和管形镝灯。

(1)钠铊铟灯的接线和工作原理。图 8-16 所示为 400 W 钠铊铟灯工作原理。电源接通后,电流流经加热线圈使双金属片受热弯曲而断开,产生高压脉冲,使灯管放电点燃;点燃后,放电的热量使双金属片一直保持断开状态,钠灯进入稳定的工作状态。1 000 W 钠铊铟灯工作线路比较复杂,必须加装专门的触发器。

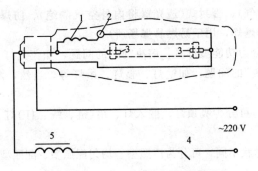

图 8-16　400 W 钠铊铟灯工作原理
1—加热线圈；2—双金属片；3—主电极；
4—开关；5—镇流器

(2)管形镝灯的接线及工作原理。因在管内加了碘化镝，所以启动电压和工作电压就升高了。这种镝灯必须接在 380 V 线路中，而且要增加两个辅助电极(引燃极)3 和 4，如图 8-17 所示，使得接通电源后，首先在 1、3 与 2、4 之间放电，再过渡到主电极 1、2 间放电。

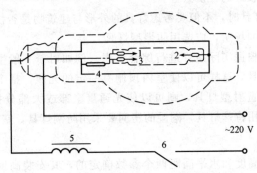

图 8-17　管形镝灯工作原理
1、2—主电极；3、4—辅助电极；5—镇流器；6—开关

(二)灯具的种类及选用

灯具是将光源发出的光进行再分配的装置。其主要由电光源、控制器(灯罩)及附件组成。灯具不但具有合理配光、防止眩光、提高光源使用率、保护光源免受机械损伤并为其供电等作用，还具有保证照明安全以及装饰美化环境等功能。

1. 灯具的种类

(1)按光通量在空间上、下半球分配比例不同，可分为直射型、半直射型、漫射型、反射型和半反射型。

(2)按结构形式不同，可分为开启式(光源和外界环境直接接触)、保护式(有封闭的透光罩，但罩内外可以自由流通空气)、密封式(透光罩将内外空气隔绝)、防爆式(严格密封，在任何条件下都不会因灯具而引起爆炸，用于易燃易爆场所)。

(3)按用途不同，可分为功能型灯具，解决"亮"的问题，如荧光灯、路灯、投光灯、聚光灯等；装饰性灯具，解决"美"的问题，如壁灯、彩灯、吊灯等。当然，两者相辅相成，既亮又美的灯具也不少见。

(4)按固定方式不同，可分为吸顶灯、嵌入灯、吊(链、线、杆)灯、壁灯、地灯、台灯、落地灯、轨道灯等。

(5)按照配光曲线的形状不同，可分为广照型、均匀配照型、配照型、深照型和特深照型等。

2. 灯具的选用

既要根据周围的外环境和使用要求选用灯具，还要合理地选定灯具的光强度、发光效率、遮光角、类型、造型尺度及灯具的表观颜色等。另外，还应满足以下几个方面的要求。

(1)配光选择。室内照明是否达到规定的照度，工作面上的照度是否均匀，有无眩光等。例如在高大的厂房中，为了使光线能集中在工作面上，应选用深照型直射灯具。

(2)经济效益。在满足室内一定照度的情况下，电功率的消耗、设备投资、运行费用的消耗都应该适当控制，以获得较好的经济效益。

(3)环境条件。选择灯具时，不但要考虑灯具的外形与建筑物是否协调，还需要考虑周围的环境条件。如有爆炸危险的场所，应选用防爆型灯具。

总之，灯具的选择要根据实际条件进行综合考虑。例如对于一般生活用房和公共建筑，多采用半直射型或漫射型灯具，这样可以使室内顶棚有一定的光照，整个室内空间照度分布比较均匀。在生产厂房多采用直射型灯具，则可以使光通量全部或大部分投射到下方的工作面上。在特殊的工作环境下要采用特殊灯具，潮湿的房间要采用防潮灯具，室外需采用防雨式灯具。

(三)灯具的布置

灯具的布置是由安装高度和水平间距两个参数确定的，其安装高度主要从防止眩光、防止碰撞等方面考虑。灯具的水平间距则根据布置方式不同而有所区别。

灯具的悬挂高度主要考虑防止眩光，保证照明质量和安全，灯具的悬挂高度应与灯具的距离同时考虑，故引出了灯具的距离与高度之比，即以距高比来选择灯具的布置方式。表 8-1 和表 8-2 列出了常见的灯具距高比 L/H 的参考值。

表 8-1 部分常用灯具的最大允许距高比

灯具类型	光源种类及容量	灯具最大允许距高比(L/H)		单行布置的房间最大宽度	最低照度及维护系数
		单行布置	多行布置		
配照型灯具	B150、G125	1.8～2.0	1.8～2.5	$1.2H$	0.33、1.29
广照型灯具	B200、G125	1.9～2.5	2.3～3.2	$1.3H$	1.33、1.32
深照型灯具	B300、G200	1.5～1.8	1.6～1.8	$1.0H$	1.29、1.32

注：表中 L 代表灯具间的距离(m)；H 代表灯具与工作面的距离(m)。

表 8-2 荧光灯的最大允许距高比

名称		容量	最大允许距高比(L/H)		最低维护系数 Z 值	$A-A$、$B-B$ 方向确定
			$A-A$	$B-B$		
筒式荧光灯	YG_{1-1}	1×40	1.62	1.22	1.29	
	YG_{2-1}	1×40	1.46	1.28	1.28	
	YG_{2-2}	2×40	1.33	1.28	1.29	
吸顶式荧光灯	YG_{6-2}	2×40	1.48	1.22	1.29	
	YG_{6-3}	3×40	1.50	1.26	1.30	
嵌入式荧光灯	YG_{15-2}	2×40	1.25	1.20		
	YG_{15-3}	3×40	1.07	1.05	1.30	
密闭型荧光灯	YG_{4-1}	1×40	1.50	1.27		
	YG_{4-2}	2×40	1.41	1.26		

注：表中 L 代表灯具间的距离(m)；H 代表灯具与工作面的距离(m)。

灯具的布置是确定灯具在房间内的空间位置，应满足下列要求：
(1)要有规定的照度。
(2)工作面上照度均匀。
(3)光线的射向适当，无眩光、无阴影。
(4)灯泡安装容量减至最小。
(5)维护方便。布置整齐美观并与建筑空间相协调。
(6)地下建筑物内的灯具应有防潮措施，灯具低于 2.0 m 时，应安装在人不易碰到的地方，否则，应采用 36 V 及以下的安全电压。
(7)嵌入顶棚内的灯具应固定在专设的框架上，电源线不应贴近灯具外壳，灯线应留有余度，固定灯罩的框架边缘应紧贴在顶棚上。嵌入式日光灯管组合的开启式灯具，灯管应排列整齐，金属间隔片不应有弯曲扭斜等现象。
(8)配电箱(屏)的正上方不得安装灯具，以免造成眩光，影响对配电箱(屏)上仪表等设备的监视和抄读。
(9)事故照明灯具应有特殊标志。

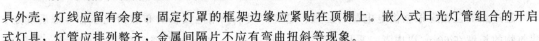
灯具安装流程

三、照明供电系统

(一)照明供电系统的组成

照明供电系统一般由进户线、配电箱、干线和支线组成，如图 8-18 所示。

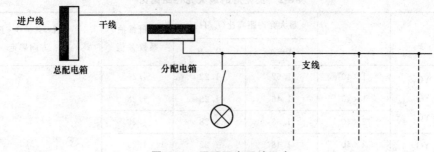

图 8-18　照明配电系统示意

1. 进户线

从室外架空供电线路的电杆上至建筑物外墙的支架之间的线路称为接户线，从外墙支架到总照明配电箱之间的线路称为进户线。

2. 配电箱

配电箱是接受和分配电能的装置。配电箱由开关、熔断器及电能表等电气设备组成。

3. 干线和支线

干线是指从总配电箱到各分配电箱的线路；支线是指从分配电箱引至灯具及其他用电器的线路。

(二)照明供电线路的布置

建筑物的电气照明供电一般应采用 380 V/220 V 的三相四线制线路供电，额定电压偏移量允许在±5％范围内。这样的供电方式对三相动力负载可以使用 380 V 的线电压，对照明负载可以使用 220 V 的相电压。

1. 进户线

进户点的位置应根据供电电源的位置、建筑物大小和用电设备的布置情况综合考虑后确定。建筑物的长度在 60 m 以内者，采用一处进线，超过 60 m 的可根据需要采用两处进线。进户线距离室内地平面不得低于 3.5 m，对于多层建筑物，一般可以由二层进户。

2. 配电箱

配电箱是接受和分配电能的装置。根据建筑物电能用户容量的大小，可安装总配电箱和分配电箱。在配电箱里，一般应安装设置开关、熔断器、电能表等电气设备。三相电源的零线不经过开关，直接接在零线上，各单相电路所需零线都可以从零线接线板上引出。配电箱应安装在安全、干燥、易操作的场所。配电箱安装时，其底口距地一般为 1.5 m；明装时底口距地 1.2 m；明装电能表板底口距地不得小于 1.8 m。

3. 干线

从总配电箱到各分配电箱的线路称为干线。干线布置方式主要有以下几种(图 8-19)。
(1)放射式，适用于一个电源对小区域建筑群的供电。
(2)树干式，适用于狭长区域的建筑群供电。
(3)混合式，适用于大、中型建筑群或上述两种建筑群的综合供电。

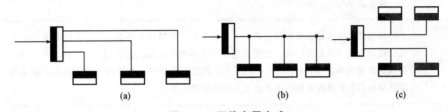

图 8-19　干线布置方式
(a)放射式；(b)树干式；(c)混合式

4. 支线

从分配电箱引出的线路称为支线。建筑物内有若干条支线，各支线的负荷应尽可能均匀分配在三相线上。对单相支线，电流一般不宜超过 15 A，灯和插座数量不宜超过 20 个，最多不应超过 25 个，否则线路出故障的概率将增大，检修也较困难。

(三)室内照明线路的敷设

照明供电线路的敷设方式有明线敷设与暗线敷设两种。

1. 明线敷设

明线敷设就是将导线沿建筑物的墙面或顶棚表面、桁架、屋柱等外表面敷设，导线裸露在外。明线敷设的优点是工程造价低，施工简便，维修容易；其缺点是导线裸露在外，容易受到有害气体的腐蚀或受到机械损伤而发生事故，同时也不够美观。

明线敷设方式见表 8-3。

电线安装工艺流程

表 8-3　明线敷设方式

方　式	方法及适用范围
瓷夹板敷设	导线用瓷夹板固定，敷设时要求导线的走向横平竖直。线路水平敷设时离地面高度不得小于 2.3 m，垂直敷设时最下端离地面高度不得小于 2 m。导线敷设时不与建筑物接触，在直线段敷设时，两瓷夹板之间的距离一般为 0.6～0.8 m；导线穿墙或穿楼板时，应将导线穿在瓷管内，避免导线与墙壁楼板直接接触。由于这种敷设方式简单，造价低，在一般民用建筑中仍得到采用，主要用于负荷小、干燥的场所

续表

方　式	方法及适用范围
瓷柱敷设	导线固定在瓷柱或瓷瓶上。其安装注意事项与瓷夹板敷设相类似。当导线截面面积为 1～4 mm² 时，两个相邻瓷瓶之间的最大允许距离为 2 m，当导线截面面积为 6～10 mm² 时，最大允许距离为 2.5 m。敷设的导线不得与建筑物相接触，绑扎线不能用裸铜线。这种敷设方式适用于负荷较大、潮湿的场所
槽板敷设	将导线敷设在木槽板或塑料槽板内，外加盖板，使导线不外露。其走向应尽量沿墙角或边缘敷设。这种敷设方式整齐美观，使用安全，但工程造价较高。它适用于小负荷、干燥的民用、公共建筑的照明线路。安装时，每个槽内只允许敷设一根导线，在槽内不准有接头，如需接头，应使导线穿过盖板在外面连接，或者在分支处使用接线盒
铝皮卡钉敷设	铝皮卡钉一般用来固定带有护套的导线。这种敷设方式比较简便，应用也比较广泛。安装时，两个相邻的铝皮卡钉之间的距离不小于 0.15 m，也不能大于 0.3 m
穿管明敷设	穿管明敷设是将钢管和塑料管固定在建筑物的表面或支架上，导线穿在管内。这种敷设方式使导线不外露、不易受损，多用于工厂车间和实验室

2. 暗线敷设

暗线敷设是将管子预先埋入墙内、楼板内或顶棚内，然后再将导线穿入管中。使用的线管有金属钢管、硬塑料管等。暗线敷设的优点是不影响环境美观，防潮，导线不易受到有害气体的腐蚀和意外的机械损伤；其缺点是安装费用较高，管材耗量大，在使用过程中检修比较困难。敷设的要求有以下几点：

(1) 暗线敷设是指根据设计要求，选择符合要求材质的钢管和硬塑料管。其电线管的导线截面面积不得超过电线管截面面积的 40%。

(2) 钢管在配管前，应进行除锈和防锈处理。若埋在混凝土中，则不需做防锈处理。

(3) 下料时应根据图样测位、计算长度，用手工钢锯或砂轮锯切割下料(软塑料管可用剪刀)。

(4) 钢管、硬塑料管和半硬塑料管，均需在敷设前弯好，管子弯曲半径不小于管子直径的 4～6 倍(明管 4 倍，暗管 6 倍)，弯曲角度一般不小于 90°。

(5) 暗配钢管可采用喇叭口焊接或螺纹连接，硬塑料管和半硬塑料管一般采用插入法或套接法连接。

(6) 管子加工好后，按图样配管。对于楼房，按土建施工流水段逐层敷设。

(7) 管子配好后，等到土建结构完成，装修基本结束时准备穿线。穿线前，应将管路清理干净，金属管应戴好护口，至少由二人一头拉一头送来穿线。

暗线敷设应注意以下事项：

(1) 所有金属管线及箱体应按跨接线并联为一体，根据设计，做接零或接地保护。

(2)当进行塑料管和半硬塑料管敷设时,不得有挤扁和死弯。
(3)薄壁铜管严禁熔焊连接。
(4)同一交流回路的导线必须穿于同一管内。
(5)除特殊情况外,不同回路、不同电压的交流导线与直流导线不得穿入同一管内。
(6)导线在管内不得有接头和扭结。
(7)导线敷设在垂直管中,每超过下列长度时,应在管口处或连接处加以固定:即导线截面面积在 50 mm^2 及以下时为 30 m,导线截面面积在 70~95 mm^2 时为 20 m,导线截面面积在 120~240 mm^2 时为 18 m。

单元三 电气系统管理与维护

一、电气系统管理

1. 配备专业的管理人员

接收供配电设备后,应根据管理供配电设备的种类和数量分别配备专业技术人员进行管理。

2. 建立供电设备档案

住宅区或高层楼宇以每栋楼为单位收集和整理有关技术资料,建立和健全供配电设备的档案。档案内容主要包括各类图纸、数据、记录和报告等。

3. 明确供电系统的产权分界

供电系统产权分界的目的是分清供电系统维护的范围和事故的责任。维护管理与产权分界规定如下:

(1)低压供电,以供电接户线的最后(第一)支持物为分界点,支持物属供电局。

(2)10 kV 及以下高压供电,以用户墙界外或配电室前的第一断路器或进线套管为分界点,第一断路器或进线套管的维护责任由双方协商确定。

(3)35 kV 及以上高压供电,以用户墙界或用户变电站外第一基电杆为分界点,第一基电杆属供电局。

(4)如果采用电缆供电,本着便于维护管理的原则,由供电局与用户协商确定。

(5)产权属于用户的线路,以分支点或以供电局变电所外第一基电杆为分界点,第一基电杆维护管理责任由双方协商确定。

4. 供电系统管理

(1)负责供电运行和维修的人员必须持证上岗,并配备专业人员。

(2)建立严格的配送电运行制度和电气维修制度,加强日常维护检修。

(3)建立 24 h 值班制度,做到发现故障及时排除。

(4)保证公共使用的照明灯、指示灯、显示灯和园艺灯的良好状态；电气线路符合设计、施工技术要求，线路负荷要满足业主需要，确保变配电设备安全运行。

(5)停电、限电提前出告示，以免造成经济损失和意外事故。

(6)对临时施工工程及住户装修要有用电管理措施。

(7)对电表安装、抄表、用电计量及公共用电进行合理分配。

(8)发生特殊情况时，如火灾、地震和水灾，要及时切断电源。

(9)禁止乱拉乱接供电线路，严禁超载用电，如果确需要，必须取得主管人员的书面同意。

(10)建立各类供电设备档案，如设备信息卡等。

5. 供电设备运行中的巡视管理

供电设备运行中的巡视管理依据是公司工程部制定的运行巡视管理规范。

(1)运行巡视制度主要考虑巡视的间隔次数并按规定填写《运行巡视记录表》。

(2)运行巡视的内容包括变配电室巡视和线路巡视，在巡视过程中发现问题和故障应及时进行处理。

(3)在巡视中发现问题时应考虑个人的能力，处理问题时应严格遵守物业服务企业制定的《供配电设备设施安全操作标准作业规程》和《供配电设备设施维护保养标准》的规定。

6. 发电机房管理

(1)未经管理处主管同意，非管理处人员不得随意进入机房。

(2)柴油机组平时应置于良好的状态，蓄电池处于浮充电状态，冷却水应满足运行要求，油箱内应储备8 h满负荷用油量，室内应配备应急照明灯。柴油机组的开关及按钮，非值班技工或维修人员不得操作。操作人员必须熟悉设备，严格按照操作规程操作。

(3)机房内严禁抽烟、点火，不能堆放任何杂物，更不能存放易燃物品。室内应配备手持式气体灭火器。

(4)每两个星期启动柴油机空载试机一次，时间为15～20 min，发现问题及时处理并做好记录。

(5)机房及机组的清洁卫生由技工班负责，确保设备无积尘，墙、地面卫生整洁。

7. 配电房管理

配电房是安装配电设备设施的建筑，如果设备出现事故，后果十分严重，因此，配电房全部机电设备由机电班负责管理和值班，停送电由值班电工操作，非值班电工禁止操作，无关人员禁止进入配电室，非管理处人员须办理书面许可才能进入。配电房的日常管理应严格执行相关规定。

8. 配电室交接班管理

(1)接班人员应提前10 min到达工作岗位，以便及时做好接班准备，了解设备运行情况，准确无误地做好接班手续。

(2)接班人员生病、有酒意或精神不振者不得接班；值班人员缺勤时，应报告主管领导。

(3)交接班双方事先做好准备，必须按照下列内容进行交接：

1)运行记录、事故记录及设施记录、工作票、操作票、主管部门的通知及运行图纸等应正确齐全。

2)工具、设备用具、仪器、消防设备及钥匙等应齐全完整,室内外应清洁。

3)在交接班时发生事故或执行重大操作时,应由交班人员处理完毕后方可交接,接班人员要协助处理。

4)以上手续办好之后,双方应在记录本上签字。

5)双方签字之后,表示交接班手续已办妥,正式生效;未履行交接班手续的值班人员不可离开工作岗位。

二、供配电系统设备房环境要求

1. 高压配电房

高压配电房门外开,门洞有防小动物装置,门扇有通风百叶,门内侧装有防火自动垂帘或其他防火隔断措施。防火门和金属门应保持完好,防腐油漆定期翻新。门外应有明显的"高低压配电室""非值班工作人员严禁入内"的标志。墙身只允许悬挂"系统图"和"规章制度"。地板采用水泥地板全部刷灰色地板漆,或者铺防潮、防滑地砖,并在距离配电柜 50 cm 处用黄色油漆画上 10~15 cm 宽的警戒线,在操作范围内铺上对应电压等级的绝缘胶垫。

2. 楼层配电室和其他专用配电室

除符合上述"1."中的要求外,对穿过楼板的母线槽、电缆桥架,必须做好防水浸的拦水基,要求具有对整个配电室阻水的防水门槛。

3. 备用发电机组机房

地面应做好防尘处理。发电机台架应高于地面,在距离台架 20 cm 处应有黄色的警戒线。发电机组的槽钢底座不应有锈蚀现象。对于水冷发电机组的台架,四周应有完整的排水沟,宽度不宜超过 15 cm。发动机组的日用油箱应设在有门的独立房间,门外侧应有明显的"严禁烟火"警示牌。发电机组的启动电池应放置在专用的台架上。发电机房的照明、通风、冷却、泵油设备的用电应接入保护回路,以保证发电机组送电后,能确保这些设备的运行用电。

三、电气系统保养周期和项目

1. 月度维护保养项目

电气系统月度维护保养项目如下:

(1)检查各楼层及机房应急灯、疏散指示灯、楼梯灯、前室灯、电房照明、外广场路灯。

(2)检查地下层排风机和送风机运行状况和机房照明。

(3)发电机:机身清洁除尘;检查各螺栓有无松动、机油油位、水箱水位、燃油箱油位、蓄电池;启动机组运行 10 min,停机后检查有无漏水、漏油。

2. 季度维护保养项目

电气系统季度维护保养项目如下:

(1)各层配电母线槽接头：检测运行温度。

(2)外立面泛光灯和外墙灯：检查镇流器、灯座、灯泡、控制开关和线路有无损坏；开关箱清洁除尘。

(3)喷水池灯：检查灯座、灯泡、控制开关和线路有无损坏；潜水泵运行有无异响；更换密封不良灯座和老化电缆；开关箱清洁除尘。

(4)公共大堂灯、招牌射灯和灯箱：检查灯座、灯泡、光管、控制开关和线路有无损坏；开关箱清洁除尘。

(5)各层配电房：清洁母线槽表面；检测运行温度。

(6)高压配电房：检查清洁直流屏、电池。

(7)地下层送风机：检查电动机风机轴承有无异响；轴承上黄油；清洁风机房和设备；控制箱清洁除尘。

3. 半年维护保养项目

电气系统半年维护保养项目如下：

(1)各层配电房电箱：检查电源开关、接触器、指示灯、转换开关、按钮、各接线有无损坏和过载过热；电动箱电缆T接口和母线接线箱接口、电源开关接口有无过载、过热。

(2)低压配电房电柜：检测母排接口、电缆接口、开关接口运行温度；检查电容器、避雷器瓷瓶；清扫电柜灰尘。

4. 年度维护保养项目

电气系统年度维护保养项目如下：

(1)变压器房：紧固各接口螺栓，检查各接地线情况；清扫变压器灰尘。

(2)高压配电房：配电柜除尘，检查小车接口螺栓、开关触头、二次接线，试验开关分合闸，直流屏电池架除锈、刷漆。

(3)低压配电房电柜：电容器接口、避雷器瓷瓶连线、母排和电缆接口、熔断器接口、开关等接口除尘紧线；试验开关分合闸。

(4)楼层配电房电源插座开关箱：除尘、紧线。

(5)各层其他功能的设备配电房电箱：检查电源开关、接触器、指示灯、转换开关、按钮、各连线有无损坏和过载过热；动力箱T接口和总电源开关接口有无过载、过热；清扫电箱内灰尘；接口除尘紧线。

(6)发电机：控制电箱和开关电箱接口除尘、紧线；机架除锈、刷漆；机座防震弹簧上黄油。

(7)地下层送风机：检查、调校风机皮带，控制箱接口和电动机接口紧线；测量电动机运行电流，设备除锈、刷漆。

(8)建筑物外围射灯：铁架、线管除锈、刷漆。

(9)外围喷水池灯：开关箱紧线、消防接合器除锈、刷漆。

四、供电系统养护

供电设备设施的养护由值班电工负责实施,遵照相关规定定时进行。

1. 低压配电柜的养护

低压配电柜的养护,每半年一次。

低压配电柜养护前一天,应通知用户拟停电的起止时间。将养护所需使用工具和安全工具准备好,办理好工作票手续。由电工组的组长负责指挥,要求全体人员思想一致、分工合作,高效率地完成养护工作。

2. 配电柜的分段养护

当配电柜较多时,一般采用双列方式排列。两列之间由柜顶的母线隔离开关相连。为缩减停电范围,对配电柜进行分段养护。先停掉一段母线上的全部负荷,打开母线隔离开关。检查确认无电后,挂上接地线和标示牌即可开始养护。养护时应检查下列内容:

(1)检查母线接头有无变形、放电的痕迹,紧固连接螺栓确保连接是否紧密。母线接头处有脏物时应清除,螺母有锈蚀现象应更换。

(2)检查配电柜中各种开关,取下灭弧罩,看触头是否有损坏。紧固进、出线的螺栓,清洁柜内尘土,试验操动机构的分合闸情况。

(3)检查电流互感器和各种仪表的接线,并逐个接好。

(4)检查熔断器的熔体和插座是否接触良好,有无烧损。

在检查中发现的问题,视其情况进行处理。对该段母线上的配电柜检查完毕后,应用同样的办法检查另一段。全部养护工作完成后恢复供电,并填写《配电柜保养记录》。

3. 变压器的养护

变压器的养护每半年一次(一般安排在每年的4月和10月),由值班电工进行外部清洁保养。在停电状态下,清扫变压器的外壳,检查变压器的油封垫圈是否完好。拧紧变压器的外引线接头,若有破损,应修复后再接好。检查变压器绝缘子是否完好,接地线是否完好,若损伤,则予以更换。测定变压器的绝缘电阻,当发现绝缘电阻低于上次的30%~50%时,应安排修理。

| 课堂提问 |

1.下列属于电气系统季度维护保养项目的是( )。
A. 检查地下层排风机和送风机运行状况和机房照明
B. 高压配电房:检查清洁直流屏、电池
C. 建筑物外围射灯:铁架、线管除锈、刷漆
D. 楼层配电房电源插座开关箱:除尘、紧线
答案:B

2. 低压配电柜的养护应（　　）。
A. 每月一次　　　　　B. 每季度一次　　　　C. 每半年一次　　　　D. 每年一次
答案：C

五、配电系统维护

1. 架空线路的维护

架空线路因为设置在露天，常年经受风、雨、雷、电侵袭和自身机械荷载，还经常遭受其他外力因素的影响，如电杆和拉线被攀登、碰撞等，容易使线路出现故障直至停电，所以，架空线路需进行经常的维护。其基本措施是巡视检查，以及时发现故障并处理。

物业小区的架空线路一般要求每月进行一次巡视检查；如遇恶劣天气及发生故障，应临时增加检查次数。巡视检查的项目内容如下：

(1) 检查电杆有无倾斜、变形或损坏；察看电杆基础是否完好。
(2) 检查拉线有无松弛、破损现象，拉线金具及拉线桩是否完好。
(3) 线路是否与树枝或其他物体相接触，导线上是否悬挂风筝等杂物。
(4) 导线的接头是否完好，有无过热发红、氧化或断脱现象。
(5) 绝缘子有无破损、放电或严重污染等现象。
(6) 沿线路的地面有无易燃、易爆或强腐蚀性物体堆放。
(7) 沿线路附近检查有无可能影响线路安全运行的危险建筑物或新建违章建筑物。
(8) 检查接地装置是否完好，特别是在雷雨季节前应对避雷接地装置进行重点检查。
(9) 其他可能危及线路安全的异常情况。

巡视人员应将检查中发现的问题在专用的运行维护记录中做好记录，对能当场处理的问题应当立即处理；对重大的异常现象应报告主管部门迅速处理。

2. 电缆线路的维护

电缆线路大多埋设于地下，维护人员应首先全面细致地了解电缆的走线方向、敷设方式及电缆头的位置等基本情况，一般每季度进行一次巡视检查。如遇大雨、洪水等特别情况，则应临时增加巡视次数。巡视的内容如下：

(1) 明敷的电缆，应检查其外表有无损伤，沿线的挂钩、支架是否完好。
(2) 暗敷的电缆，应应检查有关盖板或其他覆盖物是否完好，有无挖掘破坏痕迹。
(3) 电缆沟有无积水、渗水现象，是否堆有易燃、易爆物品或其他杂物。
(4) 电缆头（中间接头及终端封头）是否完好，有无破损、放电痕迹，有无开裂或绝缘填充物溢出等现象。
(5) 其他可能危及电缆线路安全运行的问题。

巡视检查中发现的问题应进行记载并及时报告处理。

六、电气照明常见故障与维护

(一)电气照明常见故障

电气照明常见故障有很多,如灯不亮、灯突然熄灭、灯泡破碎、日光灯整流器声音增大、闸刀开关合闸后产生火花、熔断器烧坏、漏电开关跳闸等。在实际环境中,有些故障比较明显,如电光源的受碰撞破碎等,但大部分故障需要进行故障分析和检查才能进行修复。

照明装置故障与其他用电设备相同,大体可分为短路、断路、漏电三种。

1. 短路

照明线路发生短路时,由于短路电流很大,若熔丝不及时熔断或空气开关不及时断开,可能会烧毁电线或电气设备,甚至引起火灾。造成短路主要有以下原因:

(1)由于接线错误而引起相线(火)与中线(地)直接相连。

(2)因接触不良而导致接头之间直接短接。

(3)因接线柱松动而引起连接。

(4)在该用插头处图省事,直接将线头插入插孔,造成连线而短路。

(5)电器用具内部绝缘损坏,致使导线碰触金属外壳引起短路。

(6)房屋失修漏水,室外灯具日久失修,橡皮垫失效漏水,造成灯头或开关受潮,绝缘不良而短路。

(7)导线受外力损伤,在破损处相连接、同时接地等。

2. 断路

引起照明线路断路的主要原因是导线断落、线头松脱、开关损坏、熔丝熔断及导线受损伤而折断、线头腐蚀或氧化造成断路等。

3. 漏电

引起照明线路漏电的主要原因如下:

(1)电线或电气设备的绝缘因外力损伤。

(2)长期使用,使绝缘发生老化。

(3)受到潮气侵袭或被污染导致绝缘不良而引起漏电。

照明线路发生漏电时,不但浪费电能,而且灯不亮、电能表不能正常运转,更重要的是,其可能会引起触电事故。

(二)电气照明设施维护

为了避免发生电气照明故障,必须对电气照明设施加强维护。

1. 日常维护

要对配电箱、熔断器、开关线路及每个灯都进行日常检查和维护,维护时要断电操作,对异常现象及时进行处理。

2. 定期维护

要定期(半年或一个季度)对照明设施进行维护，具体内容如下：

(1)配电箱、灯座和插座等装置上的各种接线、接头是否有松动，是否被擅自拆装过，线头是否接错；结构是否完整，操作是否灵活可靠，通电触片的接触是否良好，是否有被电弧灼伤的痕迹。

(2)带接地线的线路是否被拆除或接错，电源引线有无被擅自接长的情况，导线绝缘是否良好。

(3)灯泡的功率是否符合要求，是否被擅自换成大功率的灯泡。

(4)是否有被擅自加接灯座或插座的情况。

(5)导线绝缘是否损坏或老化，中间连接处有无松散现象，线路是否被移位。各级保护熔断器中的熔体是否被换粗。

实践与训练

一、实训内容

1. 参观学校配电房或者小区的供配电系统、电气照明系统，注意安全。
2. 拟写相关管理制度。
3. 掌握一些简单的电气照明故障的排查和检修方法。

二、实训步骤

1. 为配电房值班人员制定"值班记录表格"，内容包括值班期间的设备使用状况描述、运行设备基本描述、发生异常情况的原因、值班期间接受和执行的指令或通知。
2. 观察电气照明系统的组成和工作原理。
3. 掌握学校照明系统管理与维护的方法和措施。
4. 书写实训报告和实训体会。

模块八　学生实训考核表

姓名		班级		小组	
实训模块	电气系统					
考核内容	分值	自评	小组互评	教师评价	
不迟到早退，出勤情况良好，任劳任怨，勇于实践，态度谦逊，勤学多问	20				

续表

姓名		班级		小组	
在实训过程中,能理论联系实际,较好地完成实训任务,具有一定的实践能力	20				
能较好地完成"值班记录表格"	20				
能较好地完成实训报告,报告叙述条理清楚、内容详实、体会深刻	20				
在小组合作中,具有良好的沟通、协作能力	20				
评价汇总	100				
考核总分					

注:总评成绩=自评成绩×30%+小组评价×20%+指导教师评价×50%

模块小结

本模块主要介绍了电力负荷、电力系统、低压配电系统,变配电室,低压配电系统保护装置,照明基础知识,常用电光源与照明灯具,照明供电系统,电气系统管理,供配电系统设备房环境要求,电气系统保养周期和项目,供电、配电系统养护,电气照明常见故障与维护等内容。通过本模块的学习,应对电气系统有系统的认识,并能对其进行日常管理与维护。

思考与练习

一、填空题

1. _____是接收电能、变换电压和分配电能的场所，由电力变压器和高低压配电装置组成。
2. 常见的低压配电方式有_____、_____、_____三种。
3. 变配电室的作用是从电力系统接收_____，变换_____及分配。
4. _____是剩余电流动作保护装置的简称，主要是用来在设备发生漏电故障时以及对有致命危险的人身触电进行保护。
5. 光源发射并被人的眼睛所能感觉的光的辐射功率称为_____。
6. 照明供电线路的敷设方式有_____与_____两种。

二、简答题

1. 简述一级负荷的界定范围。
2. 什么是负荷类别和负荷容量？
3. 简述变配电室的总体布置要求。
4. 选择熔断器时应注意什么？
5. 简述漏电保护器、漏电断路器、空气开关三者的区别。
5. 如何选用灯具？
6. 高压配电房有哪些运行环境要求？
7. 电气系统季度维护保养项目有哪些？
8. 简述配电柜的分段养护。
9. 简述电气照明设施的维护。

模块九　建筑物防雷及安全用电

知识目标

了解雷电的形成与危害，电气危害；熟悉建筑物的防雷等级，防雷装置及接地，建筑物防雷，触电方式；掌握防雷设施管理与维护，接地保护、接零保护与漏电保护，安全用电管理，触电急救。

能力目标

能够制定防雷电保护的相应措施；根据安全用电管理，能够掌握安全用电的注意事项；能够提高安全用电的意识。

素质目标

培养理论联系实际、结构严谨、一丝不苟的思维方式。

案例导入

触电事故

20××年6月17日晚，浙江省杭州市一村民家发生了悲惨的一幕：53岁的村民江某在洗澡时，不慎触电倒地，丈夫江某发现后赶紧伸手去扶，结果也被电无情地夺走了生命。

调查结论：触电事故因一个临时插座而起。江某把电源插头插在浴室窗外一只临时活动的电源插座上，插座既没有接地线，也没有漏电保护装置，存在很大的安全隐患。致命的是电源插座内有一段20 mm长的外来铜导线，使电源的火线误搭到热水器插头的接地端上导致漏电，酿成惨剧。

问题：

1. 本案例事故发生的原因有哪些？
2. 我们从中要吸取什么教训？

单元一　建筑物防雷

一、雷电的形成及作用形式

(一)雷电的形成

空气中不同的气团相遇后，就会凝成水滴或冰晶，形成积云，而积云在运动中分离出电荷，当其积聚到足够数量时，就形成带电雷云。在带有不同电荷的雷云之间，或在雷云及由其感应而产生的存在于建筑物等上面的不同电荷之间发生击穿放电，即为雷电。

(二)雷电的作用形式

雷云对地放电时，其破坏作用表现为以下四种基本形式。

1. 直击雷

当天气炎热时，天空中往往存在大量雷云。当雷云飘近地面时，就会在附近地面特别突出的树木或建筑物上感应出异性电荷。电场强度达到一定值时，雷云就会通过这些物体与大地之间放电，这就是通常所说的雷击。这种直接击在建筑物或其他物体上的雷电叫作直击雷。直击雷使被击物体产生很高的电位，从而引起过电压和过电流，所以，当雷云向地面放电时，常常发生烧毁或劈倒树木、破坏建筑物的情况，甚至会引起火灾和爆炸，导致人畜伤亡。

2. 感应雷

当建筑上空有雷云时，在建筑物上便会感应出相反电荷。在雷云放电后，云与大地的电场消失了，但聚集在屋顶上的电荷不能立即释放，因而屋顶对地面便有相当高的感应电压，造成屋内电线、金属管道和大型金属设备放电，引起建筑物内的易爆危险品爆炸或易燃物品燃烧。这里的感应电荷主要是由雷电流的强大电场和磁场变化产生的静电感应和电磁感应造成的，所以，称为感应雷或感应过电压。

3. 雷电波侵入

当输电线路或金属管路遭受直接雷击或发生感应雷时，雷电波便会沿着这些线路侵入室内，造成人员、电气设备和建筑物的伤害和破坏。

4. 球形雷

对球形雷的形成研究，人们还没有完整的理论，通常认为球形雷是一个温度极高的特别明亮的眩目发光球体，直径为 10~20 cm，甚至更大。球形雷通常在电闪后发生，以每秒几米的速度在空气中飘行，它能从烟囱、门、窗或孔洞进入建筑物内部造成破坏。

二、雷电的危害

雷电有多方面的破坏作用，其危害一般分成直接破坏和间接破坏两种。直接破坏作用主要表现为雷电的热效应和机械效应,间接破坏作用主要表现为雷电产生的静电感应和电磁感应。

(一)直接破坏

1. 热效应危害

雷电流通过导体时,在极短时间内转换成大量热能,会造成物体燃烧、金属熔化,极易引起火灾、爆炸等事故。

2. 机械效应危害

雷电的机械效应所产生的破坏作用主要表现为两种形式:

(1)雷电流流入树林或建筑构件时,在它们内部产生内压力。

(2)雷电流流过金属物体时产生电动力。

雷电流的温度很高,一般为 6 000 ℃～20 000 ℃,甚至高达数万摄

雷电灾害的防范

氏度。当它通过树木或建筑物墙壁时,被击物体内部水分受热急剧汽化,或缝隙中分解出的气体剧烈膨胀,因而会在被击物体内部出现强大的机械力,从而使树木或建筑物遭受破坏,甚至爆裂成碎片。另外,当强大的雷电流通过电气线路、电气设备时也会产生巨大的电动力使其遭受破坏。

(二)间接破坏

1. 电气效应危害

雷电引起的过电压,会击毁电气设备和线路的绝缘,产生闪路放电,以致开关掉闸,造成线路停电;会干扰电子设备,使系统数据丢失,造成通信、计算机、控制调节等电子系统瘫痪。绝缘损坏还可能引起短路,导致火灾或爆炸事故;防雷装置泄放巨大的雷电流时,使其本身的电位升高,发生雷电反击;同时,雷电流流入地下,可能产生跨步电压,导致电击。

2. 电磁效应危害

由于雷电流量值大且变化迅速,在它的周围空间就会产生强大且变化剧烈的磁场,处于这个变化磁场中的金属物体会感应出很高的电动势,使构成闭合回路的金属物体产生感应电路,产生发热现象。此热效应可能会使设备损坏,甚至引起火灾。

三、建筑物的防雷等级

为了防止雷电对建筑物和建筑物内电气设备的破坏,必须对容易受到雷电袭击的建筑物提供防雷保护,保障建筑物内部人员的人身安全,保障建筑物不遭受破坏或烧毁,保障建筑物内部存放的危险物品不会损坏、燃烧和爆炸,保障电气设备和系统不受破坏。

根据发生雷电事故的可能性和造成的后果,可将防雷建筑物划分为三类。

1. 第一类防雷建筑物

在可能发生对地闪击的地区,遇到下列情况之一时,应划为第一类防雷建筑物。

(1)凡制造、使用或贮存火炸药及其制品的危险建筑物,因电火花而引起爆炸、爆轰,会造成巨大破坏和人身伤亡者。

(2)具有 0 区或 20 区爆炸危险场所的建筑物。

(3)具有 1 区或 21 区爆炸危险场所的建筑物，因电火花而引起爆炸，会造成巨大破坏和人身伤亡者。

注：爆炸性粉尘环境区域的划分和代号采用现行国家标准《可燃性粉尘环境用电气设备 第 3 部分：存在或可能存在可燃性粉尘的场所分类》(GB 12476.3—2017)中的有关规定：

0 区：连续出现或长期出现或频繁出现爆炸性气体混合物的场所。

1 区：在正常运行时可能出现爆炸性气体混合物的场所。

2 区：在正常运行时不可能出现爆炸性气体混合物的场所，或即使出现也仅是短时存在的爆炸性气体混合物的场所。

20 区：以空气中可燃性粉尘云持续地或长期地或频繁地短时存在于爆炸性环境中的场所。

21 区：正常运行时，很可能以空气中可燃性粉尘云形式存在于爆炸性环境中的场所。

22 区：正常运行时，不太可能以空气中可燃性粉尘云形式存在于爆炸性环境中的场所，如果存在仅是短暂的。

2. 第二类防雷建筑物

在可能发生对地闪击的地区，遇到下列情况之一时，应划为第二类防雷建筑物。

(1)国家级重点文物保护的建筑物。

(2)国家级的会堂、办公建筑物、大型展览和博览建筑物、大型火车站和飞机场、国宾馆、国家级档案馆、大型城市的重要给水泵房等特别重要的建筑物。

注：飞机场不含停放飞机的露天场所和跑道。

(3)国家级计算中心、国际通信枢纽等对国民经济有重要意义的建筑物。

(4)国家特级和甲级大型体育馆。

(5)制造、使用或贮存火炸药及其制品的危险建筑物，且电火花不易引起爆炸或不致造成巨大破坏和人身伤亡者。

(6)具有 1 区或 21 区爆炸危险场所的建筑物，且电火花不易引起爆炸或不致造成巨大破坏和人身伤亡者。

(7)具有 2 区或 22 区爆炸危险场所的建筑物。

(8)有爆炸危险的露天钢质封闭气罐。

(9)预计雷击次数大于 0.05 次/a 的部、省级办公建筑物和其他重要或人员密集的公共建筑物以及火灾危险场所。

(10)预计雷击次数大于 0.25 次/a 的住宅、办公楼等一般性民用建筑物或一般性工业建筑物。

3. 第三类防雷建筑物

在可能发生对地闪击的地区，遇到下列情况之一时，应划为第三类防雷建筑物。

(1)省级重点文物保护的建筑物及省级档案馆。

(2)预计雷击次数大于或等于 0.01 次/a，且小于或等于 0.05 次/a 的部、省级办公建筑物和其他重要或人员密集的公共建筑物，以及火灾危险场所。

(3) 预计雷击次数大于或等于 0.05 次/a，且小于或等于 0.25 次/a 的住宅、办公楼等一般性民用建筑物或一般性工业建筑物。

(4) 在平均雷暴日大于 15 d/a 的地区，高度在 15 m 及以上的烟囱、水塔等孤立的高耸建筑物；在平均雷暴日小于或等于 15 d/a 的地区，高度在 20 m 及以上的烟囱、水塔等孤立的高耸建筑物。

| 课堂提问 |

下列属于第二类防雷建筑物的是（　　）。
A. 具有 0 区或 20 区爆炸危险场所的建筑物
B. 国家级重点文物保护的建筑物
C. 国家级的会堂、办公建筑物、大型展览和博览建筑物、大型火车站和飞机场、国宾馆
D. 预计雷击次数大于 0.25 次/a 的住宅、办公楼等一般性民用建筑物或一般性工业建筑物
E. 预计雷击次数大于或等于 0.05 次/a，且小于或等于 0.25 次/a 的住宅、办公楼等一般性民用建筑物或一般性工业建筑物

答案：BCD

四、防雷装置及接地

防雷装置一般由接闪器、引下线和接地装置三部分组成，如图 9-1 所示。

(一) 接闪器

接闪器也称受雷装置，是接收雷电流的金属导体。接闪器的作用是使其上空电场局部加强，将附近的雷云放电诱导出来，通过引下线注入大地，从而使离接闪器一定距离内一定高度的建筑物免遭直接雷击。接闪器的基本形式有避雷针、避雷带、避雷网、防雷笼网四种。

1. 避雷针

避雷针一般采用镀锌圆钢或镀锌钢管制成，通常安装在电杆、构架或建筑物上，下端通过引下线与接地装置可靠连接。

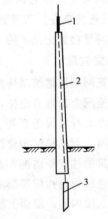

图 9-1　防雷装置结构示意图
1—接闪器；2—引下线；3—接地装置

避雷针分为独立式避雷针和装在被保护物顶端的避雷针。常用水泥杆或金属构架立在地面上设置独立式避雷针，根据保护范围来设计高度和根数。其作用是保护地面上高度不高的构筑物，如变电站、油库等。装在被保护物顶端的避雷针一般用来保护较为突出但水平面积很小的构筑物，如工地上的塔式起重机、井字架与龙门架等高大建筑机械设备。

保证足够的雷电流流通量，其直径应不小于表 9-1 中列出的数值。

表 9-1　避雷针接闪器最小直径

针　型	最小直径	
	圆钢/mm	钢管/mm
针长 1 m 以下	12	20
针长 1~2 m	16	25
烟囱顶上的针	20	40

2. 避雷带

避雷带也是一种接闪器，水平敷设在建筑物顶部突出部位，如屋脊、屋檐、女儿墙、山墙等位置，对建筑物易受雷击部位进行保护。避雷带一般采用镀锌圆钢或扁钢制成，其尺寸不小于下列数值：圆钢直径为 8 mm；扁钢截面面积为 50 mm²；扁钢厚度为 4 mm。

避雷带进行安装时，每隔 1 m 用支架固定在墙上或现浇混凝土的支座上。

3. 避雷网

将纵横交错的避雷带叠加在一起就形成了避雷网，避雷网的材料采用截面不小于 50 mm² 的圆钢或扁钢，交叉点需要焊接。避雷网宜采用暗装方式，其距表层的厚度一般不大于 20 cm。有时也可利用建筑物的钢筋混凝土屋面板作为避雷网，钢筋混凝土板内的钢筋直径不小于 3 mm，并且连接良好。当屋面装有金属栏杆或金属柱时，均应与避雷带或避雷网连接起来。

避雷网是接近全保护的一种方法，比避雷带安全性更高。

4. 防雷笼网

防雷笼网利用建筑结构配筋所形成的笼状结构作为接闪器，能对雷电起到均压和屏蔽作用。接闪时，笼网上出现高电位，笼内空间的电场强度为零，笼上各处电位相等，形成一个等电位体，使笼内人身和设备都处于保护之中。对于预制大板和现浇大板结构的建筑，网格较小，是理想的笼网，而框架结构建筑，则属于大格笼网，虽不如预制大板和现浇大板笼网严密，但一般民用建筑的柱间距离都在 7.5 m 以内，所以，其也是安全的。

利用建筑物结构配筋形成的笼网来保护建筑，既经济又不影响建筑物的美观。建筑物的金属屋顶也是接闪器，屋面上的金属栏杆相当于避雷带，都可加以利用。

(二) 引下线

引下线是指连接接闪器与接地装置的金属导体，其作用是构成雷电能量向大地泄放的通道。引下线可分为明装和暗装两种。

(1) 明装时，一般采用直径为 8 mm 的圆钢或截面尺寸为 12 mm×4 mm 的扁钢。在易受腐蚀部位，截面应适当加大。建筑物的金属构件，如消防梯、铁爬梯等均可作为引下线。引下线应沿建筑物外墙敷设，距墙面 15 mm，固定支架间距不应大于 2 mm，敷设时应保持一定的松紧度。从接闪器到接地装置，引下线的敷设应尽量短而直。若必须弯曲时，弯角应大于 90°。引下线应敷设于人们不易触及之处。从地下 0.3 m 到地上 1.7 m 的一段引下线应加保护设施，以避免机械损坏。

(2)暗装时,引下线的截面应加大一级,而且应注意与墙内其他金属构件的距离。当利用钢筋混凝土中的钢筋作引下线时,最少利用四根柱子,每根柱子中至少用到两根主筋。

引下线是防雷装置极为重要的组成部分,必须可靠敷设,以保证防雷效果。

(三)接地装置

接地装置包括接地体和接地线两部分,是防雷装置的重要组成部分。无论是工作接地还是保护接地,都是经过接地装置与大地连接的。其主要作用是向大地均匀地泄放电流,使防雷装置对地电压不至于过高。

1. 接地体

接地体是指人为埋入地下与土壤直接接触的金属导体,一般分为自然接地体和人工接地体。

自然接地体是指兼作接地用的直接与大地接触的各种金属体,例如利用建筑物基础内的钢筋构成的接地系统。有条件时,应首先利用自然接地体,它具有接地电阻较小、稳定可靠、节约材料和安装维护费等优点。

人工接地专门作为接地用的接地体,安装时需要配合土建施工进行,在基础开挖时,应同时挖好接地沟,并将人工接地体按设计要求埋设好。

若自然接地体安装完毕后,其接地电阻不能满足要求,则需要增加敷设人工接地体来减小接地电阻值。

人工接地体按其敷设方式分为垂直接地体和水平接地体两种。垂直接地体一般为垂直埋入地下的角钢、圆钢、钢管等;水平接地体一般为水平敷设的扁钢、圆钢等。

(1)垂直接地体多由镀锌角钢和镀锌钢管按设计数量及规格加工而成。镀锌角钢一般可选用 40 mm×40 mm×5 mm 或 50 mm×50 mm×5 mm 两种规格,其长度一般为 2.5 m。镀锌钢管一般直径为 50 mm,壁厚不小于 3.5 mm。垂直接地体打入地下的部分应加工成尖形。

接地装置需埋于深度不小于 0.6 m 的地表层以下。为减少相邻接地体的屏蔽作用,接地体与地面应保持垂直。垂直接地体之间的间距不宜小于接地体长度的 2 倍。

接地体与接地体之间的连接一般采用镀锌扁钢。扁钢应立放,这样既便于焊接又可减小流散电阻。

(2)水平接地体是将镀锌扁钢或镀锌圆钢水平敷设于土壤中,水平接地体可采用 40 mm×4 mm 的扁钢或直径为 16 mm 的圆钢。埋深应不小于 0.6 m。水平接地体一般有普通水平接地体、绕建筑物四周的闭合环式接地体及延长外引接地体三种形式。

普通水平接地体如果有多根水平接地体平行埋设,其间距应符合设计规定,当无设计规定时不宜小于 5 m。当受地方限制或建筑物附近的土壤电阻率高时,可外引接地装置,将接地体延伸到电阻率小的地方,但要考虑到接地体的有效长度范围限制,否则不利于雷电流的泄散。

2. 接地线

接地线是连接接地体和引下线或电气设备接地部分的金属导体,可分为自然接地线和人工接地线两种类型。

自然接地线可利用建筑物的金属结构，例如梁、柱、桩等混凝土结构内的钢筋等。利用自然接地线应保证全长管路有可靠的电气通路；利用电气配线钢管作接地线时，管壁厚度不应小于 3.5 mm；用螺栓或铆钉连接的部位必须焊接跨接线；利用串联金属构件作为接地线时，其构件之间应以截面面积不小于 100 m² 的钢材焊接，不得用蛇皮管、管道保温层的金属外皮或金属网作接地线。

人工接地线材料一般采用扁钢和圆钢，但移动式电气设备、采用钢质导线在安装上有困难的电气设备可采用有色金属作为人工接地线，绝对禁止使用裸铝导线作接地线。采用扁钢作为地下接地线时，其截面面积不应小于 25 mm×4 mm；采用圆钢作接地线时，其直径不应小于 10 mm。人工接地线不仅要有一定机械强度，而且接地线截面应满足热稳定的要求。

五、建筑物防雷

对建筑物的防雷，需要针对各种建筑物的实际情况，因地制宜地采取防雷保护措施，才能达到经济、有效地防止或减小雷击的目的。

(一) 第一类防雷建筑物的防雷措施

1. 一类防雷建筑物防止直击雷的措施

(1) 一般应采用独立避雷针或避雷线保护，接地电阻应小于 10 Ω。

(2) 避雷线距离屋顶和各种突出屋面物体的距离 (s) 不得小于 3 m。同时还应满足下式的规定：

$$s \geqslant 0.08R + 0.05(h+l)$$

式中　R——避雷线的冲击接地电阻(Ω)；
　　　h——避雷线立杆的高度(m)；
　　　l——避雷线的水平长度(m)。

(3) 避雷针地上部分距建筑物和各种金属物(管道、电缆、构架等)的距离不得小于 3 m。避雷针接地装置距离地下金属管道、电缆及与其有联系的其他金属物体的距离均不得小于 3 m。

在一类防雷建筑物中，当建筑物太高或由于建筑艺术造型的要求，很难装置与建筑物隔开的独立避雷针或架空避雷线保护时，应采取以下措施：

1) 允许将避雷针直接装在建筑物上，或利用金属屋顶作为接闪器。

2) 应把防雷接地装置与其他接地装置及自然接地体(金属水管、电缆金属外皮)全部连接在一起，以降低接地电阻和均衡电位。防雷接地装置应围绕建筑物构成闭合回路，其接地电阻不得大于 5 Ω。

3) 屋面上的全部避雷针用导线连接起来。其引下线的间距为 15 m，应沿建筑物外墙均匀布置。

在每隔 15 m 高度处，应敷设水平的闭合接地环路，将每条引下线在同一标高处连接起来，作为所在高度的设备、管道、构架等金属物的接地线以均衡电位，避免发生闪络现象。

4) 金属结构物体距离引下线不足 1.5 m 时，应与引下线就近相连。

5)避雷针安装的位置距煤气管道的水平距离不应小于 3 m,并应高出煤气管道 3 m。

2. 一级防雷建筑物防止感应雷的措施

(1)建筑物为金属结构和钢筋混凝土屋面时,应将所有的金属物体焊接成闭合回路后直接接地。

(2)建筑物屋面为非金属结构时,如果有必要,应在屋面敷设一个网格不大于 8~10 m 的金属网(一类民用建筑物的金属网格为 5 m×5 m),再直接接地。

(3)自房屋两端起,每隔 18~24 m 设置一根引下线。

(4)接地装置应围绕建筑物构成闭合回路,并应与自然接地体(金属结构物体)全部连在一起,以降低接地电阻和均衡电位。

(5)室内外一切金属设置,包括外墙上设置的金属栏杆、金属门窗、金属管道均应与防止感应雷击的接地装置相连。

(6)防止感应雷击装置与独立避雷针或架空避雷线系统相互之间用金属连接,其地下相互间的距离应尽量远且不得小于 3 m。

(二)第二类防雷建筑物的防雷措施

(1)雷电接收装置及引下线可直接装设在被保护建筑物上。其接地电阻值应小于 10 Ω,并和电气设备的保护接地装置相连。

(2)雷电接收装置除避雷针外,也可采用网格大于 5~10 m 的屋面避雷网。

(3)屋面上有煤气管道时,必须采用避雷针保护。避雷针安装位置距煤气管道不应小于 3 m,并应高出煤气管道 3 m。

(4)引下线之间的距离不得大于 24 m。建筑物高度超过 30 m 时,超过部分每隔 10~12 m 应设置压环;压环可利用电气设备的保护接地环路充当,并将所有引下线在同一高度连接起来。

(5)室内的金属结构、设备和管道等均应与防雷接地相连,金属管道的两端及出入口处均应接地,接地电阻值应小于 10 Ω。在入口处应和防雷接地装置相连;距离小于 100 mm 的管道平行时,每隔 20~30 m 用金属线跨接一次;管道交叉距离小于 100 mm 时,也应用金属线跨接;管道连接处(接头、阀门、法兰盘等)用螺栓和丝扣连接时允许不另加跨接线。

(6)为防止架空线引入高电位,采用电缆埋地进户时,电缆两端钢铠和铅皮应接地。电缆从杆上引下来时,换线处的金属外皮、瓷瓶脚、避雷器的接地电阻应小于 10 Ω。进线端应与防雷接地装置相连;采用架空进线时,在距离建筑物 150 m 线段内,每根电杆及杆上瓷瓶脚等均应接地。除进线杆接地电阻均应小于 10 Ω 外,其余的接地电阻均应小于 20 Ω。作保护用的低压避雷器应装设在建筑物外墙上,并和防雷接地装置相连。

(三)第三类防雷建筑物的防雷措施

(1)在建筑物易受雷击的部位(屋脊、屋角、山墙等),应采用避雷针或避雷带进行防雷保护。其接地电阻应小于 20 Ω。允许利用建筑物范围内的金属地下设备作为接地装置,如保护接地装置、上下水金属管道等。

(2)采用避雷带保护时,在倾斜屋顶上,如屋脊和屋檐的高度差大于 1 m,当屋面宽度为 12 m 及以下时,只沿屋脊敷设避雷线;当屋面宽度大于 12 m 时,应沿屋檐和山墙边缘敷设避雷线;如屋脊和屋檐的高度差小于 1 m,当屋面宽度小于 20 m 时,只需沿屋檐敷设避雷线;当屋面宽度大于 20 m 时,应在屋脊上加设避雷线;平屋顶的建筑物,应沿屋顶周围敷设避雷线;平屋顶屋面较大时,应在其上敷设网眼尺寸不超过 20 m×20 m 的补充受雷导体。

(3)高度在 20 m 及以上的构筑物均应装设避雷针或避雷环等防雷装置。

(4)建筑物或高度超过 40 m 的构筑物上至少应有两根引下线,引下线的间距一般不应超过 30 m。超过 30 m 时应设置辅助引下线。

(5)没有被建(构)筑物屏护的低压架空线路,应在进户线杆或进户线处,将瓷瓶脚接地,接地电阻应小于 20 Ω。有条件时可利用电气设备保护接地装置。

六、防雷设施管理与维护

(一)防雷设施管理

防雷设施管理主要包括根据国家的防雷标准安装好防雷器具和管理好防雷器具两方面内容,以保证雷雨季节防雷器具正常工作。这里主要介绍变配电所防雷器具安装与管理。

1. 变配电所防雷器具安装

变配电所属于一级防雷建筑物,按照规定应装避雷装置。为防止雷电波沿导线传入配电所,应在高压进线和低压出线上安装阀式避雷器。阀式避雷器在正常电压时呈现很高的电阻,对电路工作无影响;当遇到雷电的高压时则呈现低阻,通过引下线和接地体将雷电流引入大地。

2. 变配电所防雷器具管理

变配电所防雷器具的管理较简单。每年 4 月份雷雨季节前由变配电室的值班电工,进行一次避雷针、避雷器和接地体装置的试验、测量和维修,以保证防雷器具良好运行。

(二)防雷设施维护

防雷装置的检查包括外观检查和接地电阻的测量两个方面。

1. 外观检查

外观检查可每年进行一次,对检查出的不同问题,应采用不同的修缮办法,如加固、补强、调整、涂刷保护漆膜、局部更换等,雷雨后应注意对防雷保护装置进行巡视,发现问题及时处理,以保证它能正常工作。

外观检查的主要内容包括:接闪器、引下线等各部分的连接是否可靠,有没有受机械损伤、腐蚀、锈蚀等,支撑是否牢固。

(1)接闪器与引下线和接地体的连接必须牢固可靠,接地电阻值应符合规定的要求,一般应不大于 10 Ω。

(2)每年雷雨季节到来之前,均应对整个系统进行检查和维护,提前做好防雷准备。在大雷雨后,要即时对系统进行检查,察看是否有因雷击而导致某些连接点的松脱和断开。

(3)检查时如发现引下线受到严重腐蚀,其腐蚀面积超过截面面积的30%时,应及时更换;同样,如发现接头松脱,也要立即紧固。在雷雨季节,任何对故障排除的拖延都可能招致严重的后果。

(4)高层建筑每年在雷雨季节到来前要经指定的防雷检测中心对防雷设备进行检测,不合格的应进行整改,直至合格为止。

2. 接地电阻的测量

接地电阻的测量主要是流散电阻的测量,一般采用接地电阻测量仪(又称接地摇表)。接地电阻测量仪由手摇发电机、电流互感器、滑线变阻器及检流计等组成。其中,三个端钮者仅用于流散电阻的测量,四个端钮者既可用于流散电阻的测量,也可用于土壤电阻率的测量。测量时,需临时打入地中两个辅助接地棒,它们与被测接地体三者之间保持一定的距离(一般为20 m),且需将电位接地棒插在被测地极与电流接地棒的中间。

单元二 电气设备保护措施

一、接地保护

接地保护是指将正常情况下不带电,而在绝缘材料损坏后或其他情况下可能带电的电气金属部分(即与带电部分相绝缘的金属结构部分)用导线与接地体可靠连接起来的一种保护接线方式。接地保护是为防止电气装置的金属外壳、配电装置的构架和线路杆塔等带电危及人身和设备安全而进行的接地。

电气设备采用接地保护措施后,设备外壳已通过导线与大地有良好的接触,则当人体触及带电的外壳时,人体相当于接地电阻的一条并联支路。因为人体电阻远远大于接地电阻,所以,通过人体的电流很小,避免了触电事故。

接地保护适用于中性点不接地的供电系统,根据规定在电压低于1 000 V而中性点不接地的电力网中,或电压高于1 000 V的电力网中均须采用保护接地。

二、接零保护

接零保护是指在正常情况下将电气设备中与带电部分相绝缘的金属结构部件用导线与配电系统的零线连接起来。接零保护一般与熔断器、保护装置等配合用于变压器中性点直接接地的系统中。日常生活中常用三相四线制中性点直接接地的供电方式。电气设备采用接零保护后,当电气设备绝缘损坏或发生相线碰壳时,因为电气设备的金属外壳已直接接到低压电网中的零线上,所以,故障电流经过接零导线与配电变压器零线构成闭合回路,碰壳故障变成了单相短路,因金属导线阻抗小,这一短路电流在瞬间增大,足以使保护装置或熔断器迅

机房防雷接地等电位做法

速动作(熔断)而切断漏电设备电源,即使人体触及了电气设备的外壳(构架)也不会触电。

在三相四线制电力系统中,不允许对某些设备采取接零保护,对另外一些设备采取接地保护而不接零。正确的做法是采取重复接地保护装置,就是将零线上的一处或多处通过接地装置与大地再次连接。通常是将用电设备的金属外壳同时接地和接零。还应该注意,零线回路中不允许装设熔断器和开关。

三、漏电保护

漏电是指由于电气线路、设备的绝缘层损坏,绝缘层的绝缘等级不达标或安装错误等原因导致线路、设备带电的现象。

漏电所带来的危害性如下:

(1)损坏电气设备。漏电会引起线路产生过压、过流、过热现象,从而可能损坏电气设备。

(2)危及人身安全。当导线的绝缘层损坏,与电气设备(如电动机、家用电器等)的外壳相触时,会导致金属外壳带电。当人体接触外壳时,便会遭到电击,损害身体,甚至威胁生命。

(3)引起火灾。漏电往往会产生电弧或过热现象,从而引发电气火灾。这是漏电最为严重的后果。漏电已成为目前电气火灾防范的重点对象。

为了防止漏电而引发的故障和触电事故,就必须采取漏电保护措施,通常的做法是在线路中装设漏电保护器。漏电保护器的作用是在发生触电时能够及时准确地向保护装置发出信息,使之有选择地切断电源,同时,漏电保护器往往兼有短路、过载保护等功能。

漏电保护器可分为电磁式和电子式。电磁式漏电保护器主要由检测元件、电磁式脱扣器和主开关等几部分组成;电子式漏电保护器是在电磁式漏电保护器的基础上加装具有放大、比较功能的电子电路,使动作更加灵活可靠。其在保护原理上与电磁式漏电保护器相同。

单元三　安全用电管理

在供配电系统中,必须特别注意安全用电。如果用电设备使用不当,可能会造成人身触电事故、火灾、爆炸等严重后果,给国家、社会和个人带来极大的损失。安全用电管理具体包括以下几项工作。

一、安全教育

电能可以造福人类,但如果使用和管理不当,则会给人们带来极大的危害。因此,必须加强安全教育,使供电设备使用人员和设备管理人员树立"安全第一"的观点,普及安全用电常识,按规定使用安全用具,力争供用电过程无事故发生,防患于未然。

二、安全操作

国家颁布和现场制定的安全操作规程是确保安全用电管理工作顺利进行的基本依据。只有严格执行安全操作规程，才能确保用电设备管理工作的安全。供电设施的安全操作管理就是规范供电设施的操作程序，保证供电设施操作过程中的安全。供配电室的值班人员必须有强烈的安全意识，熟悉安全用电的基本知识，掌握安全注意事项，按照操作规程操作电气设备。

1. 安全操作注意事项

(1)严禁带电工作。紧急情况带电作业时，必须有监护人、有足够的工作场地和充足的光线，必须戴绝缘手套、穿绝缘鞋进行操作。

(2)操作高压设备时，必须使用安全用具，如使用操作杆、棒，戴绝缘手套，穿绝缘鞋。操作低压设备时须戴绝缘手套、穿绝缘鞋，同时注意不要正向面对操作设备。

(3)自动开关跳闸后，必须查明原因，排除故障后再恢复供电。必要时可以试合闸一次。变配电室倒闸操作时，必须一人操作一人监护。

(4)电流互感器二次侧不得开路，电压互感器二次侧不得短路，不能用摇表测带电设备的绝缘电阻。

(5)应对各种电气设备设立安全标志牌：配电室门前应设"非工作人员不得入内"标志牌；处在施工中的供电设备，开关上应悬挂"禁止合闸，有人工作"标志牌；高压设备工作地点和施工设备上应悬挂"止步，高压危险"等标志牌。在施工工地与带电体作业时，人体与带电体的安全距离不得小于表9-2中的规定值。

表9-2 人体与带电体安全距离

电压等级/kV	10	35	66	110	220	330
安全距离/m	0.4	0.6	0.7	1.0	1.9	2.6

2. 变配电室设备安全操作规程

变配电室设备的安全操作应按照《电业安全工作规程(发电厂和变电所电气部分)》(DL 408—1991)的规定，倒闸操作必须根据上级变配电所调度员或值班负责人的命令，经受令人复诵无误后执行，并填写操作表。主要内容如下：

(1)停电操作规程。变配电所停电时，一般应从负荷侧的开关拉起，依次拉到电源侧开关，以保证每个开关断开的电流最小，安全。有高压断路器、高压隔离开关、低压断路器、低压刀开关的电路中停时，一定要按照断路器→负荷侧隔离开关(刀闸)→母线侧隔离开关(刀闸)的拉闸次序操作。

(2)送电操作规程。变配电所送电时一般应从电源侧的开关合起，依次到负荷侧的开关。有高压断路器、高压隔离开关、低压断路器、低压刀开关的电路中送电时，一定要按照母线侧隔离开关(刀闸)→负荷侧隔离开关(刀闸)→断路器的合闸次序操作。

(3)配电柜及变压器维修前的安全操作规程。断开控制配电柜的断路器和前面的隔离开关，然后验电，确认无电时挂上三相短路接地线。当和临近带电体距离小于6 cm时，设置绝缘隔板。在停电开关处挂警示牌。

为确保在无电状态下对变压器进行维修，必须先拉开负荷侧的开关，再拉开高压侧的开关。

用验电器验电，确认无电后，在变压器两侧挂上三相接地线，高低压开关挂上"有人工作，请勿合闸"警示牌，才能开始工作。

变配电室为重点防雷区域，应设置防雷装置，并做好检查。

3. 供电设备过负荷安全管理

供电设备过负荷是指用户的用电功率超过了供电系统的额定功率时的运行状态。在这种情况下，开关电器、变压器、线路都有被烧坏的危险。

近年来，随着人们生活水平的不断提高，微波炉、空调等大功率用电设备进入普通家庭，使居民用电功率大幅增加。原有住宅的供电设计容量已经不能满足现在的需要，保险丝熔断、导线烧坏、电表烧坏等造成的停电事故时有发生。因此，物业服务企业应该高度重视供电设备过负荷的问题。

通常解决过负荷问题的办法有以下两种：

(1)改造增容：换线、换变压器、换开关设备，增加供电容量，这种方法需要耗费大量的资金。

(2)加强用电管理：物业服务企业要限制沿街的商业店铺从居民住宅私接电线，居民安装大功率电器要申请接入低压电网，经批准后方能接入，以此来限制供电系统的过负荷。通过加强管理来保证居民基本的家用电器的正常使用。

三、安全用电常识

(1)不得私自拉电线，超负荷用电，私用电炉。

(2)装拆电线和电器设备时，应请电工操作，避免发生短路和触电事故。

(3)电线上不能晒衣服，以防电线上绝缘破损，漏电伤人。

(4)不得在架空线路和室外变配电装置附近放风筝，以免造成短路或接地故障。

(5)不得攀登电杆和变配电所装置的构架。

(6)所有可能触及的设备外露可导电部分必须接地。移动电器的插座，一般应采用带保护接地插孔的插座。

(7)导线断落在地时，不可走近。对落地的高压线，应离开落地点9～10 m或更远并及时报告供电部门前往处理。

(8)失火电气设备可能带电，灭火时要注意防止触电，最好是尽快断开电源；失火电气设备可能有大量的油，容易爆炸，使火势蔓延。带电灭火的采取措施和注意事项如下：

1)采用二氧化碳、四氯化碳等灭火剂，这些灭火剂均不导电。使用时，要求通风，有条件的戴上防毒面具。

2)不能用一般泡沫灭火器灭火，因其灭火剂具有一定的导电性。

3)可用干砂覆盖进行带电灭火，但只能在小面积着火时采用。

4)带电灭火时，应采取防触电的可靠措施。

单元四　电气危害与触电急救

一、电气危害

电气危害有两个方面：一方面是对系统自身的危害，如短路、过电压、绝缘老化等；另一方面是对用电设备、环境和人员的危害，如触电、电气火灾、电压异常升高造成用电设备损坏等。

触电可分为电击和电伤。

(1)电击是指电流通过人体内部，造成人体内部组织、器官损坏，以至死亡的现象。电击伤害在人体内部，人体表皮往往没有痕迹。

(2)电伤是指由于电流的热效应、化学效应等对人体造成的伤害。它是对人体外部组织造成的局部伤害，而且往往会在肌体上留下伤疤。

二、电对人体的危害因素

电危及人体生命安全的直接因素是电流，而不是电压，电流对人体的电击伤害的严重程度与通过人体的电流大小、频率、持续时间、电流途径和人体的健康情况有关。现就其主要因素分述如下。

1. 电流的大小

通过人体的电流越大，人体的生理反应越大。根据人体反应，可将电流划分为三级。

(1)感知电流。引起人感觉的最小电流，又称感知阈。感觉轻微颤抖刺痛，可以自己摆脱电源，此时大致为工频交流电 1 mA。感知阈与电流的持续时间长短无关。

(2)摆脱电流。通过人体的电流逐渐增大，人体反应增大，感到强烈刺痛、肌肉收缩。但是由于人的理智还是可以摆脱带电体的，此时的电流称为摆脱电流。当通过人体的电流大于摆脱阈时，受电击者自救的可能性很小。摆脱阈主要取决于接触面积、电极形状和尺寸及个人的生理特点，因此，不同的人摆脱电流也不同。摆脱阈一般取 10 mA。

(3)致命电流。通过人体的电流能引起心室颤动或导致呼吸窒息而死亡时的电流称为致命电流。人体心脏在正常情况下，有节奏地收缩与扩张，可以把新鲜血液送到全身。当通过人体的电流达到一定大小时，心脏的正常工作受到破坏，由每分钟数十次的搏动变为每分钟数百次的细微颤动——心室颤动。此时，心脏不能再压送血液，血液循环终止。若在短时间内不摆脱电源，不设法恢复心脏的正常工作，人将会死亡。

引起心室颤动与人体通过的电流大小有关，还与电流持续时间有关。一般认为 30 mA 以下是安全电流。

2. 人体的电阻

人体的电阻大小与触电电流通过的途径有关，主要由皮肤电阻和人体内电阻组成。

(1) 皮肤电阻可视为由半绝缘层和许多小的导电体(毛孔)构成，为容性电阻，当接触电压小于 50 V 时，其阻值相对较大；当接触电压超过 50 V 时，皮肤电阻值将大大降低，以至于完全被击穿后电阻可忽略不计。

(2) 人体内电阻由人体脂肪、骨骼、神经、肌肉等组织及器官构成，大部分为阻性的，不同的电流通路有不同的内电阻。

据测量，人体表皮 0.05～0.2 mm 厚的角质层电阻最大，在 1 000～10 000 Ω 之间，其次是脂肪、骨骼、神经、肌肉等。但是，若皮肤潮湿、出汗、有损伤或带有导电性粉尘，人体电阻会下降到 800～1 000 Ω。所以，在考虑电气安全问题时，人体的电阻只能按 800～1 000 Ω 计算。

3. 安全电压

安全电压就是不致使人直接死亡或致残的电压。人体电阻由体内电阻和皮肤电阻两部分组成，体内电阻约为 500 Ω，与接触电压无关，皮肤电阻随皮肤表面的干湿、洁污状态和接触电压而变。从触电安全的角度考虑，人体电阻一般下限为 1 700 Ω。由于我国安全电流取 30 mA，如人体电阻取 1 700 Ω，则人体允许持续接触的安全电压为

$$U_{50\,g} = 30 \text{ mA} \times 1\,700 \Omega = 51\,000 (\text{mV}) \approx 50 \text{ V}$$

50 V 为一般正常环境条件下允许持续接触的安全电压，见表 9-3。

表 9-3 安全电压

安全电压(交流有效值)/V		选用举例
额定值	空载上限值	
42	50	在有触电危险的场所使用的手持式电动工具等
36	43	在矿井、多导电粉尘等场所使用的行灯等
24	29	可供某些人体可能触及的带电体设备选用
12	15	
6	9	

4. 触电时间

人的心脏在每一收缩扩张周期中，有 0.1～0.2 s 的易损伤期。当电流在这一瞬间通过时，引起心室颤动的可能性最大，危险性也最大。

通过电流的时间越长，能量积累越多，引起心室颤动所需的电流就越小；触电时间越长，越易造成心室颤动，生命危险性越大。

5. 电流途径及电流频率

电流途径从人体的左手到右手、左手到脚、右手到脚等，其中，电流经左手到脚的流通是最不利的一种情况，因为这一通道的电流最易损伤心脏。电流通过心脏，会引起心室颤动，通过神经中枢会引起中枢神经失调，这些都会直接导致死亡。电流通过脊髓，还会导致半身瘫痪。

电流频率不同，对人体伤害也就不同。据测试，15～100 Hz 的交流电流对人体的伤害最严

重。因为人体皮肤的电阻是容性的，所以与频率成反比，随着频率增加，交流电的感知、摆脱阈值都会增大。虽然频率增大，对人体伤害程度有所减轻，但高频高压还是有致命的危险。

6. 人体状况

人体不同，对电流的敏感程度也不一样。一般情况下，儿童比成年人敏感，女性比男性敏感。若患有心脏病，则触电后死亡的可能性更大。

三、触电方式

按人体触及带电体的方式和电流通过人体的途径不同，触电可分为以下三种情况。

1. 单相触电

单相触电即人体的某一部位接触带电设备的一相，而另一部位与大地或零线接触引起的触电。图9-2(a)所示为电源中线接地的触电电流途径，图9-2(b)所示为电源中线不接地时的触电电流途径。

2. 两相触电

两相触电是指人体同时接触两相带电体而引起的触电，如图9-2(b)所示，此时加在人体的电压为线电压，电流直接以人体为回路，触电电流可达380 mA，远远大于人体所能承受的极限电流30 mA。

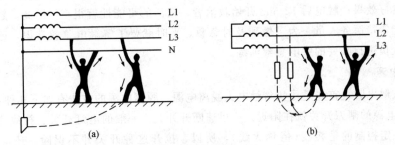

图9-2　触电方式

(a)电源中线接地的情况；(b)电源中线不接地的情况

3. 跨步电压触电

当有电流流入电网接地点或防雷接地点时，电流在接地点周围的土壤中产生电压降，接地点的电位往往很高，距离接地点越远，则电位逐渐下降。通常把地面上相距0.8 m的两处的电位差叫作跨步电压，如图9-3所示。当人走近接地点附近时，两脚踩在不同的电位上就会使人承受跨步电压(即两脚之间的电位差)。步距越大，跨步电压越大。跨步电压的大小还与接地电流的大小、人距离接地点远近、土壤的电阻率等有关。在雷雨时，当强大的雷电流通过接地体时，接地点的电位很高，因此，在高压设备接地点周围应使用护栏围起来，这不只是防止人体触及带电体，也防止人被跨步电压袭击。人体万一误入危险区，将会感到两脚发麻，这时千万不能大步跑，而应单脚跳出接地区，一般 10 m 以外就没有危险。

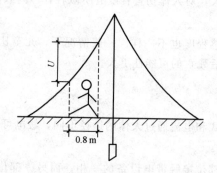

图 9-3 跨步电压

四、触电急救

现场急救对抢救触电者非常重要，如果现场抢救及时，方法得当，呈"假死"状态的人就可以获救。据国外资料记载，触电后 1 min 开始救治者，90% 有良好效果；触电后 6 min 开始救治者，10% 有良好效果；触电后 12 min 开始救治者，救活的可能性就很小。因此，触电急救应争分夺秒，不能等待医务人员。为了做到及时急救，平时就要了解触电急救常识，还应对与电气设备有关的人员进行必要的触电急救训练。

1. 脱离电源

发现有人触电时，首先是尽快将触电人脱离电源。脱离电源的方法有如下几种：

(1)如果电源的闸刀开关就在附近，应迅速断开开关。一般的电灯开关、拉线开关只控制单线，而且不一定控制的是相线（俗称火线），所以，拉开这种开关并不保险，还应该拉开闸刀开关。

(2)如果闸刀开关距离触电地点很远，则应迅速用绝缘良好的电工钳或有干燥木把的利器（如刀、斧等）把电线砍断或用干燥的木棒、竹竿、木条等物迅速将电线拨离触电者。拨线时应特别注意安全，能拨的不要挑，以防电线甩在别人身上。

(3)若现场附近无任何合适的绝缘物可利用，而触电人的衣服又是干的，则救护人员可用包有干燥毛巾或衣服的一只手去拉触电者的衣服，使其脱离电源。若救护人员未穿鞋或穿湿鞋，则不宜采用这种抢救方法。

以上抢救方法不适用于高压触电情况，若发现有人高压触电，应及时通知有关部门切断高压电源开关。

2. 对症救治

当触电人脱离了电源以后，应迅速根据具体情况做对症救治，同时向医务部门呼救。

(1)如果触电人的伤害情况并不严重，神志还清醒，只是有些心慌、四肢发麻、全身无力或虽曾一度昏迷，但未失去知觉，只要使之就地安静休息1~2 h，不要走动，并做仔细观察即可。

(2)如果触电人的伤害情况较严重，无知觉、无呼吸，但心脏有跳动(头部触电的人易出现这种症状)，应采用口对口人工呼吸法抢救。如果有呼吸，但心脏停止跳动，则应采用人工胸外心脏按压法抢救。

(3)如果触电人的伤害情况很严重，心跳和呼吸都已停止，则需同时进行口对口人工呼吸和人工胸外心脏按压。如果现场仅有一人抢救时，可交替使用这两种办法，先进行口对口吹气两次，再做心脏按压15次，如此循环连续操作。

3. 人工呼吸法

(1)迅速解开衣服，清除口内物，有舌后坠时用钳将舌拉出。

(2)患者需仰卧，头尽量后仰。

(3)立即进行口对口人工呼吸。方法是：患者仰卧，护理人一手托起患者下颌，使其头部后仰，以解除舌下坠所致的呼吸道梗阻，保持呼吸道通畅；另一手捏紧患者鼻孔，以免吹气时气体从鼻逸出。然后护理人深吸一口气，对准患者口用力吹入，直至胸部略有鼓起。之后，护理人头稍侧转，并立即放松捏鼻孔的手，任患者自行呼吸(图9-4)，如此反复进行。成人每分钟吸气12~16次，吹气时间宜短，约占一次呼吸时间的1/3。吹气若无反应，则需检查呼吸道是否通畅，吹气是否得当。如果患者牙关紧闭，护理人可改用口对鼻吹气。其方法与口对口人工呼吸基本相同。

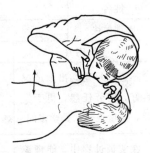

图9-4 口对口人工呼吸

4. 人工胸外心脏按压法

对心跳骤停在1 min左右者，可拳击其胸骨中段一次，并马上进行不间断的胸外心脏按压。胸外心脏按压方法如下：

(1)患者应仰卧在硬板上，如果是软床，应加垫木板。

(2)护理人用一手掌根部放于患者胸骨下2/3处，另一手重叠压在上面，两臂伸直，依靠护理人身体重力向患者脊柱方向作垂直而有节律的挤压。挤压用力须适度，略带冲击性；使胸骨下陷4 cm后，随即放松，使胸骨复原，以利心脏舒张(图9-5)。按压次数成人每分钟60~80次，直至心跳恢复。按压时必须用手掌根部加压于胸骨下半段，对准脊柱挤压；不应将手掌平放，不应压心前区；按压与放松时间应大致相等。心脏按压时应同时施行有效的人工呼吸。

图9-5 按压姿势与用力方法

| 实践与训练 |

一、实训内容

1. 观察教学楼的防雷措施。
2. 认真学习触电急救方法。

二、实训步骤

1. 参观教学楼的防雷措施，对防雷设施进行简单的外观检查。
2. 掌握急救的方法并示范。
3. 撰写实训报告。

模块九　学生实训考核表

姓名		班级		小组	
实训模块		建筑物防雷及安全用电			
考核内容	分值	自评		小组互评	教师评价
不迟到早退，出勤情况良好，任劳任怨，勇于实践，态度谦逊，勤学多问	20				
在实训过程中，能理论联系实际，较好地完成实训任务	20				
能较好地掌握触电急救方法	20				
能较好地完成实训报告，报告叙述条理清楚、内容详实	20				
在小组合作中，具有良好的沟通、协作能力	20				
评价汇总	100				
考核总分					

注：总评成绩＝自评成绩×30％＋小组评价×20％＋指导教师评价×50％

模块小结

本模块主要介绍了建筑物的防雷等级、防雷设施管理与维护，电气设备保护措施，安全用电管理，电气危害与触电急救等内容。通过本模块的学习，应对建筑物防雷与安全用电有基础的认识，树立防雷与安全用电的意识。

思考与练习

一、填空题

1. 雷电的危害一般分成_____和_____两种。
2. 防雷装置一般由_____、_____和_____三部分组成。
3. 接地装置包括_____和_____两部分，是防雷装置的重要组成部分。
4. 防雷装置的检查包括_____和_____两个方面。
5. 接地保护适用于中性点不接地的供电系统，根据规定在电压低于_____V而中性点不接地的电力网中，或电压高于_____V的电力网中均须采用保护接地。
6. 根据人体反应，可将电流划分为_____、_____、_____三级。
7. 人体的电阻大小与触电电流通过的途径有关，主要由_____和_____组成。
8. 人的心脏在每一收缩扩张周期中，有_____s的易损伤期。

二、简答题

1. 雷电的作用形式有哪些？
2. 第二类防雷建筑物的防雷措施有哪些？
3. 漏电所带来的危害性有哪些？
4. 简述人工胸外心脏按压法。

模块十　弱电系统

知识目标

熟悉广播系统、有线电视系统、安保系统、电话通信系统、计算机网络系统；掌握弱电系统管理与维护。

能力目标

能够制定广播音响与有线电视系统的日常管理制度；能够对安保系统进行有效的管理与维护；能够对电话通信系统与计算机网络系统进行有效的管理与维护；能够独立对建筑弱电系统进行维修管理。

素质目标

具有正确的技术观和较强的技术创新意识。

案例导入

小区监控系统损坏造成财产安全未得到保护

某小区业主吴某回家后发现家里物品被盗，财物损失数万元，他立即告知小区物业并报警。数月后，公安机关仍未查清具体作案人员，致使吴某家中失窃的财产未能得到赔偿。之后，吴某便找到小区物业负责人，要求小区的物业服务公司承担赔偿责任，但物业服务公司认为公司并无过错，无须承担赔偿责任。双方协商无果，吴某将物业服务公司诉至法院，要求法院判决物业服务公司赔偿其家中被盗的财物损失，理由是物业服务公司在提供安保物业服务的过程中存在严重过错，如小区监控录像部分损坏，没有及时维修，致使部分区域没有电子监控系统等。吴某认为，自己交了物业管理费，财产却没有得到保护，现在因为没有得到这些服务导致财产被盗，应当由物业服务公司赔偿自己的财物损失。物业服务公司辩称，部分区域监控没有及时维修，是因为业委会尚未同意更换维修，没有向其支付相应的维修费用，致使该工作尚未落实。吴某家中的财产是第三人盗窃所致，与物业服务公司无关，物业服务公司无须承担赔偿责任。法院经审理认为，被告作为物业服务公司，有义务为业主提供相应的安全保障服务，并且被告没有落实其与业主签订的《物业服务合同》约定的安保措施，存在严重的服务瑕疵，导致犯罪分子进入原告家中进行盗窃的可能性增加，致使原告的财产受损，被告存在过错，对原告的损失应承担相应的赔偿责任,承担的份额以损失财产的20%为宜。

问题:

1. 该物业服务公司对设备设施的日常管理存在哪些问题?
2. 为了避免发生类似的问题,该物业服务公司应采取什么措施进行防范?

单元一 广播与有线电视系统

一、广播系统

(一)广播系统的分类

在民用建筑工程中,广播系统可分为公共广播系统、厅堂扩声系统和会议系统三种类型。

1. 公共广播系统

公共广播系统包括背景音乐和紧急广播功能。这种系统中广播用的传声器与向公共广播的扬声器一般不处在同一个房间内,故无声反馈的问题。公共广播系统还可分为面向公众区的公共广播系统和面向宾馆客房的广播音响系统。

面向公众区的公共广播系统主要用于语音广播。这种系统平时进行背景音乐广播,在出现灾害或紧急情况时,可切换成紧急广播。公共广播系统的特点是服务区域面积大,空间宽旷,声音传播以直达声为主。如果扬声器的布局不合理,因声波多次反射而形成超过 50 m 的延迟,会引起双重声或多重声,甚至出现回声,影响声音的清晰度和声像的定位。

面向宾馆客房的广播音响系统包括客房音响广播和紧急广播,通常由设在客房中的床头柜扬声器放送。客房广播包含收音机的调幅(AM)、调频(FM)广播波段和宾馆自播的背景音乐等多个可供自由选择的波段。在紧急广播时,客房广播即自动中断,只有紧急广播的内容强行切换传播到床头柜扬声器。这时,无论选择器在任何位置或处于关断位置,所有客人均能听到紧急广播。

2. 厅堂扩声系统

厅堂扩声系统使用专业音响设备,要求使用大功率的扬声器系统,因为演讲或演出用的传声器与扩声用的扬声器同处一个厅堂内,存在声反馈的问题,所以,厅堂扩声系统一般采用低阻值直接传输方式。

面向体育馆、剧场、礼堂的厅堂扩声系统,不仅要考虑电声技术,还要考虑建筑声学。室内扩声系统往往有综合性、多用途的要求,不仅可供会场语言扩声使用,还可用于文艺演出。对于大型现场演出的音响系统,要用大功率的扬声器系统和功率放大器,在系统的配置和器材选用方面有一定的要求。

面向歌舞厅、宴会厅、卡拉OK厅的音响系统,应用于综合性的多用途群众娱乐场所。因为这类场所人流多、杂声或噪声较大，所以，要求音响设备具有足够的功率，较高档次的还要求有很好的重放效果。对于歌舞厅、卡拉 OK 厅，还要配置相应的视频图像系统。

3. 会议系统

会议室音响系统属于扩声系统，根据会议的性质有特殊的要求，如多路同声传译系统等。会议系统广泛应用于会议中心、集团公司、大学学术报告厅等场所。

(二)广播系统的组成

广播系统由节目源设备、信号的放大和处理设备、传输线路及扬声器系统四部分组成。

1. 节目源设备

节目源通常有无线电广播、普通唱片、激光唱片(CD)和盒式磁带等；相应的节目源设备有 FM/AM 调谐器、电唱机、激光唱机和录音卡座等，还包括传声器、电视伴音和电子乐器等。

2. 信号的放大和处理设备

信号的放大和处理设备包括调音台、前置放大器、功率放大器和各种控制器及音响加工设备。信号的放大是指电压放大和功率放大；调音台和前置放大器的功能是完成信号的选择和前置放大，担负对重放声音的音色、音量和音响效果进行各种调整和控制的任务。

3. 传输线路

传输线路一般采用低阻大电流的直接馈送方式，传输线要求用专用音频信号线，而对公共广播系统，由于服务区域广、距离长，为了减少传输线路引起的损耗，往往采用高压传输方式，由于传输电流小，故对传输线要求不高。

4. 扬声器系统

扬声器系统又称音箱或扬声器箱，它的作用是将音频电能转换成相应的声能。音箱一般由扬声器、分频器、箱体等组成。

(三)广播系统的设备

广播系统往往是伴随着火灾自动报警系统而设置的，有些建筑物也单独设置。其主要设备有以下几种。

1. 信号源

信号源可将音频信号输入有线广播系统中，主要包括广播接收天线(一般为调频广播天线)、话筒、唱机、收录机、CD 机等电子音响设备。

2. 综合控制台

综合控制台主要对音频信号进行输入与输出控制、信号电平控制、信号转换控制及时钟控制等，并对音频信号进行前置放大等。

3. 音响主机

音响主机是对音频信号进行功率放大，以满足各用户扬声器的功率需要。其主要由机架和功率放大器等组成。

4. 端子箱

端子箱可对音频信号进行分路传输和线路连接。其主要是前端音响设备与音频传输线路的连接器件。

5. 控制器

控制器用于调节扬声器音量的高低或信号的通断,一般都安装在系统用户终端的扬声器处。

6. 扬声器

扬声器是有线广播音响系统的用户终端设备,可将音频信号还原成声波信号,一般装设在专用的音箱内。

二、有线电视系统

(一)有线电视系统的分类

有线电视系统分为共用天线电视系统(CATV)和有线电视邻频系统两大类。

(1)共用天线电视系统是以接收开路信号为主的小型系统,功能较少,其传输距离一般在 1 km 以内,适用于一栋或几栋楼宇。

(2)有线电视邻频系统由于采用了自动电平控制技术,干线放大器的输出电平是稳定的,传输距离可达 15 km 以上,适用于大、中、小各种系统。

在城市中,有线电视系统今后的发展方向为有线电视邻频系统,但是在资金缺乏地区,共用天线电视系统(CATV)仍然占有优势。

(二)有线电视系统的组成

有线电视系统由信号源、前端系统、信号传输分配网络和用户终端四部分组成。

1. 信号源

信号源是指有线电视系统电视节目的来源,包括电视接收天线、调频广播接收天线、卫星地面接收设备、微波接收设备、自办节目设备等。其主要作用是对开路信号、闭路信号、自办节目信号进行接收和处理。

开路信号是指无线传输的信号,包括电视台无线发射的电视信号、微波信号、卫星电视信号、调频广播信号等;闭路信号是指有线传输的电视信号;自办节目信号是指 CATV 系统自备的节目源,如 DVD、VCD、CD、摄录像机等。

2. 前端系统

前端系统是指处于信号源之后和干线系统之前的部分。前端系统的主要作用是将从信号源送来的信号进行滤波、变频、放大、调制和混合等。由于 CATV 系统的规模不同,前端系统的组成也不尽相同,包括滤波器、天线放大器、调制解调器、频道变换器及混合器等。

3. 信号传输分配网络

信号传输分配网络分为无源和有源两类。无源分配网络只有分配器、分支器和传输电缆等无源器件，可连接的用户较少。有源分配网络增加了线路放大器，所连接的用户数增多。

(1)分配器的功能是将一路输入信号的能量均等地分配给两个或多个输出的器件，一般有二分配器、三分配器、四分配器三种类型。分配器的输出端不能开路或短路，否则会造成输入端严重失配，同时还会影响其他输出端。

(2)分配系统中各元件之间均用馈线连接，它是提供信号传输的通路，分为主干线、干线及分支线等。主干线接在前端与传输分配网络之间；干线用于分配网络中信号的传输；分支线用于分配网络与用户终端的连接。

(3)分支器是串在干线中，从干线耦合部分信号能量，然后分一路或多路输出的器件。

(4)线路放大器多采用全频道放大器，以补偿用户增多、线路增长后的信号损失。

4. 用户终端

用户终端是指共用天线电视系统供给电视机电视信号的接线器，又称为用户接线盒。用户终端分为暗盒与明盒两种。

(三)有线电视系统的主要设备

1. 接收天线

天线的种类很多，随着无线电技术的不断发展，接收天线的种类也在不断更新。接收天线按工作频道的多少，分为单频道天线、多频道天线和全频道天线等；按方向性可分为定向天线和可变方向天线；按工作频段分类主要有 VHF(甚高频)天线、UHF(特高频)天线、SHF(超高频)天线和 EHF(极高频)天线。无论哪种天线，其主要作用都一样，都包括以下内容：

(1)选择信号。就是在空间多个电磁波中，有选择地接收指定的电视射频信号。

(2)放大信号。即对接收的电视射频信号进行放大，提高电视接收机的灵敏度，改善接收效果。

(3)抑制干扰。即对指定的电视射频信号进行有效的接收，对其他无用的干扰信号进行有效的抑制。

(4)改善接收的方向性。指电视台发射的射频信号是按水平方向极化的，而且近似于光波的传播性质，方向性强，这就要求接收机必须用接收天线来对准发射天线的方向才能实现最佳接收。

2. 放大器

放大器是对 CATV 系统传输的信号进行放大，以保证用户端信号电平在一定范围的一种部件。常见的放大器有以下几种：

(1)天线放大器：通常安装在天线的附近，对天线输出的微弱信号进行放大。

(2)频道放大器：一般用在混合器的前面，对弱信号的频道进行放大，以提高前端信号的均匀性。

(3)干线放大器：是指用在干线中补偿干线电缆传输损耗的放大器。

(4)分配放大器：是指安装在干线的末端，用来对信号进行放大、分配的放大器。它的主要作用是提高干线末端信号电平，以满足分配、分支的需要。

(5)线路延长放大器：是指安装在支干线上，用来补偿支线电缆传输损耗和分支器的分支损耗与插入损耗的放大器。它的显著特点是只有一个输入端和一个输出端。

3. 调制器

调制器是将 AV(音频和视频)信号调制到高频信号上去的一种部件。调制器按工作原理分为中频调制式和射频调制式，按组成的器件分为分离元件调制器和集成电路调制器。

调制器主要是将自办节目中的摄像机、录像机、VCD、DVD、卫星接收机、微波中继等设备输出的视频信号与音频信号加载到高频载波上面去，以便传输；或把 CATV 系统开路接收的甚高频与特高频信号经过解调和调制，使之符合邻频传输的要求。

4. 混合器

混合器是将两路或多路不同频道的电视射频信号混合成一路输出的部件，按工作原理可分为有源混合器和无源混合器；按工作频率分为频道混合器、频段混合器和宽带混合器；按混合路数可以分为二混合器、三混合器、四混合器和多混合器等。

混合器的作用是将多路射频信号混合成一路，共用一根电缆传输，以便实现多路复用；并对干扰信号进行滤波，提高系统的抗干扰能力，把无源滤波器的输入端与输出端互换，构成分波器。

5. 解调器

解调器是一种从射频信号中取出图像和伴音信号的部件。解调器主要用在大、中型 CATV 的前端系统，从开始接收的射频信号中取出音、视频信号，然后与调制器配对，将音、视频信号重新调制到符合邻频传输要求的频道上，以便充分利用频道资源。

单元二　安保系统

一、安保系统的作用

安保系统的作用是提供外部侵入保护、区域保护和目标保护三个层次的保护。

(1)外部入侵保护。外部入侵保护是为了防止无关人员从外部侵入建筑物，具体来说是防止外人从窗户、门、天窗或通风管道等侵入建筑物中。

(2)区域保护。区域保护是指如果犯罪分子突破了第一道防线，进入楼内，安全防范系统将探测得到的信息发往控制中心，进行报警，由控制中心根据实际情况做出相应处理决定。

(3)目标保护。目标保护是针对具体的物体的安全防范系统，保护的目标包括保险柜、重要文件、重要场所等。

二、安保系统的组成

安保系统主要由出入口控制系统、闭路电视监控系统、电子巡更系统、停车场管理系统、入侵报警系统、楼宇对讲系统等组成。

(一)出入口控制系统

出入口控制系统也称为门禁管理系统,它对建筑物正常出入通道进行管理,控制人员出入,控制人员在楼内或相关区域的行动。常见的出入口控制方式有以下三种。

小区弱电智能集成方案

(1)在需要了解其通行状态的门上安装门磁开关,如办公室门、营业大厅门等。

(2)在需要监视和控制的门上(如楼梯间通道门、防火门等),除安装门磁开关外,还要安装电动门锁。

(3)在需要监视、控制和身份识别的门或有通道门的高保安区(如金库门、主要设备控制中心机房、配电室等),除安装门磁开关、电控锁外,还要安装磁卡识别器或密码键盘等出入口控制装置,采用计算机多重任务处理,对各通道的位置、通行对象及通行时间等进行实时控制或设定程序控制,并将所有的活动用打印机或计算机记录,为管理人员提供系统所有运转的详细记录。

(二)闭路电视监控系统

闭路电视监控系统是一种先进的、防范能力极强的安全系统。它的主要功能是通过遥控摄像机及其辅助设备,监视被控场所且将监测到的图像、声音内容传输到监控中心。

闭路电视监控系统按功能可以分为摄像、传输、显示与记录、控制四个部分。

(1)摄像部分安装在现场,包括摄像机、镜头、防护罩、支架和电动云台,它对被摄体进行摄像并将其转换成电信号。

(2)传输部分是把现场摄像机发出的电信号传送到控制中心,一般包括线缆、调制与解调设备及线路驱动设备等。

(3)显示与记录部分把从现场传来的电信号转换成图像在监视设备上显示,如果有必要,将其用录像机录下来,所以,它包含的主要设备是监视器和录像机。

(4)控制部分负责所有设备的控制与图像信号的处理。

(三)电子巡更系统

电子巡更系统是小区安全防范系统的重要补充,通过对小区内各区域及重要部位的安全巡视,可以实现不留任何死角的小区防范。保安巡更人员携带巡更记录器按指定的路线和时间到达巡更点并进行记录,并将记录信息传送到管理中心。管理人员可调阅打印各保安巡更人员的工作情况,加强对保安人员的管理,实现人防和技防的结合。如果在指定的时间内,信号没有发到中央控制中心,或不按规定的次序出现信号,认为系统是异常情况。有了巡更系统后,如果保安人员出现问题或危险,会很快被察觉,从而增强了安全性。电子巡更系统一般分为在线巡更系统和离线巡更系统两种。

(1)在线巡更系统。在线巡更系统一般以与入侵报警系统设备共用的方式实现,可由入侵报警系统中的警报接收机与控制主机编程确定巡更路线，每条路线上有数量不等的巡更点。巡更点可以是读卡机或门锁，当巡更人员经过时，可通过刷卡、按钮及开锁等作为巡更信号，从而将巡更到达处时间、动作等记录到系统中。通过查阅巡更记录，可对巡更质量进行考核，从而有效地防止漏巡、随意减少巡更点、变更巡更时间等行为。监控中心也可通过对讲系统或内部通信方式与巡更人员建立联系，随时查询。在线巡更系统采用感应识别的巡更手持机及非接触感应器。

(2)离线巡更系统。顾名思义，离线巡更系统无须布线，只要将巡更巡检点安装在巡逻位置，巡逻人员手持巡更巡检器到每一个巡更巡检点采信信息后，将信息通过数据线传输给计算机，就可以显示整个巡逻巡检过程(如需要再由打印机打印，就形成一份完整的巡逻巡检考察报告)。相对于在线巡更系统，离线巡更系统的缺点是不能实时管理，如有对讲机，可避免这一缺点，并可真正实现实时报警，同时，再根据产品的可拍照功能，更能做到在第一时间留下事故图片，三点合一，保证及时安全地处理突发事故。它的优点是无须布线，安装简单，易携带，操作方便，性能可靠；不受温度、湿度、范围的影响，系统扩容、线路变更容易且价格低，又不易被破坏；系统安装维护方便，适用于任何巡逻或值班巡视领域。

(四)停车场管理系统

建筑物的停车场管理系统能够满足住户对车辆管理的需要，既可避免车辆被盗、被破坏，避免车辆乱停放，同时，还可以加强对外来车辆的管理。

现代化的停车场管理系统将机械技术、电子计算机技术、自动控制技术和智能卡技术有机地结合起来，通过计算机管理，实现了对车辆进出记录的管理并能自动储存。图像对比识别技术有效地防止了车辆被换、被盗；车位管理有效地提高了停车场的利用率；收费系统能自动核算收费，有效地解决了管理中费用流失或乱收费的问题。

(五)入侵报警系统

入侵报警系统具有对设防区域的非法入侵、盗窃、破坏和抢劫等进行实时有效地探测和报警及报警复核功能。

1. 入侵报警系统的组成

入侵报警系统负责建筑内外各个点、线、面和区域的侦测任务，由探测器、区域控制器和报警控制中心三个部分组成。系统分三个层次，最底层是探测和执行设备，负责探测非法入侵，有异常情况时发出声光报警，同时向区域控制器发送信息；区域控制器负责下层设备的管理，同时向控制中心传送自己所负责区域内的报警情况。由一个区域控制器和一些探测器、声光报警设备等就可以组成一个简单的报警系统。

2. 入侵报警系统探测器的分类

入侵报警系统所用探测器的基本功能是感知外界、转换信息及发出信号。常见的入侵报警系统探测器有以下几种。

(1)开关探测器。常用的开关包括微动开关、磁簧开关两种。开关一般装在门窗上，线路的连接可分为常开和常闭两种。其中，常开式开关处于开路状态，当门、窗被推开时，开关就会闭合，使电路导通，启动警报。这种方式的优点是平常开关不耗电，可以使用电池为电源；其缺点是如果电线被剪断或接触不良，开关将失效。常闭式则相反。

(2)振动探测器。振动探测器主要用于铁门、窗户等通道和防止重要物品被人移动的地方，以机械惯性式和压电效应式两种形式为主。

机械惯性式探测器的工作原理是利用软簧片终端的重锤受到振动产生惯性摆动，振幅足够大时，碰到旁边的另一金属片而引起报警。压电效应式探测器的工作原理是利用压电材料因振动产生机械变形而产生电特性的变化，检测电路根据其特性的变化来判断振动的大小。由于机械惯性式探测器容易锈蚀，且体积较大，已逐渐被压电效应式探测器代替。

(3)玻璃破碎探测器。它使用压电式拾音器并将其安装在面对玻璃的位置上，因为它只对 10 k～15 kHz 的玻璃破碎高频声音进行有效的检测，所以，对行驶车辆或风吹门窗时产生的振动信号不会产生响应。目前的双探测技术特点是需要同时探测到破碎时产生的振荡和音频声响，才会产生报警信号，因而不会受室内移动物体的影响而产生误报。这增加了报警系统的可靠性，适合昼夜24 h防范，一般应用于玻璃门窗的防护。

(4)热感式红外线探测器。它又称为被动式立体红外线探测器，它是利用人体的温度所辐射的红外线波长(约 10 μm)来探测人体，故也称为人体探测器。

(六)楼宇对讲系统

楼宇对讲系统是为来访客人与住户之间提供双向通话或可视通话，并由住户遥控防盗门的开关或向保安管理中心进行紧急报警的一种安全防范系统，又称访客对讲系统。

楼宇对讲系统按功能可分为单对讲系统和可视对讲系统两种。

1. 单对讲系统

单对讲系统一般由电控防盗安全门、对讲系统、控制系统和电源等组成。多数基本功能型对讲系统只有一台设于安全大门口的门口机；而一部分多功能型对讲系统，除门口机外，还连有一台设于物管中心的管理员机(也称为主机)。在主机和门口机中，一般装有放大语音信号的放大电路和一个微处理机。

2. 可视对讲系统

可视对讲系统适用于单元式的公寓和经济条件比较富裕的家庭，它由视频、音频和可控防盗安全门等系统组成。视频系统的摄像机可以是彩色的，也可以是黑白的，最好选用低照度摄像机或外加灯光照明；摄像机的安装要求隐蔽且防破坏。户主可以从监视器的屏幕上看到访客的形象并且与其通话，从而决定是否打开可控的防盗安全门。

单元三　电话通信与计算机网络系统

一、电话通信系统

(一)电话通信系统的组成

电话通信系统是智能建筑内信息传输网的基本组成部分。传统的电话通信系统仅限于电话、电报等音频和低速数据通信业务，一般都采用音频电缆敷设。

通信的目的是实现某一地区内任意两个终端用户之间的信息交换。要达到这一目的，必须处理好信号的发送和接收、信号的传输及信号的交换三个问题。

电话通信系统由用户终端设备、传输系统和交换设备三大部分组成。

综合布线系统介绍

1. 用户终端设备

用户终端设备用来完成信号的发送和接收，主要设备有电话机、传真机及计算机终端等。

2. 传输系统

电话传输系统按传输媒介分为有线传输和无线传输。

(1)有线传输的传输媒介包括明线、电缆、光缆等。有线传输按传输信息工作方式又分为模拟传输和数字传输两种。

1)模拟传输是将信息转换成与之相应大小的电流模拟量进行传输，如普通电话。

2)数字传输则是将信息按数字编码方式转换成数字信号进行传输，数字传输具有抗干扰能力强、保密性高及电路集成化等优点，如现在的程控电话交换机。

在有线传输的电话通信系统中，传输线路有用户线和中继线之分。用户线是指用户与交换机之间的线路。两台交换机之间的线路称为中继线。

(2)无线传输的传输媒介包括短波、微波中继、卫星通信等。

3. 交换设备

交换设备按其使用场合可分为用于公用电话网的大型交换机(如市话交换机和长途交换机)和企事业单位内部进行电话交换的专用交换机(通常又称为小总机，或用户交换机)两类。

专用交换机一般容量不大，单位内部用户通话可不必绕经市话局，从而减轻市话局的话务负荷，缩短了用户线的距离。专用交换机有通用型和专用型之分。

通用型专用交换机适用于以话音业务为主的单位；专用型交换机适用于各种不同特点的单位，如宾馆型交换机，有长途电话即时计费、留言、客房状态、请勿打扰、叫醒服务及综合话音等功能。

另外，还有办公室自动化型、银行型及专网型等用户交换机。

(二)电话通信及其原理

电话通信是通过声能与电能相互转换，两个用户要进行通信，最简单的方式就是将两部电话机用一对传输线路连接起来。典型的线路包括窄带语音信号线路和多路复用信号线路两种。

(1)典型的窄带语音信号是带宽为300~4 000 Hz的模拟信号。为了能够提高传输速度和传输质量，语音信号在发送端设备中需要经过抽样、量化和编码等处理，变成数字信号后，经过传输线路送到接收端设备。在接收端将收到的数字编码信号还原成模拟语音信号。

(2)为了有效地利用通信线路，在数据通信系统或计算机网络系统中，一个信道同时传输多路信号，称为多路复用技术。采用多路复用技术可大大节省电缆的安装和维护费用。多路复用通常分为频分多路复用和时分多路复用。

1)频分多路复用(FDM)将传输频带分成多个部分，每部分均可作为一个独立的传输信道使用。在一对传输线路上可有多对话路信息传送，每一对话路所占用的只是其中的一个频段，信道之间不相互干扰。频分多路复用又称载波通信，它是模拟通信的主要手段。

2)时分多路复用(TDM)把一个传输通道按时间进行分割，每个时间间隔传输一部分话路的信息。将多话路设备接到一条公共的通道上，按一定的次序轮流给各个设备分配一段使用通道的时间。当轮到某个设备时，这个设备与通道接通，执行操作。与此同时，其他设备与通道的联系均被切断。等指定的使用时间间隔一到，则通过时分多路转换开关把通道连接到下一个要连接的设备上去。时分多路复用也称时间分割通信，它是数字电话多路通信的主要方法。

二、计算机网络系统

(一)计算机网络系统的组成

计算机网络系统主要由网络硬件系统和网络软件系统组成。

1. 网络硬件系统

组成局域网的网络硬件系统包括服务器、网络工作站、网络交换互联设备、防火墙及外部设备等。

(1)服务器即个人计算机(PC)。服务器应具有较高的性能，包括速度较快、内存及硬盘容量较大等。

(2)网络工作站。网络工作站是指能使用户在网络环境上进行工作的计算机(客户机)。网络工作站的作用就是让用户在网络环境下工作，并运行由网络上文件服务器提供的各种应用软件。

(3)网络交换互联设备。网络交换互联设备包括网络适配器、调制解调器、网络传输介质、中继器、集线器、网桥、路由器和网关等。

(4)防火墙。防火墙是指在内联网和互联网之间构筑的一道屏障，用以保护内联网中的信息、资源等不受来自互联网中非法用户的侵犯。

(5)外部设备。外部设备是指可被网络用户共享的、常用的硬件资源，如大型激光打印机、绘图设备及大容量存储系统等。

2. 网络软件系统

网络软件系统可分为网络系统软件和网络应用软件。

(1)网络系统软件是指控制及管理网络运行和网络资源使用的软件,它为用户提供了访问网络和操作网络的人机接口;在网络系统软件中最重要的是网络操作系统,它往往决定了网络的性能、功能、类型等。

(2)网络应用软件是利用应用软件开发平台开发出来的,是为某一个应用目的而开发的软件,如 Java、ASP、Perl/CGI、SQL 及其他专业应用软件。

(二)计算机网络系统的功能

现在的计算机网络系统功能多且强大,主要功能如下。

1. 信息的快速传递和集中处理

信息的快速传递和集中处理是指计算机网络系统可以将地理位置分散的各个单位或部门通过计算机网络连接起来相互交换信息,并可将来自各方的信息进行集中处理,以便对各个单位或部门进行控制和管理。

2. 资源共享

网络上的用户可以共享网络上的软硬件资源和数据资源。

3. 综合信息服务

通过计算机网络向全社会提供各种经济信息、科技情报和咨询等服务,并可传输数字、声音及图形图像等多种信息。

4. 提高计算机的可靠性

在计算机网络系统中,各计算机及一些软件资源可互为后备,故障机的任务可由其他计算机代为完成,极大地提高了计算机系统的可靠性。

5. 均衡负荷和分布处理

当某个主机的负荷过重时,可以将某些作业通过网络传送到其他主机处理,以提高设备的利用率。对于综合性的大问题,可以将作业分解后交给不同的计算机进行处理,达到均衡使用网络资源、实现分布式处理的目的。

(三)计算机网络的分类

计算机网络可分为广域网、局域网和城域网三类。

1. 广域网

广域网又称远程网。广域网一般利用电信或公用事业部门现有的公用或专用通信线路作为传输媒介,由多个部门或多个国家联合组建。其特点是覆盖范围很广,从覆盖几个城市到一个国家甚至全球。

1969 年美国国防部高级研究计划署组织研究开发的 APPA 网是较早出现的广域网之一,它已成为全球最大的广域网,即互联网。

2. 局域网

局域网是在局部范围使用的计算机网络,特点是覆盖的地理范围有限、规模较小、网内计算机及有关设备通常局限于一个单位、一幢大楼甚至一个办公室内。局域网组建方便,建网时间短,成本低廉,使用灵活,经济与社会效益显著。

3. 城域网

城域网通常覆盖一个城市或地区,介于广域网和局域网之间,它是在局域网的基础上发展起来的一类新型网络。随着计算机网络用户的日益增多和应用领域的不断拓宽,一般局域网已显得力不从心,新的应用要求将多个局域网互相连接起来,构成一个覆盖范围更大并支持高速传输和综合业务服务的、适于大城市使用的计算机网络,这样就形成了城域网。

单元四 弱电系统管理与维护

一、弱电系统运行环境要求

(一) 通信设备机房运行环境要求

1. 通信总机房运行环境要求

(1) 通信交换机机房:机房内应该设有两扇对外出入的门,一扇门在正常情况下关闭,另一扇门上应有明显的"通信交换机机房""机房重地,闲人免进"等标志牌。交换机房内应悬挂"室内禁止吸烟""交换机房管理规定"等标志牌。进入机房应换穿机房配备的专用拖鞋。地板应为专用的防静电地板。应安装专用空调,确保室内全天候在一定的温度和湿度范围内,并保持良好的通风状态。机房室内墙身、天花板、地板上应无渗水现象。机房内的照明要求接入确保回路,并保持良好状态。机房内不应堆放无关的杂物,并按要求配备灭火器。

(2) 通信机房内的电源室:门外应有明显的"通信机房电源室"标志牌。室内保持干燥,并在规定的温度和湿度范围之内。墙身、地面、天花板无渗水现象。电池组应放置在专用的电源架上,并保持清洁。室内严禁堆放杂物,并按要求配备灭火器。

(3) 话务员室:门外应有"话务员室""非工作人员严禁入内"等标志牌。门应使用向外开的防火门。室内应安装专用空调,确保室内保持一定的温度和湿度,并保持良好的通风状态。墙身、地面、天花板无渗水现象。墙身应挂有"话务员职责"等规章制度。室内按要求配备灭火器。

2. 通信管井房运行环境要求

门洞应有不低于 15 cm 的防水门槛,门向外开,使用防火门,门外应有明显的"通信管井房"标志牌。地板应用水泥砂浆铺平并涂刷上专用的防尘地板漆。通过楼板的管线孔洞应采用柔性填充材料进行密封。通信电缆应固定在管井内的支架上,每一楼层的管井房内如有配线架,应在该配线架上标明每对线的编号。并房内应有足够的照明,并应配置维修用的插座。

(二)安保监控系统设备间运行环境要求

安保监控系统设备间宜和消防控制中心同在一室,门外应有"控制中心机房""非值班人员严禁入内"等标志牌。室内应有禁烟标志牌。防火门应向外开,定期使用专用油漆刷新。机房使用专用防静电地板,并且无渗水、潮湿现象。地板下铺设的管线应分别用标志牌标明。线管内的各类信号线、电源线应整洁有序。墙身、天花板无渗水、漏水现象。室内使用专用的空调,确保室内全天候保持在一定的温度和湿度范围之内,并保持良好的通风状态。墙上应悬挂 BA 自动控制的模拟屏或相关系统的系统图。UPS 不间断电源的电池表面清洁、无灰尘,现场应有有关电池电量的测量记录。自控系统用的计算机、打印机,应保持良好的状态,机内外整洁干净,无浮尘。安保监控系统的主机设备,应保持良好的状态,设备上无灰尘、电源线、信号线整齐,并做好分类。室内和所有机柜内禁止放置无关的杂物,并按要求配备灭火器。

二、广播系统管理与维护

1. 广播系统管理

为使广播系统能发挥其宣传效力,便于统一管理,应制定相应的管理制度。其管理制度主要包括以下内容:

(1)非工作人员未经许可,不得擅自进入广播室。工作人员离开广播室时,应随手锁门,妥善保管钥匙,不得交给非工作人员。

(2)播音系统实行专人管理,非本部门专业人员严禁随意操作,一旦发现将按违纪处理,若有损坏,按原价赔偿。播音系统应定期养护、维修。

(3)播音系统的选曲、播放应由公司统一决定,不得随意更改,不得将非公司的 CD、卡带带入公司,也不得将公司的 CD、卡带带离公司。不得将与播放无关的其他音像资料带入广播室。

(4)两班的交接须留交班表,记录播音状况及有无 CD、卡带损坏的情况。

(5)播音系统免费为顾客提供寻物、寻人启事,广播前应由顾客填写详尽的内容存档保留。

(6)工作人员须经过培训并熟练掌握设备操作技能,严守岗位,提前审查播放的节目,播放期间不得擅自离开,对播放节目内容和质量做好实时监听。

(7)播放内容出现意外,须立即采取有效措施,中断播出,并及时向有关领导报告。

(8)广播员每次播出后及时做好有关记录。

(9)保持环境整洁、美观,播放控制台、播放设备等放入专用机柜,连接线缆规范、安全并经常进行安全检查,切实做好防盗、防火和防漏电等工作,防患于未然。

2. 广播系统维护

广播系统维护工作主要包括以下几点要求:

(1)广播系统要做好运行维护、管理工作并根据运行情况提出设备更新、技术改造和大修计划。

(2)维护人员对发生的故障进行及时有效的处理，并进行认真分析，总结经验教训，制定防范措施，并向上级部门报告。

(3)组织部门运行、维护人员的岗位考核，提高上岗人员的技术水平和处理故障的实际能力。

(4)负责部门资产的管理，负责技术资料、图纸、技术文件的收集、整理、保存等管理工作。

(5)设备如有损坏应及时送修。

三、有线电视系统管理与维护

(1)保证系统选用器件的质量。电子器件的质量高低对系统优劣影响很大。例如放大器的噪声系数大小是限制其灵敏度的主要因素。所以，一般的天线放大器要求其噪声系数为 5~8 dB，线路放大器为 8~12 dB。

(2)保证输出端正常。系统组成和传输网络要合理，线路和器件的敷设要牢固，特别是接触点不能有松动和虚焊，输出端不能短路。

(3)调试用户端电平及倍噪比。要使用户能获得 4 级电视图像，一般应有 60 dB 的信号电平才合理，否则图像质量变坏，并会产生雪花干扰；但信号太强也会使图像质量下降，一般彩电控制在 75 dB 左右；噪声是反映各种内外干扰电压的总称。如果噪声过大，电视图像会有网状白线、黑线；画面会出现翻滚扭曲和重影等问题，同时，伴音质量也会大为降低。因此，在 CATV 系统中，倍噪比一般不应低于 43 dB。

(4)交调与互调指数要符合规定。交调与互调都是反映信号对电视图像的干扰。交调的干扰反映在画面上是有一条白而光的条带水平移动。互调干扰则是出现网纹或斜纹的干扰图像。我国规定交调指数 CM>49 dB，互调指数 IM>54 dB。

(5)保证定期维护。经常对线路巡检，对天线分配器、放大器、分支器等重要器件定期进行调试，保证参数的正确和合理。

四、安保系统管理与维护

1. 出入口控制系统管理与维护

确保出入口对象识别装置、控制及信息处理系统、报警装置、楼宇对讲电控防盗门系统等工作正常。出入口控制系统管理与维护工作应做到以下几点：

(1)门磁开关调整间隙应符合要求。

(2)电控锁功能应有效,工作正常。

(3)对讲电话分机应话音清楚、功能有效。

(4)读卡器应清洁、功能有效,指纹、掌纹等识别器应清洁、功能正常,门开关状态良好。

(5)电控锁确保机械和电动机正常。

(6)出入口数据处理设备应齐全有效。

2. 闭路电视监控系统管理与维护

(1)摄像机应清洁,确认监控方位和原设计方案相一致。

(2)室内外防护罩应清洁、牢固,进线口密封良好。

(3)监视器应清洁,散热应正常,确认图像质量和原设计方案相一致。

(4)云台应清洁、牢固,上下左右控制应灵活有效;镜头的调整、控制应灵活有效。

(5)硬盘录像机控制、预览、录像、回放及图像质量应符合设计要求;视频和报警联动应齐全有效;硬盘录像机感染计算机病毒时应杀毒、升级;硬盘录像机机器内应清洁、除尘,确认散热风扇工作正常;硬盘录像机时钟应定期校验,误差小于60 s。

(6)对图像传输、编解码设备及时进行检查、调试。

(7)系统在维修过程中应不影响系统的正常运行。

3. 电子巡更系统管理与维护

(1)电子巡查信息钮应牢固。

(2)巡更棒时间验证应正常,时间误差小于60 s。

(3)保安巡逻按钮应清洁、牢固。

(4)巡更管理软件应齐全有效,数据传输应齐全有效。

(5)确保巡更设置功能、记录打印功能、管理功能等工作正常。

4. 停车场管理系统管理与维护

确保识别功能、控制功能、报警功能、计费功能等工作正常。停车场管理系统管理与维护工作应做到以下几点:

(1)收费显示屏保持清洁,时间误差小于60 s。

(2)自动道闸起落应平稳、无振动。

(3)卡读写系统应齐全有效。

(4)临时卡计费器应齐全有效。

(5)管理主机应齐全有效。

(6)数据通信应齐全有效。

5. 楼宇对讲系统管理与维护

(1)楼宇对讲系统主机应功能有效,时间误差小于60 s。

(2)对讲电话分机应话音清楚、功能有效。
(3)可视对讲摄像机图像应清晰,可视对讲机功能应有效。
(4)电控锁功能应有效,防拆功能有效。
(5)门开关状态良好,电控锁确保机械和电动机正常。

五、通信网络系统管理与维护

通信网络系统管理与维护主要包括物理安全、访问控制、传输安全和计算机病毒的预防。

(一)物理安全

(1)埋设电缆应有一定的深度和明显的标志,在电缆外面还要有可靠的保护层,避免电缆因洪水、火灾等灾害而损坏。
(2)放置服务器的场所应该干燥,温度适宜。
(3)办公室的终端或工作站的接线盒设必须在墙上,以免踩断电缆。

(二)访问控制

访问控制可以从以下三个方面进行控制。

1. 网络用户注册

网络用户注册是网络安全系统的最外层防线,只有具有网络注册权的用户才可以通过这一层安全性检查,在注册过程中,系统会检查用户名及口令的合法性,不合法的用户将被拒绝进入。

2. 网络用户访问资源的权限

网络管理系统可以显示用户的应用类型及所需的网络资源,为用户制定网络资源访问权限。一般来说,网络资源包括网络服务器的文件系统、网络服务器及外部通信设备。用户权限主要体现在用户对所有系统资源的可用程度上。

3. 文件属性

对于文件属性进行设置可保证文档的安全,这种安全措施尤其对共享文件特别有用。如果文件属性是"只读",无论用户访问资源的权限如何,用户对该文件都只能读,不能编辑、更名或删除。因此,文件属性的安全性优于用户权限。

(三)传输安全

传输安全要注意防止网上信息的泄漏和破坏。防止网上信息的泄漏或破坏的主要途径是采用密码技术,在发送站先进行信息加密,再由接收站解密。不掌握解密技术就不知道信息的真正内容,同时,因为伪造信息者不知道如何正确加密,所以,假信息很容易被识别出来。

(四)计算机病毒的预防

计算机病毒是指某些人编制的或者在计算机程序中插入的,能够破坏计算机功能或者破坏数据,影响计算机使用并且能够自我复制的一组计算机指令或程序代码。

计算机病毒是威胁通信系统安全的大敌,应受到高度重视。防杀病毒应该从多方面进行。

(1)使用正版操作系统,防止利用系统漏洞传播的病毒有机可乘;确定系统登录密码已设定为强密码;关闭不必要的共享或将共享资源设为"只读"状态;留意病毒和安全警告信息,做好相应的预防措施。

(2)选择安装优秀的反病毒软件。优秀的反病毒软件可以自动连接到互联网上,并且只要软件厂商发现了一种新的威胁就会添加新的病毒探测代码,反病毒软件能够主动实时升级更新病毒库。

(3)定期扫描,定期更新。通常,反病毒软件都能够被设置成在计算机每次启动时扫描系统或者在定期计划的基础上运行。

(4)不轻易打开附件中的文档文件。他人发送过来的电子邮件及相关附件的文档,首先要用"另存为"命令("Save As")保存到本地硬盘,待用查杀计算机病毒软件检查无毒后才可以打开使用。

(5)不轻易执行附件中的可执行程序。它们极有可能带有计算机病毒或是黑客程序,轻易运行,很可能带来不可预测的结果。对于任意电子邮件中的可执行程序附件都必须检查,确定无异常后才可使用。

(6)不直接运行附件。对于文件扩展名比较特殊的附件,或者是带有脚本文件(如 *.VBS、*.SHS 等)的附件,不要直接打开,一般可以删除包含这些附件的电子邮件,以保证计算机系统不受计算机病毒的侵害。

实践与训练

一、实训内容

1. 调查学校广播站的广播音响系统资料。
2. 调查学校网络中心的计算机网络系统资料。

二、实训步骤

1. 分小组进行资料的收集及整理。
2. 从网上查找与本任务内容相关的设计方案,打印后各小组相互评议。
3. 撰写实训报告。

模块十　学生实训考核表

姓名		班级		小组	
实训模块	弱电系统				
考核内容	分值	自评	小组互评	教师评价	
不迟到早退，出勤情况良好，任劳任怨，勇于实践，态度谦逊，勤学多问	20				
在实训过程中，能理论联系实际，较好地完成实训任务	20				
能较好地完成资料的收集与整理；能积极参与小组讨论，并提供合理的建议	20				
能较好地完成实训报告，报告叙述条理清楚、内容详实	20				
在小组合作中，具有良好的沟通、协作能力	20				
评价汇总	100				
考核总分					

注：总评成绩＝自评成绩×30％＋小组评价×20％＋指导教师评价×50％

模块小结

本模块主要介绍了广播与有线电视系统、安保系统、电话通信与计算机网络系统的分类、组成与设备，弱电系统运行环境要求，广播系统管理与维护，有线电视系统管理与维护，安保系统管理与维护，通信网络系统管理与维护等内容。通过本模块的学习，应对弱电系统有系统认识，并能进行日常管理与维护。

思考与练习

一、填空题

1. 在民用建筑工程中,广播系统可分为_____、_____和_____三种类型。
2. 广播系统由_____、_____、_____以及_____四部分组成。
3. 有线电视系统由_____、_____、_____和_____四部分组成。
4. 安保系统的作用是提供_____、_____和_____三个层次的保护。
5. 闭路电视监控系统按功能可以分为_____、_____、_____和_____四个部分。
6. 电话通信系统由_____、_____和_____三大部分组成。
7. 计算机网络系统主要由_____和_____组成。

二、简答题

1. 广播系统常用设备有哪些?
2. 什么是混合器?其作用是什么?
3. 常见的出入口控制方式有哪些?
4. 什么是电子巡更系统?
5. 什么是可视对讲系统?
6. 通信总机房运行环境要求有哪些?
7. 如何进行广播系统维护?
8. 如何预防计算机病毒?

模块十一　建筑智能化系统

知识目标

了解建筑智能化的功能、特点、发展趋势、组成；熟悉住宅小区智能化系统；掌握建筑智能化物业管理。

能力目标

能够协助进行建筑智能化系统的布置；能够协助设计住宅小区智能化系统；能够对物业管理的智能化系统进行科学的维护管理。

素质目标

具有较好的学习新知识和技能的能力。

案例导入

智慧住宅：开启社区智慧新时代

智慧社区是智慧城市概念之下的社区管理的一种新理念，是新形势下社会管理创新的一种新模式。2012年住建部颁布《国家智慧城市试点暂行管理办法》，智慧城市至此上升为国家层面方针政策。

智慧生活引领行业"智慧革命"

近年来，全国不同行业的"互联网+"创新创业实践迅速开展，由互联网企业、通信企业和物业企业推进的智慧社区建设也在全国兴起。许多房地产公司为完善物业服务，提升自身服务质量，增加企业社会认可度，有实力的大型物业公司也在物业管理领域积极推进智慧小区建设，兴起物业管理系统内部的智慧革命。

例如，2019年，融创已开始推进智慧社区建设，携手阿里、海康、云智易等10余家科技企业，打造定制化智慧社区平台。融创智慧社区平台采取云边协同+分层架构设计，实现了强大算力、业务快速智慧的响应和未来自由扩展。

保利地产将智慧服务归类到智慧物业领域，分为智慧家居服务、智慧社区建设与设备EBA物联网建设三方面来进行有机结合，关注客户服务触点，提供定制服务，加强物业降本增效管控，通过行为分析产生附属经济价值。

　　另外，碧桂园智慧社区服务已经融入到业主生活中的方方面面，智能门禁、数字物管等技术在碧桂园小区中随处可见。人脸识别进出小区门，3秒即可刷脸通过；突然下雨赶不回去，能通过APP迅速联系物管帮忙收衣服；智慧家居安防系统与物管联网，业主不在家时可开启外出模式，一旦家里出现陌生人的活动轨迹，会自动触发警报，通知保安迅速上门查看……几十项先进技术在碧桂园小区内集成应用，让居民生活更加便利。

科技赋能打造"智慧"社区

　　在不断摸索智慧化社区的过程中，行业越来越意识到，智慧化难的不是技术本身，而是在实践中如何通过科技手段将用户需求、空间属性、设备功能、服务内容等对接起来，并从社区管理、人居生活等场景实现有效应用。

　　例如，碧桂园小区引入智慧车牌识别系统，车牌识别技术结合ETC电子系统识别车辆，过往车辆通过道口时无需停车，即能够实现车辆身份自动识别。在小区物业管理中，车牌识别只针对小区业主，外来车辆严禁放行。开车入场时，高清摄像机通过地感线圈触发，抓取车牌图像。通过车牌提取、图像预处理、特征提取、车牌字符识别等技术，将图像信息转化为计算机语言，再将信息传输给服务器。服务器保存信息开始计费，同时向道闸发送信号，道闸同步抬杆放行。省去了人工取卡、人工收卡的步骤，提高了进出场效率。

　　不仅如此，碧桂园的小区还配备了云可视对讲，以物业管理机房为主，实现业主、物业和单元门口主机三方对话，大大的提高了日常的便利性。可以通过视频和通话双重安全识别鉴定访客的身份，不需要开门就能和访客交流，操作简单便捷，方便老人和孩子使用。同时还搭载社区云监控，业主可以通过手机下载安心家APP，实现实时监控小区的功能，通过安心家APP，无论在哪里都能清楚的看到小区休闲场地的人多不多，孩子放学了是不是在小区里玩耍。

　　同时，碧桂园小区内部还设置了电子脉冲围墙，主动红外线对射探测器，对周界进行合理的分段警戒并录像，当有人翻越围墙便会自动报警。

问题：
1. 谈论一下，未来智能化小区将如何发展？
2. 作为物业管理人员，该如何适应建筑智能化的发展？

单元一　建筑智能化概述

一、建筑智能化的功能

　　(1)安全功能。安全功能包括周界防卫系统、电视监控系统、巡更系统、门禁对讲系统及室内安全防范系统。

(2)通信功能。通信功能除传统的电视网络和电话网络外,Internet通信接入网是智能建筑和智能小区必不可少的设施。

(3)管理功能。管理功能包括楼宇设备自控系统、车库出入口管理系统、广播音响系统、灯光控制系统、远程抄表系统及家电远程控制系统。

何为智能楼宇管理系统

二、建筑智能化的特点

建筑智能化是指以建筑为平台,兼备建筑设备、办公自动化及通信网络系统,集结构、系统、服务、管理于一体,向人们提供一个安全、高效、舒适和便利的建筑环境。其特点如下:

(1)节能。在满足使用者对环境要求的前提下,智能建筑可以最大限度地减少能源消耗。

(2)经济。依靠智能建筑的智能化管理功能,可降低机电设备的维护成本,同时,由于系统的高度集成,系统的操作和管理也高度集中,人员安排更合理,使得人工成本大大降低。

(3)高效。在信息时代,时间就是金钱,智能系统可以大大提高工作效率。

(4)灵活。智能建筑的建筑结构设计具有智能功能,是开放式框架剪力墙结构,允许用户迅速而方便地改变建筑物的使用功能或重新规划建筑平面。室内办公场所必需的通信与电力供应也具有极大的灵活性。

(5)舒适。智能建筑有全套安保、消防、各类设备的自动控制系统,为人们带来了更加安全、健康、舒适的生活和工作环境。

三、建筑智能化的发展趋势

随着计算机技术、现代通信技术和自动控制技术的迅速发展,智能化建筑在发达国家应运而生。智能大厦是现代建筑技术与高新技术相结合的产物。1984年,美国康涅狄格(Connecticut)州哈特福德(Hartford)市将一座旧式大楼改造,并且对大楼的空调、电梯、照明、防盗等设备采用计算机进行监测控制,为客户提供语音通信、文字处理、电子邮件和情报资料等信息服务,被称为世界上第一座智能化大楼。1985年,日本东京的一座智能大厦竣工,从此智能建筑引起了世界各国的关注。

目前,国外智能建筑正朝两个方面发展,一方面智能建筑不限于智能化办公楼,正在向公寓、酒店、商场等建筑领域扩展,特别是向住宅扩展,即所谓的电脑住宅,由计算机系统根据天气、温度、湿度、风力等情况自动调节窗户的开闭、空调器的开关,以保持房间的最佳状态。例如天气不好或刮风下雨,窗户便立即关闭,空调器开始工作;如果看电视时电话铃响了,则电视机音量会自动降低;夜间的立体声音响过大,房间的窗户也会自动关闭,以免影响他人等;另一方面,智能建筑已从单一建造到成片规划、成片开发,它最终或许会导致"智能广场""智能社区"的出现。

单元二　建筑智能化系统简介

一、综合布线系统

1. 综合布线系统的定义及作用

综合布线系统（Premises Distribution System，PDS）是一套集成化通用的传输系统，它综合了智能建筑中的语音、数据、图像信号，并将多种设备纳入这套标准的配线系统，各种设备可以方便地插入统一的、标准的信息插座，有效地提高了传输系统的兼容性，满足了设备扩充和重新组合的需要，从而促进了通信、信息网络结构的通用化、集成化和模块化。

综合布线系统的作用是将所有语音、数据、视频、弱电监控信号等信息传输所需要的布线，经过统一的规划设计，综合在一套标准的布线系统中；将智能建筑的各项智能化系统（包括 BA 系统、CA 系统、OA 系统、FA 系统和 SA 系统等）有机地互相连接起来，为智能建筑提供统一的物理传输介质。

2. 综合布线系统的组成

综合布线系统由以下六个子系统组成：

（1）工作区子系统。工作区子系统由终端设备连接到信息插座的连线组成，包括信息插座、连接软线、适配器等。

（2）水平干线子系统。水平干线子系统由信息插座到楼层配线架之间的布线等组成。

（3）管理区子系统。管理区子系统由交接间的配线架及跳线等组成，有时将它归入水平布线子系统。

（4）垂直干线子系统。垂直干线子系统由设备间子系统与管理区子系统引入口之间的布线组成。

（5）设备间子系统。设备间子系统由建筑物的进线设备、各种主机配线设备及配线保护设备组成，有时将它归入建筑物主干布线系统。

（6）建筑群子系统。建筑群子系统指由建筑群配线架到各建筑物配线架之间的主干布线系统。建筑群主干布线宜采用光缆。

二、建筑设备自动化系统

建筑设备自动化系统是对建筑物（或建筑群）内的电力、照明、空调、运输、防灾、保安等设备进行集中监视、控制和管理的一个综合系统。它提供了安全、健康、舒适、温馨的生活环境和高效的工作环境，并能保证系统运行的经济性和管理的智能化。建筑设备自动化系统的组成如下。

1. 电力系统

确保电力系统安全、可靠供电是智能建筑正常运行的先决条件。除继电保护与备用电源自动投入等功能要求外,必须具备对开关和变压器的状态系统的电流、电压、有功功率与无功功率等参数的自动监测能力,进而实现全面的能量管理。

2. 照明系统

照明系统的能耗仅次于供热、通风与空调系统,并导致冷气负荷的增加。智能照明控制应十分重视节能。例如,人走灯熄;用程序设定开/关灯时间,如客户需要加班则用电话通知中控室值班人员,在计算机上修改时间设定;利用钥匙开关、红外线、超声波及微波等测量方法,一旦人离开室内,5 s 内自动关灯。国外的分析报告指出,按这三种设计方案,照明控制大概可节约 30%～50% 的照明用电。

3. 空调与冷热源系统

降低空调系统的能耗可采取下列措施:设备的最佳启停控制;空调及制冷机的节能优化控制;设备运行周期控制;蓄冷系统最佳控制。

4. 电梯系统

电梯系统利用计算机实现群控,以达到优化传送、控制平均设备使用率与节约能源运行管理等目的。电梯楼层的状况、电源状态、供电电压及系统功率因数等也需监测,并联网实现优化管理。

5. 消防自动化系统(FAS)

装有火灾自动报警系统的建筑物,当火灾发生时,由于报警及时,火灾被消灭在初期,大大减少了火灾的危害。FAS 能够及时报警和输出联动控制信号,是早期报警的有力手段,由火灾探测器、火灾报警控制器、火灾报警装置及火灾信号传输线路等组成。其基本功能如下:

(1)具有火灾的声、光信号报警,能显示失火位置并有记忆功能。

(2)具备故障自动监测功能。当发生如断线、接触不良或探测器被盗等问题,系统会发出报警信号。碰巧故障与火灾同时发生,则系统具有火警优先功能。

(3)具有对探测器及其报警回路进行自检的功能,可确保系统经常处于正常状态,提高其可靠性。

6. 智能建筑安防系统(SAS)

楼宇中设立安防系统,在具有 SAS 的智能建筑内,不仅要对外部人员进行防范,而且要对内部人员加强管理。对于重要地点、物品还需要特殊的保护。所以,现代化大楼需要多层次、立体化的安防系统。智能建筑安防系统具有防范、报警、监视与记录、系统自检和防破坏等功能。

三、智能建筑通信网络系统

智能建筑通信网络系统是保证建筑物内的语音、数据、图像传输的基础,智能建筑通信网络系统的组成比较复杂，归纳起来一般包括以下内容：

(1)程控电话系统。程控电话系统通常在各类建筑物中都要设置。智能建筑中的程控电话系统交换设备一般采用用户程控交换机，其不仅能提供传统的语音通信方式，还能实现数据通信、计算机局域网互联。

(2)广播电视卫星系统。通过架设在房顶的卫星地面站可直接接收广播电视的卫星信号。

(3)有线电视系统。智能建筑有线电视系统要求信号双向传输，并可支持混合光纤同轴电缆。

(4)视频会议系统。视频会议系统是利用图像压缩编码和处理技术、电视技术、计算机网络通信技术和相关设备、线路，实现远程点对点或多点之间图像、语音、数据信号的实时交互式通信系统，可大大节省时间、提高会议效率、降低会议成本。

(5)公共/紧急广播系统。公共/紧急广播系统包括一般广播、紧急广播和音乐广播等部分。

(6)VSAT卫星通信系统。VSAT卫星通信系统具有小口径天线的智能化的地球站，可以单向或双向传输数据、语音、图像及其他综合电信和信息业务。

(7)同声传译系统。同声传译系统是译员通过专用的传译设备提供即时口头翻译的系统。

(8)接入网。从现代网络功能角度看，通信网由传输网、交换网和接入网三部分组成。电信网的接入网是指本地交换机与用户之间连接的部分；有线电视的接入网是指从前端到用户之间的部分；而数据通信网的接入网是指通信子网的边缘路由器与用户PC之间的部分。

(9)计算机信息网络。在智能建筑中的OAS网络、BMS/IBMS管理层网络，以及互联网和内联网，都属于计算机信息网络范畴。

(10)计算机控制网络。在智能建筑中，各建筑设备的监控、各建筑智能化子系统(BAS、FAS、SAS等)都是建立在计算机控制网络基础之上的。

(11)微小蜂窝数字区域无绳电话系统。微小蜂窝数字区域无绳电话是一种介于固定电话和蜂窝移动电话之间的微小区或微微小区的无线技术，作为有线电话网的无线终端与延伸，主要向低速移动用户提供无线接入。

(12)移动通信中继系统。当建筑物地下层或地上部分其他区域由于屏蔽效应出现移动通信盲区时，可设置移动通信中继系统(基站)，与公用网移动电话系统相连接。

四、办公自动化系统

办公自动化系统分为通用办公自动化系统和专用办公自动化系统。

通用办公自动化系统具有建筑物的物业管理营运信息、电子账务、电子邮件、信息发布、信息检索、导引、电子会议及文字处理、文档等管理功能。

专用办公自动化系统除具有上述功能外，还能按其特定的业务需求进行管理。专用办公自动化系统针对各个用户不同的办公业务需求而开发，如证券交易系统、银行业务系统、商场POS系统、ERP制造企业资源管理系统及政府公文流转系统等。

办公自动化系统通常由系统硬件和系统软件组成。

1. 办公自动化系统硬件

办公自动化系统硬件可分为办公设备和网络设备两类。办公设备一般可分为输入设备、处理设备、存储设备、输出设备、复制设备、通信设备及销毁设备等七大类。网络设备包括调制解调器或网络接口卡、传输介质（双绞线、光缆）、集线器（HUB）及网络互联设备（网桥、路由器、网关）等。

2. 办公自动化系统软件

办公自动化系统软件分为系统软件、支撑软件和应用软件。

五、建筑智能化的系统集成

建筑智能化的系统集成就是通过结构化综合布线技术和计算机网络技术，将构成智能建筑和子系统的信息资源集成到一个统一的信息平台上，通过对信息资源的处理、重组、统计和分析，使资源达到充分的共享，管理实现高度的集中，以实现信息综合、资源共享和设备的互操作。

（1）集成化的体系可以在一个总的系统内部实现对各类机电设备、电力、照明、空调、电梯、保安和消防浑然一体的控制。

（2）集成化的体系可以使楼宇的总体设计统一考虑各个子系统的硬件和软件配置，不会再重复设置而减少冗余。

（3）集成化采用了统一的模块化硬件和软件组成的体系结构，使智能建筑物业管理人员易于掌握管理技术和参与系统的保养、维修。

（4）集成化的体系可以使各个子系统的管理集中到多个中央监控管理主机上，并采用统一的并行处理和分布式操作结构。

（5）集成化的体系便于采用弱电总承包的施工方式，有利于工程进度，保证工程质量。

（6）集成化的体系结构采用模块化分布处理方式，具有很强的灵活性，可以满足那些对建成项目有经常修改调整要求的投资商。

（7）集成系统通过对空调、照明等子系统的综合控制管理，带来了明显的节能效益。

系统集成的建设，将逐步形成一个完整的、科学的和实用的数字化信息网，这对建立和完善我国城市现代化管理体系、促进建筑技术学科发展具有重要的推动作用。智能建筑系统集成是发展环保技术、美化城市环境的一项行之有效的措施。

单元三　住宅小区智能化系统

住宅小区智能化系统通常由家庭智能化系统、小区智能物业管理系统和小区通信网络系统组成，如图11-1所示。

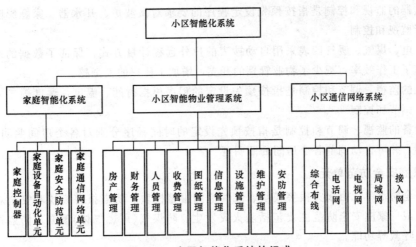

图 11-1　小区智能化系统的组成

一、家庭智能化系统

家庭智能化系统是指对业主家中的温度、湿度、电器、照明、安全防范及通信等进行集中智能化操作控制，使整个住宅运作处于最佳状态的综合服务环境。因此，家庭智能化系统实际上就是围绕着物业的各种功能能否发挥出最佳效果而进行设计的。其主要包括以下几部分。

(一)家庭控制器

智能住宅是将家庭中各种与信息相关的家用电器和家庭保安装置等，通过家庭总线技术连接到一个家庭自动化系统上进行集中的或异地的监视、控制和家庭事务性管理，并保持这些家庭设施与住宅环境的和谐与协调。家庭控制器连接家庭总线系统，通过家庭总线系统提供各种服务功能，能和住宅以外的外部世界相连接。

家庭控制器是智能小区集成管理系统网络中的智能节点，是家庭智能化系统的"大脑"，是家庭与智能小区管理中心的联系纽带。应把家庭控制器主机、家庭通信网络单元、家庭设备自动化单元和家庭安全防范单元有机结合起来。

家庭控制器主机是由中央处理器CPU、通信模块组成，通过总线与各种类型的模块相连接，通过电话线路、计算机互联网、CATV线路与外部相连接。家庭控制器主机根据其内部的软件程序，向各种类型的模块发出各种指令。

(二)家庭设备自动化单元

家庭设备自动化单元由照明监控模块、空调监控模块、电器设备监控模块以及电表、水表、暖气、煤气数据采集模块组成。家庭设备自动化主要包括电器设备的集中遥控、远距离异地的监视、控制及数据采集。

家用电器的监视和控制是指按预先设定程序的要求对微波炉、开水器、家庭影院等家用电器设备进行监视和控制。

对水、电、煤气、暖气四表采用自动抄表的户外远程计量方式,保证了数据的准确性、一致性,提高了工作效率,减少了物业管理的开支,增加了住户的安全感。

空调机的监视、调节和控制是指按预先设定的程序根据时间、温度、湿度等参数对空调机进行监视、调节和控制。

照明设备的监视、调节和控制是指按预先设定的时间程序分别对各个房间照明设备的开、关进行控制,并可自动调节各个房间的照明度。

(三)家庭安全防范单元

家庭安全防范单元由火灾报警模块、煤气泄漏报警模块、防盗报警模块和安全对讲及紧急呼救模块组成。家庭安全防范主要包括防火灾发生、防煤气(可燃气体)泄漏、防盗报警、安全对讲及紧急呼救等功能。

1. 防火灾发生

通过设置在厨房的感温探测器和设置在客厅、卧室等的感烟探测器,监视各个房间内有无火灾的发生。如果有火灾发生,家庭控制器会发出声光报警信号,通知家人及小区物业管理部门。家庭控制器还可以根据有人在家或无人在家的情况,自动调节感温探测器和感烟探测器的灵敏度。

2. 防煤气(可燃气体)泄漏

通过设置在厨房的煤气(可燃气体)探测器监视煤气管道、灶具有无煤气泄漏。如果有煤气泄漏,家庭控制器会发出声光报警信号,通知家人及小区物业管理部门。

3. 防盗报警

防盗报警包括住宅周界和住宅内区域的防护。

(1)住宅周界防护,指在住宅的门、窗上安装门磁开关。

(2)住宅内区域防护,指在主要通道、重要的房间内安装红外探测器。当家中有人时,住宅周界防护的防盗报警设备(门磁开关)设防,住宅内区域防护的防盗报警设备(红外探测器)撤防。当家人出门后,住宅周界防护的防盗报警设备(门磁开关)和住宅区域防护的防盗报警设备(红外探测器)均设防;当有非法侵入时,家庭控制器发出声光报警信号,通知家人及小区物业管理部门。另外,通过程序可设定报警点的等级和报警器的灵敏度。

4. 安全对讲

住宅的主人通过安全对讲设备与来访者进行双向通话或可视通话,确认是否允许来访者进入;住宅的主人利用安全对讲设备,可以对大楼入口门或单元门的门锁进行开启和关闭控制。

5. 紧急呼救

当遇到意外情况发生时,按动报警按钮向小区物业管理部门进行紧急呼救报警。

(四)家庭通信网络单元

家庭通信网络单元由电话通信模块、计算机互联网模块及CATV模块组成。

家庭通信网络单元通过电话线路双向传输语音信号和数据信号；通过互联网实现信息交互、综合信息查询、网上教育、医疗保健、电子邮件及电子购物等功能；通过CATV线路实现VCD点播和多媒体通信等功能。

二、小区智能物业管理系统

(1)房产管理。通过房产住户明细表可方便地查找房号所对应的住户详细信息，如房产档案、业主档案、出租管理和产权管理等，并可对大量资料及时进行分类、加工处理、保存和传递。

(2)财务管理。实现小区财务的电子化管理，与相关银行合作，实现业主费用的直接划拨。

(3)人员管理。小区的人员管理主要包括人事管理、合同管理、工资管理、考勤管理等。

(4)收费管理。业主可以通过IC卡缴纳物业费用，包括租金，水、电、煤气、暖气四表收费，各种日常服务收费(如有线电视、停车、洗衣、清洁和网络服务等)。

(5)图纸管理。图纸管理是指对所管理小区各种建设图纸的管理。图纸的管理为小区的维护和功能变更提供有力保障，避免出现反复填挖的工程施工混乱局面。

(6)信息管理。信息管理是指在小区局域网络上，能够向用户发布如天气预报、电视节目、新闻等各种信息和提供外连服务，并能满足用户对费用查询、报修、投诉要求、网上购物和网上订票等服务。

(7)设施管理。设施管理是指对小区内的公共设施、设备运行状况进行监控，并对公共设施和设备及时进行维护和修理。发现影响小区道路交通、环境卫生、楼内电梯等设备运行、供电、供水、供气、排水等问题，及时处理，保障小区内的基础设施正常有效的运转。

(8)维护管理。维护管理是设施管理的进一步强化，其中，最为重要的是楼房的维修，根据不同住宅的实际状态，提出维修方案、费用和养护手段。

(9)安防管理。安防管理主要包括门禁系统、巡更系统、报警系统和住宅安防的一卡通等。

三、小区通信网络系统

小区通信网络系统是智能小区的系统支撑平台。其是一个非常重要的系统，而且发展速度最快。它也是未来小区增值服务的主要方向，其功能主要包括以下几个方面：

(1)把用户的智能控制系统、语音、视频点播及互联服务有机地联系起来。

(2)将小区的公共服务系统联系起来。

(3)把小区与外界以适当的方式联系起来。

(4)把单个住宅与小区物业管理联系起来。

单元四　建筑智能化物业管理

一、建筑智能化物业管理的定义

建筑智能化物业管理是指由专门的机构和人员，在建筑智能化系统的支持下，依照合同和契约，采用先进和科学的方法与手段，对已竣工验收投入使用的建筑智能化、附属配套设施、设备资产及场地以经营的方式进行管理，同时，对建筑的环境、清洁绿化、安全保卫、租赁业务、机电设备运行与维护实施一体化的专业管理，并向建筑的使用者与承租者提供高效和完善的优质服务。

二、建筑智能化物业管理的特点

(1)建筑智能化物业管理的最主要特征是信息系统集成。建筑智能化物业管理的信息化建立在网络集成、系统集成和数据库集成的一体化信息系统集成平台上。

(2)建筑智能化物业管理充分体现了现代管理的理念，即管理无时不在、管理无处不在；同时，管理是双向的，管理者和被管理者共同参与管理。

(3)建筑智能化物业管理通过网络自动实现信息的采集和综合、信息的分析和处理、信息的交换和共享。信息采集的动态性具体表现为实时性和可靠性。

1)实时性不仅表现在物业管理的数据库大都可以自动生成上，还表现在智能建筑物业管理可以通过智能系统所提供的机电设备运行状态和各种信息，对突发事件和现场形势进行有效控制上。

2)可靠性表现在建筑智能化物业管理的实时监控信息是由系统提供的，可以避免人为抄写和传递过程中的误差，大大提高了采集数据的可靠性。

三、建筑智能化物业管理的内容及目标

(一)建筑智能化物业管理的内容

1. 经营管理

经营管理包括收支管理，预算管理，委托契约管理，租金管理和订、退契约的管理。

(1)收支管理是指经营现状及收支管理、税金管理。

(2)预算管理是指维护、检修、清扫、保养等的人工费，以及材料、设备、用品消耗的预算管理。

(3)委托契约管理指维修、安保、清扫等从业人员与产权业主之间的契约管理。

(4)租金管理指租赁费、服务费、水电气费、电话费、公益费(走廊照明、空调等)。

(5)订、退契约管理指租住户与产权业主之间订、退契约的管理。

2. 运行管理

运行管理的内容包括设备运行管理、设备维修管理、设施布局管理、清扫运行管理、环境

卫生管理、安全管理、垃圾处理管理、停车场管理。

3. 用户出租、服务管理

用户出租、服务管理的内容包括公共设施使用预约、时间外空调及照明申请、OA 服务和无现金服务。

(1)公共设施使用预约是指会议室、库房、展厅、多功能大厅等日程预订计划管理。

(2)时间外空调及照明申请是指规定时间外空调、照明的使用申请管理。

(3)OA 服务是指 PC、传真机、文字处理机等的公用服务、利用状况管理。

(4)无现金服务是指自动售货机、市场、餐厅等使用智能卡的结算管理等。

(二)建筑智能化物业管理的目标

建筑智能化物业管理应该贯彻"以人为本"的思想,创造安全、舒适、和谐的人居环境;发挥物业最大的使用价值;使物业尽可能保值、增值;将提高人们物质生活和精神生活水平、实现资源有效配置作为总目标。建筑智能化物业管理的目标具体可以分解为服务目标和经济目标。服务目标是安全、舒适、效率及可靠;经济目标是提高企业知名度、提升物业价值、推动经济效益提高、提高房地产的投资效益。

四、建筑智能化设备运行与维护管理

智能建筑设备运行和维护管理是确保智能建筑管理系统(IBMS)能够长期使用的基础和保证,是扩展和提升服务功能的前提。智能建筑中的现代科学技术提供的最新设备和产品、组成的系统为实现智能建筑一流的服务提供了保证,要管理好这些现代化设备,除要有具有较高专业技能的工程技术人员外,还必须建立一套严格的管理方法和科学的检修、保养计划及细致周全的岗位责任制和交接班制度。

(一)设备运行管理

设备运行管理的主要内容包括制订系统操作规程、操作员责任界面、交接班制度等。

1. 制订系统操作规程

制订操作规程的目的是保证设备和系统的正常运行,达到设备最佳的性能和体现系统设计目标,同时规范设备和系统运行时的基本操作要求,正确操作是保证设备完好的重要基础。

智能建筑设备与系统运行时的操作规程如下:

(1)操作员进入系统,输入操作者编号和密码。

(2)通过图形方式检索设备运行状况的操作。

(3)设定设备故障报警或撤销报警。

(4)设备报警信息的确认。

(5)设备手动方式的控制和调节。

(6)控制程序的手动方式执行。

(7)设备运行时间的累计。

(8)设备预防性维护提示。
(9)设备运行参数和统计报表的打印。
(10)操作员交班时,退出系统的操作。
(11)操作员填写和签署值班日志。

2. 操作员责任界面

操作员责任界面主要包括设备运行和报警信息的确认与处理。设备运行和报警信息的确认与处理是指系统处于正常运行时,监控管理计算机 CRT 显示系统总图,当发生设备故障报警或运行状态过限报警时,CRT 上立即弹出故障设备位置图或设备运行图,根据 CRT 图操作人员应做出相应的反应。

3. 交接班制度

操作员在交接班时,交班人员应退出自己所监控管理的计算机,接班人员应以自己的编号和密码进入自己所监管的计算机,保卫部门和工程管理部门将按进入系统操作员的编号来进行系统和设备的安全管理,以便在必要时进行查证。

(二)设备保养周期和项目

1. 月度维护保养项目

(1)自控计算机:检查打印机、UPS 电源、网卡接口、线路,清洁除尘。
(2)模拟屏:检查指示灯、稳压电源、点阵模块线路、蜂鸣器,清洁除尘。
(3)监控系统矩阵切换器、网络转换器、监控系统稳压电源、四像分屏器、监视屏、录像机:检查线路接口,清洁除尘。

2. 季度维护保养项目

检查电梯轿厢摄像头线路接口,除尘,调校。

3. 半年维护保养项目

(1)监控室设备:全面检查和除尘、紧线。
(2)电梯轿厢监控箱:检查线路,清洁除尘。

4. 年度维护保养项目

(1)计算机:备份数据。
(2)各层红外线报警感应器:检查线路,检查距离、微波和红外感应力,清洁除尘。
(3)楼层的自控控制箱:检查各类开关、接触器、继电器、线路绝缘情况、紧线、清洁除尘。
(4)各楼层新风机和风柜机电动阀:检查电源线路,调校定位,检修阀芯漏水。
(5)各楼层层间总阀:检查线路、开关一次。
(6)各楼层自控盘:检查线路、接口、继电器、基本模块、扩展模块变压器,清洁除尘。
(7)送风和回水探头、主机房进水和出水探头:检查线路、接口。
(8)监控系统摄像枪:检查线路接口,调整摄像枪焦距定位,清洁除尘。

(9)监控室监控系统稳压电源：检查内部线路接口，检测功能运行状况，全面清洁除尘。

(10)红外线报警感应器电源箱：检查线路、电源变压器等。

(三)设备维护管理

设备维护管理的目的是使设备运行保持正常水平。

设备维护管理主要分为故障性维修和预防性维护两类，如图11-2所示。

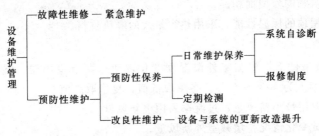

图11-2 设备维护管理分类

1. 故障性维修

由设备或系统器材损坏而进行的紧急维修称为故障维修。通常，故障性维修在迅速诊断出设备器材的故障部位后，用备品备件来进行更换，使设备或系统在尽可能短的时间内恢复正常运行。

2. 预防性维护

为了有效地延长设备使用年限和运行完好率、推迟更新大修的时间、提高设备的利用率和使用价值，使设备长期保持正常运转状态、设备性能不会迅速减弱或损坏及避免发生重大设备故障，必须进行预防性维护。预防性维护又包括预防性保养和改良性维护。

预防性保养是指对设备在使用期内进行定期保养和检测，防止设备和系统器材可能发生的故障和损坏。

改良性维护是指对设备和系统的更新和改造提升，从而保证设备和系统能够不断地满足智能建筑功能的需要。

五、建筑智能化节能管理

(一)建筑智能化节能管理的定义

能源是社会发展的重要物质基础，是实现科技现代化和提高人民生活水平的先决条件，长期以来受到世界各国的普遍重视。建筑智能化中所涉及的能源，通常是指煤、天然气、电等。所谓建筑智能化的节能问题，就是指在智能建筑内能源的消费与合理利用之间的平衡关系。

(二)建筑智能化节能管理的内容

建筑智能化节能管理不但包括传统建筑所采用的节能方法，更重要的是还采用了先进的科技来达到更准确的高效和控制，使能源的消耗更趋合理。通常，建筑物节能包括建筑设计、空调系统、照明与设备等方面的内容。

1. 建筑设计

(1)采用南北朝向,而不采用东西朝向。
(2)采用外表面小的圆形或方形建筑。
(3)缩小窗户面积,用吸热玻璃、反射玻璃、双层玻璃。
(4)采用内、外遮阳。
(5)尽量减少建筑物的外墙面积。
(6)改善外墙和屋顶的保温性能,采用热容量大的隔热材料。

2. 空调系统

在满足人体舒适条件下,根据室外温湿度变化,动态调节室内温、湿度设定值,温度为17 ℃~28 ℃,相对湿度为40%~70%。冬季取低值,夏季取高值。

(1)冬季、夏季取用最小新风量;过渡季采用全新风量。
(2)根据室内人员变化情况,增减室外新风量。
(3)采用全热交换器,减少新风冷热负荷。
(4)在预冷、预热时停止取用新风。
(5)根据对不同温湿度的要求进行合理的温湿度控制区域的划分。
(6)加大冷热水的送风温差。用变风量末端控制(VAV)、变流量控制(VWV),节省风机、水泵和冷水机组电力消耗。
(7)降低风道风速,减少系统阻力。
(8)采用高效的节能冷热源设备,采用热泵热回收系统。
(9)防止过冷过热,增加控制精度,进行最佳启停和运行时间控制。
(10)采用计算机节能控制算法,克服设备运行冗余。

3. 照明与设备

(1)适当降低照明度,充分利用日光照明。
(2)根据外界光线变化,自动调节照度变化。
(3)根据不同区域对照明度的要求,进行照明度的合理分区。
(4)自动控制公共区域和建筑外立面照明的开启和关闭。
(5)自动调速和控制机电设备(如电梯和排风机)的启停和运行时间。

(三)建筑智能化的综合节能措施

1. 提高室内温、湿度控制精度

建筑内温、湿度的变化与建筑节能有着紧密的相关性,根据有关资料可知,如果在夏季将设定值温度下调1 ℃,将增加9%的能耗。如果在冬季将设定值温度上调1 ℃,将增加12%的能耗。因此,将建筑内温、湿度控制在设定值精度范围内是建筑空调节能的有效措施。

欧美国家对不同建筑物内温度设定值见表11-1,并要求其控制精度为:温度为±1.5 ℃、湿度为60%±5%的变化范围。

表 11-1 欧美国家对不同建筑物内温度设定值 ℃

季节	建筑物类型			
	医院/博物馆	酒店	办公楼	公共场所 商场/剧场/机场/车站
夏季	22	23.5	25	26.5
冬季	22	20.5	19	18

2. 新风量控制

从卫生的要求出发，建筑内每人都必须保证有一定的新风量，但新风量取得过多，将增加新风耗能量。一般情况下：新风量的大小主要根据室内允许的二氧化碳浓度来确定，二氧化碳允许浓度值取 0.1%，每人所需新风量约为每小时 30 m³。但是，以二氧化碳浓度作为指标，不仅要考虑二氧化碳对人体的有害影响，而且要综合考虑温湿度、废气和粉尘等其他污染因素的影响。因而，在除二氧化碳气体外的其他因素良好的情况下，可以考虑减少新风量。

3. 空调设备最佳启停控制

通过 BAS 系统对空调设备进行建筑预冷、预热的最佳启停时间的计算和控制，以缩短不必要的预冷、预热的宽容时间，达到节能的目的，同时在建筑预冷、预热时，关闭室外新风风阀，不仅可以减少设备容量，而且可以减少获取新风而带来冷却或加热的能量消耗。

4. 空调水系统平衡与变流量控制

运用科学合理的空调系统节能控制算法，不但可以达到温、湿度环境的自动控制，同时可以得到相当可观的节能效果。

5. 克服暖通设计中带来的设备容量的冗余

因为目前建筑的暖通系统的设计都是由建筑设计研究院来完成，而大部分建筑设计院暖通专业的设计者对目前建筑智能化所采用的 BAS 的功能不甚了解，往往还在使用传统冷热负荷的计算方式，所以使得一定的设备容量和动力冗余，造成能源的浪费。由于建筑智能化科学地运用建筑设备自动化系统的节能控制模式和算法，动态调整设备运行和投入台数，有效地克服了由于暖通设计中带来的设备容量和动力冗余而造成的能源浪费。

| 实践与训练 |

一、实训内容

1. 联系智慧小区物业，进行实地考察，观察智慧小区能有哪些智能化设施。
2. 通过查阅网上相关资料，了解建筑智能化系统。

二、实训步骤

1. 分小组进行资料的收集及整理，并进行小组讨论。
2. 编写实训报告。

模块十一　学生实训考核表

姓名		班级		小组	
实训模块		建筑智能化系统			
考核内容	分值	自评		小组互评	教师评价
不迟到早退，出勤情况良好，任劳任怨，勇于实践，态度谦逊，勤学多问	20				
在实训过程中，能理论联系实际，较好地完成实训任务	20				
能较好地完成资料的收集与整理；能积极参与小组讨论，并提供合理的建议	20				
能较好地完成实训报告，报告叙述条理清楚、内容详实	20				
在小组合作中，具有良好的沟通、协作能力	20				
评价汇总	100				
考核总分					

注：总评成绩＝自评成绩×30％＋小组评价×20％＋指导教师评价×50％

模块小结

本模块主要介绍了建筑智能化的功能、特点、发展趋势，综合布线系统，建筑设备自动化系统，智能建筑通信网络系统，办公自动化系统，建筑智能化的系统集成，住宅小区智能化系统，建筑智能化物业管理的内容、目标、运行与维护管理、节能管理等内容。通过本模块的学习，应能对建筑智能化系统有基础的认识，为日后的学习打下基础。

思考与练习

一、填空题

1. 办公自动化系统分为_____和_____。
2. 办公设备一般可分为_____、_____、_____、_____、复制设备、通信设备及销毁设备等七大类。
3. 住宅小区智能化系统通常由_____、_____和_____组成。
4. 家庭通信网络单元由_____、_____及_____组成。
5. 设备运行管理的主要内容包括_____、_____、_____等。

二、简答题

1. 简述建筑智能化的功能。
2. 简述建筑智能化的特点。
3. 简述综合布线系统的组成。
4. 什么是家庭智能化系统？
5. 简述建筑智能化物业管理的特点。
6. 建筑智能化物业管理的目标是什么？
7. 简述建筑智能化设备年度维护保养项目。

参考文献

[1] 于孝廷. 物业设备设施与管理[M]. 北京：北京大学出版社，2010.

[2] 刘薇，张喜明，孙萍. 物业设备设施管理与维修[M]. 2版. 北京：清华大学出版社，2010.

[3] 聂英选，段忠清. 物业设备设施管理[M]. 武汉：武汉理工大学出版社，2010.

[4] 史华. 物业设备维修与管理[M]. 大连：大连理工大学出版社，2009.

[5] 刘绪荒. 物业设备设施维护与管理[M]. 北京：化学工业出版社，2008.

[6] 芮静康. 现代物业设备的运行维护指南[M]. 北京：机械工业出版社，2008.

[7] 伍培. 物业设备设施与管理[M]. 2版. 重庆：重庆大学出版社，2007.

[8] 魏晓安，张晓华. 物业设备管理[M]. 武汉：华中科技大学出版社，2006.

[9] 姜早龙，张涑贤. 物业管理概论[M]. 武汉：武汉理工大学出版社，2008.

[10] 福田物业项目组. 物业工程设施设备管理全案[M]. 北京：化学工程出版社，2020.

[11] 穆林林. 物业设施设备维护与管理[M]. 北京：中国劳动社会保障出版社，2014.

[12] 聂英选，段忠清. 物业设施设备管理与维护[M]. 3版. 武汉：武汉理工大学出版社，2019.